A PROTEÇÃO DA PESSOA CONTRA SI MESMA?

LIBERDADE, AUTONOMIA E PATERNALISMO

FÁBIO CESAR DOS SANTOS OLIVEIRA

A PROTEÇÃO DA PESSOA CONTRA SI MESMA?

LIBERDADE, AUTONOMIA E PATERNALISMO

Belo Horizonte

CONHECIMENTO JURÍDICO

2022

© 2022 Editora Fórum Ltda.

É proibida a reprodução total ou parcial desta obra, por qualquer meio eletrônico, inclusive por processos xerográficos, sem autorização expressa do Editor.

Conselho Editorial

Adilson Abreu Dallari
Alécia Paolucci Nogueira Bicalho
Alexandre Coutinho Pagliarini
André Ramos Tavares
Carlos Ayres Britto
Carlos Mário da Silva Velloso
Cármen Lúcia Antunes Rocha
Cesar Augusto Guimarães Pereira
Clovis Beznos
Cristiana Fortini
Dinorá Adelaide Musetti Grotti
Diogo de Figueiredo Moreira Neto (*in memoriam*)
Egon Bockmann Moreira
Emerson Gabardo
Fabrício Motta
Fernando Rossi
Flávio Henrique Unes Pereira
Floriano de Azevedo Marques Neto
Gustavo Justino de Oliveira
Inês Virgínia Prado Soares
Jorge Ulisses Jacoby Fernandes
Juarez Freitas
Luciano Ferraz
Lúcio Delfino
Marcia Carla Pereira Ribeiro
Márcio Cammarosano
Marcos Ehrhardt Jr.
Maria Sylvia Zanella Di Pietro
Ney José de Freitas
Oswaldo Othon de Pontes Saraiva Filho
Paulo Modesto
Romeu Felipe Bacellar Filho
Sérgio Guerra
Walber de Moura Agra

FÓRUM
CONHECIMENTO JURÍDICO

Luís Cláudio Rodrigues Ferreira
Presidente e Editor

Coordenação editorial: Leonardo Eustáquio Siqueira Araújo
Aline Sobreira de Oliveira

Rua Paulo Ribeiro Bastos, 211 – Jardim Atlântico – CEP 31710-430
Belo Horizonte – Minas Gerais – Tel.: (31) 2121.4900
www.editoraforum.com.br – editoraforum@editoraforum.com.br

Técnica. Empenho. Zelo. Esses foram alguns dos cuidados aplicados na edição desta obra. No entanto, podem ocorrer erros de impressão, digitação ou mesmo restar alguma dúvida conceitual. Caso se constate algo assim, solicitamos a gentileza de nos comunicar através do *e-mail* editorial@editoraforum.com.br para que possamos esclarecer, no que couber. A sua contribuição é muito importante para mantermos a excelência editorial. A Editora Fórum agradece a sua contribuição.

Dados Internacionais de Catalogação na Publicação (CIP) de acordo com ISBD

O48p	Oliveira, Fábio Cesar dos Santos
	A proteção da pessoa contra si mesma? Liberdade, autonomia e paternalismo / Fábio Cesar dos Santos Oliveira. - Belo Horizonte : Fórum, 2022.
	286 p. ; 14,5cm x 21,5cm.
	Inclui bibliografia.
	ISBN: 978-65-5518-327-6
	1. Direito. 2. Direito Constitucional. 3. Direito Público. 4. Filosofia do Direito. 5. Ciências Sociais. I. Título.
2022-238	
	CDD 342
	CDU 342

Elaborado por Vagner Rodolfo da Silva - CRB-8/9410

Informação bibliográfica deste livro, conforme a NBR 6023:2018 da Associação Brasileira de Normas Técnicas (ABNT):

OLIVEIRA, Fábio Cesar dos Santos. *A proteção da pessoa contra si mesma?* Liberdade, autonomia e paternalismo. Belo Horizonte: Fórum, 2022. 286 p. ISBN 978-65-5518-327-6.

À Maria Cecília

AGRADECIMENTOS

Este livro foi escrito a partir da tese por mim defendida junto à Faculdade de Direito da Universidade de São Paulo para conclusão do curso de doutorado. A tese, aprovada por banca composta pelos professores Virgílio Afonso da Silva, Ronaldo Porto Macedo Júnior, Conrado Hübner Mendes, Daniel Sarmento e Gustavo Binenbojm, teve seu conteúdo corrigido e aperfeiçoado pelas críticas e sugestões feitas em um debate construtivo a que sou muito grato. A Faculdade de Direito da Universidade de São Paulo, em 2016, selecionou a tese para inscrição no concurso "Tese USP Destaque", o que muito me honrou, tendo me animado a seguir a recomendação de sua publicação.

A apresentação deste trabalho revisado a um público mais amplo é também uma oportunidade renovada de expressar minha gratidão.

A frequência às disciplinas do curso de doutorado em São Paulo e o estudo realizado na *Columbia University* foram possíveis graças à fruição de períodos de férias e ao afastamento para aperfeiçoamento autorizado pelo Tribunal Regional Federal da 2ª Região. Agradeço aos Desembargadores Federais André Fontes e Sérgio Schwaitzer, Corregedores-Gerais da Justiça Federal da 2ª Região, e aos Desembargadores Federais José Antonio Lisbôa Neiva, José Ferreira Neves Neto, Raldênio Bonifácio Costa, Messod Azulay Neto e Maria Helena Cisne, então membros do Conselho de Administração, por compreenderem que a vida profissional dedicada à magistratura exige um aprimoramento constante.

Ao longo da realização desta pesquisa, tive renovada a esperança de que o mérito e a capacidade intelectual possam ser sinceramente perseguidos na vida universitária pelos exemplos dados pelos professores Virgílio Afonso da Silva, que aceitou orientar meu doutorado na Faculdade de Direito da Universidade de São Paulo, e Joseph Raz, que orientou minha pesquisa na *Columbia University*. Agradeço-lhes o convívio intelectual, os desafios colocados e o estímulo ao aprimoramento acadêmico. De igual modo, agradeço, ao professor Joaquim Barbosa, a persistência na luta contra preconceitos e o incentivo aos meus estudos.

Capítulos deste trabalho foram debatidos em seminários de pesquisadores e alunos de pós-graduação nas Faculdades de Direito da Universidade de São Paulo e da *Columbia University*, ocasião em que recebi importantes colaborações. Sou grato aos professores Conrado Hübner Mendes e Ronaldo Porto Macedo Júnior pelas sugestões dadas para a organização e estrutura da pesquisa; aos professores Daniel Sarmento e Gustavo Binenbojm, pelas indicações de material feitas nas fases iniciais do estudo; aos professores Kent Greenawalt, pelas discussões sobre neutralidade e paternalismo; Patricia Williams, pelas questões colocadas sobre novos desafios ao conceito de autonomia; e Jamal Greene, pelas sugestões para estudo de Direito Constitucional Comparado e pelos debates sobre a jurisprudência da Suprema Corte norte-americana.

Ana Flávia Faria de Almeida Rocha, Natália Pires de Vasconcelos, Gabriela Rizo, Ana Paula Anjos, Aline Alves de Melo Miranda Araújo, Victor Marcel Pinheiro, Danilo Tavares da Silva, Christian Jecov Schallenmüller, Rodrigo Rigamonte Fonseca e Clênio Jair Schulze são caros amigos que deram especial ajuda em diferentes momentos da elaboração deste trabalho. Daniel Wang, Rafael Bellem de Lima e Bruno Lorenzetto fizeram uma leitura atenta deste trabalho e forneceram importantes sugestões. Em momentos de maior dificuldade, contei com a amizade de Ana Paula Barbosa de Sá, Ana Luiza Barbosa de Sá, Thiago Cardoso Araújo e Fernando Lennertz. A todos os meus amigos, sou imensamente grato.

A expressão de gratidão é quase sempre incompleta, pela dificuldade de exprimir a importância que certas pessoas têm em nossas vidas. Aos meus pais e à minha irmã, sou sempre grato por me amarem e estarem ao meu lado.

Na publicação deste texto, minha vida ganhou um novo e mais belo sentido. Michele Renata Mangiapelo Oliveira decidiu compartilhar sua existência comigo e Maria Cecília, nossa filha, a maior expressão desse amor, é a quem dedico este livro.

*Se bem, como de uma prisão odiada e sofrida,
cada um de nós forceje por escapar de dentro
de si próprio, existe no mundo um grande portento
que sinto a cada passo: toda vida é vivida.*

(Rainer Maria Rilke. *Livro das horas*.
Tradução de José Paulo Paes).

SUMÁRIO

PREFÁCIO
Joaquim Barbosa 15

INTRODUÇÃO 19

CAPÍTULO 1
LIBERDADE, AUTONOMIA E PATERNALISMO 29
1.1 Liberdade 31
1.1.1 Evolução histórica 31
1.1.2 Conceito e elementos essenciais da liberdade 37
1.2 Autonomia 40
1.2.1 Aspectos descritivos e normativos 40
1.2.2 Autonomia e os limites da escolha racional 44
1.2.3 Autonomia e crítica feminista 47
1.3 Modelos descritivos do exercício da autonomia 50
1.3.1 Kant e o paradigma racional 50
1.3.2 Modelo de estrutura da vontade 52
1.4 Autonomia e capacidade 58
1.5 Paternalismo 64
1.6 Conclusões 69

CAPÍTULO 2
RESTRIÇÕES À AUTONOMIA, MORALIDADE
E NEUTRALIDADE 73
2.1 John Stuart Mill e a impossibilidade de repressão ao dano
     a si mesmo 76
2.2 A crítica de James Fitzjames Stephen à neutralidade 82
2.3 Patrick Devlin e a incorporação da moralidade pelo Direito 86

2.4	H.L.A. Hart e a crítica ao moralismo legal	90
2.5	A neutralidade e seus limites	97
2.5.1	Neutralidade e a defesa do liberalismo político por John Rawls	100
2.5.2	Perspectivas críticas da neutralidade	104
2.6	Conclusões	110

CAPÍTULO 3
RESTRIÇÕES À AUTONOMIA E A CAPACIDADE DE MELHOR DECIDIR 113

3.1	Os limites da teoria da escolha racional	114
3.2	Irracionalidade e indeterminação	119
3.3	O "paternalismo libertário"	124
3.4	Cass Sunstein e propostas de revisão do "paternalismo libertário"	131
3.5	O "paternalismo coercivo"	140
3.6	Críticas internas ao "paternalismo libertário"	145
3.7	Crítica político-institucional ao "paternalismo libertário"	151
3.8	Conclusões	153

CAPÍTULO 4
RESTRIÇÕES À AUTONOMIA, CONSEQUENCIALISMO E PERFECCIONISMO 157

4.1	Joseph Raz e a defesa liberal do perfeccionismo	163
4.2	O conceito de autonomia de Joseph Raz	166
4.3	Formas sociais, pluralismo moral e autonomia	170
4.4	Restrições internas e externas	177
4.5	A crítica liberal ao conceito de autonomia de Joseph Raz	180
4.6	A crítica perfeccionista ao conceito de autonomia da Joseph Raz	185
4.7	Perfeccionismo e a dignidade da pessoa humana	189
4.8	Conclusões	193

CAPÍTULO 5
DIREITO FUNDAMENTAL À AUTONOMIA 197

5.1	A defesa liberal do direito à autonomia	199
5.2	Autonomia e a proposta de liberalismo igualitário de Ronald Dworkin	202
5.3	Ronald Dworkin e os limites da intervenção paternalista	205
5.4	Integridade ética e o melhor interesse da pessoa	213

5.5 Controle de restrições à autonomia pela regra da proporcionalidade 216
5.6 Conclusões 226

CAPÍTULO 6
RESTRIÇÕES AO DIREITO À AUTONOMIA: UMA PROPOSTA DE COMPARAÇÃO ENTRE BRASIL, ESTADOS UNIDOS E ALEMANHA 229
6.1 Alemanha 233
6.2 Estados Unidos 238
6.3 Brasil 246
6.4 Conclusões 254

CONCLUSÕES FINAIS 259

EPÍLOGO 267

REFERÊNCIAS 271

PREFÁCIO

Às pessoas não versadas nas minúcias do Direito, mas consciente ou inconscientemente beneficiárias do conforto existencial propiciado pela vida em ambiente democrático, pode parecer paradoxal que, em pleno terceiro milênio da era cristã, a academia jurídica e os sistemas de Justiça, nos países em que o poder estatal se exerce sem maltrato aos direitos básicos dos cidadãos, cogitem-se e ponham-se em marcha arranjos institucionais voltados a coibir ou a limitar o exercício pelo indivíduo-cidadão do mais precioso dos seus direitos – a liberdade –, sob pretexto de protegê-lo de si mesmo, isto é, de impedi-lo de se autoinfligir danos que na visão estatal podem se revelar excessivamente traumáticos ou irreversíveis.

De fato, após vários séculos de lutas incessantes pela afirmação e consolidação do primado da liberdade, e precisamente nos espaços geográficos em que a chamada democracia liberal fincou raízes mais sólidas e consistentes, soa no mínimo estranho que se possa admitir que em determinadas situações o Estado tenha o poder de interferir e até mesmo de impedir que o indivíduo tome certas decisões que, em princípio, melhor se acomodariam no âmbito restrito e exclusivo de deliberação autonômica de cada ser humano.

Pois bem. Refletir ponderadamente sobre essas difíceis questões é precisamente o desafio a que se propõe Fábio Cesar dos Santos Oliveira nas ricas e eruditas páginas de "*A proteção da pessoa contra si mesma? Liberdade, autonomia e paternalismo*", livro que em boa hora vem a público.

Fruto de reflexão madura e embasada em exaustiva investigação científica que tem como eixo central um inventário minucioso das ideias e das obras dos principais pensadores que se debruçaram sobre o tema da liberdade e da autonomia nos últimos séculos, a obra mergulha em profundidade em alguns temas espinhosos e delicados do direito e da filosofia, dissecando-lhes as diversas facetas, os contornos mais expressivos, os mais importantes aspectos descritivos, bem como contrapondo-lhes a noção antípoda de paternalismo estatal, isto é, as raras mas nem por isso insignificantes situações em que, em circunstâncias pontuais e bem específicas, o Estado se outorga o direito de fazer incursões em territórios a princípio vocacionados a permanecer na esfera de autodeterminação do próprio titular de direitos.

Seguindo um roteiro metodologicamente bem delineado, Fábio Cesar Oliveira discorre em longa exposição sobre a centralidade das noções de liberdade e autonomia, a densidade e a força das correntes de pensamento que emanaram dessas ideias-matrizes, das quais, por sua vez, derivaram inúmeros outros direitos que compõem atualmente os catálogos de direitos e liberdades inscritos na maioria das constituições modernas.

Longe de se limitar aos aspectos puramente descritivos dos temas objeto da pesquisa, Fábio Cesar Oliveira, estimulado pelas amplas possibilidades de abordagem oferecidas pelo material coletado, dele extrai inúmeras questões de alta indagação, todas elas tributárias das questões centrais discutidas no livro, a saber: quais seriam a natureza, a extensão, os limites e os pressupostos dessa incursão intrusiva do Estado na esfera de deliberação autonômica do indivíduo; como e sob que condições essas práticas intervencionistas se harmonizariam com a tradição liberal forjada nos últimos séculos de contínua expansão dos direitos e prerrogativas do cidadão; como os conflitos emergentes desse paradoxo fundamental são resolvidos pelo direito constitucional e sobretudo pelos órgãos de jurisdição constitucional que deram novas feições aos sistemas democráticos modernos; em meio a tal emaranhado de posições contrastantes, qual o peso e o papel reservado aos valores morais esposados pela maioria do corpo social; em que situações e sob quais condições pode o Estado levar a cabo restrições de tamanha envergadura no campo entendido como esfera de autodeterminação do indivíduo.

Lançando mão das mais avançadas técnicas da pesquisa científica no campo do direito e das ciências sociais em geral, o autor vai em busca das premissas e das condições indispensáveis ao enraizamento e ao florescimento da liberdade e da autonomia: a existência concreta de um ambiente político e social efetivamente democrático, um indiscutível estado democrático de direito, no qual se achem efetivamente asseguradas as mais diversas escolhas do indivíduo enquanto ser dotado de direitos e, portanto, apto ao exercício pleno da sua liberdade, da sua autonomia, do seu direito de fazer certas escolhas de ordem espiritual, moral, política, religiosa, com ampla liberdade também para cogitar ou aderir a projetos alternativos de condução da coisa pública, isto é, a existência de um regime em que, necessariamente, a oposição política goze efetivamente de um conjunto sólido de prerrogativas e garantias de existência bem como de condições de exercício de sua missão precípua, que é a de oferecer ao conjunto da sociedade visões e alternativas para a condução dos assuntos públicos, com chances reais de alternância de poder.

De particular interesse, tanto pela opção metodológica quanto pela força intrínseca das situações da vida examinadas e pelo grau de dramaticidade emanado de alguns dos casos judiciais estudados, o último capítulo do livro é reservado à abordagem comparativa da produção jurisprudencial dos tribunais supremos de Alemanha, Estados Unidos e Brasil sobre os temas centrais da obra, que vem a público em boa hora e merece a mais calorosa acolhida. Tendo como objeto temas sensíveis (as chamadas *questions de société* de que falava o professor Pierre Avril), as três mencionadas Cortes, por meio de sua jurisprudência, informam, questionam e iluminam a imaginação do leitor sobre importantíssimas questões de ordem constitucional, existencial, moral, ética, tais como: os limites para as opções morais da maioria definirem os comportamentos individuais juridicamente proibidos, a impossibilidade de o processo de deliberação racional explicar todas as decisões humanas e sob quais condições o Estado Democrático de Direito pode afirmar seu poder de restringir a autodeterminação das pessoas no intuito de melhor protegê-las.

Por sua vez, as decisões jurisdicionais supremas dos três países estudados, dissecadas na obra de Fábio Cesar Oliveira, abordam importantíssimas questões constitucionais, morais e éticas, tais como a predisposição de seres adultos à prática de incesto, a recusa às prescrições sanitárias gerais, a escolha do tipo de relações afetivas que se considera mais adaptado às escolhas individuais de cada pessoa, o consumo de drogas (criminalização da posse de drogas para consumo pessoal), a prática do suicídio. Todo esse vasto leque de assuntos é tratado pelo autor com a máxima cautela e com as esperadas nuances, pondo-se a devida ênfase na preocupação de cada uma das Cortes estudadas em ressaltar a necessidade de se observar as condições fáticas e jurídicas reinantes em cada país, bem como o caráter imperativo da reflexão sobre as consequências e sobre a irreversibilidade de certas decisões, tomadas a título de exercício da autonomia ou autodeterminação.

Resultado de primorosa pesquisa acadêmica desenvolvida pelo autor no âmbito de estudos doutorais levados a cabo na Universidade de São Paulo, "*A proteção da pessoa contra si mesma?*" é obra madura que enfrenta, com maestria e talento, alguns temas que se singularizam pelo diálogo que estabelecem tanto com o direito quanto com a filosofia política. A sua publicação é um marco na discussão dos temas abordados e muito contribuirá para o debate dessas questões no âmbito do Direito e das ciências sociais.

Rio de Janeiro, outubro de 2021.

Joaquim Barbosa
Advogado, ex-Ministro e ex-Presidente do Supremo Tribunal Federal, ex-membro do Ministério Público Federal, Professor Universitário. Graduado em Direito pela Universidade de Brasília, é mestre e doutor em Direito Público pela Universidade de Paris – II Panthéon-Assas; ex-Professor da Universidade do Estado do Rio de Janeiro – UERJ.

INTRODUÇÃO

C.R, estudante em São Paulo, tinha 24 anos quando foi internado pela terceira vez em uma clínica de reabilitação para dependentes de drogas. Em depoimento sobre as dificuldades para se livrar do uso de *crack*, ele disse:

> Depois de cinco anos no *crack*, eu não conseguia trabalhar e tranquei a faculdade de economia. Decidi me internar, sem avisar ninguém, mas recaí uma semana depois de sair. Minha família me internou de novo, e de novo. Na última vez, estava numa paranoia tão grande que cavava a grama da clínica e sacudia roupas atrás de uma pedra. Mal conseguia formular uma frase, perdi a capacidade de raciocinar. Passei dias na unidade intensiva, isolado de todos e vigiado por enfermeiros 24 horas. Foi aí que entendi o que tinha feito comigo. Depois disso, parei de mentir para os psicólogos e comecei o tratamento de verdade. Já faz dois anos que estou internado. Treino cães daqui e acho que isso ajudou na minha recuperação. É a primeira vez que sinto responsável por outra vida – eu, que nunca cuidei nem da minha.[1]

A narração não difere, nos seus contornos dramáticos, daquelas que dependentes químicos poderiam dar quando o uso de drogas afeta, de forma devastadora, sua rotina diária, o relacionamento com familiares e amigos. O relato transcrito é ainda mais tocante ao desafiar uma das ideias centrais que define o modo pelo qual homens e mulheres se veem como seres independentes, partícipes da formação da vontade política num Estado democrático, capazes de interações que definem seu papel na sociedade e como integrantes de uma comunidade: pessoas são livres e autônomas, o que lhes confere a capacidade de melhor

---

[1] *Veja*, edição 2253, ano 45, nº 4, 25.01.2012, p. 69.

decidir sobre aspectos centrais de suas vidas. A força dessa noção delimita os espaços de intervenção do Estado e embasa os debates centrais em torno das críticas feitas à intervenção do Poder Público no âmbito reservado à autonomia e à liberdade dos sujeitos, especialmente se questionada a possibilidade de homens e mulheres não entenderem o que fazem consigo e tampouco se sentirem responsáveis por suas próprias vidas.

A constatação desse problema não se limita à degradação imposta pelo vício relacionado ao consumo de drogas entorpecentes. Situações similares surgem em contextos nos quais decisões trazem resultados que previsivelmente podem levar à piora do bem-estar das pessoas, que as tomam sem causar propositalmente dano a outrem. Contudo, a mera referência a esses casos não fornece uma resposta ao questionamento sobre o fundamento de legitimidade da intervenção do Poder Público nessas hipóteses, o que se torna mais complexo à medida que fique mais impreciso saber o que afeta, de forma decisiva, o valor moral intrínseco de que o ser humano é dotado, seu bem-estar e sua efetiva capacidade de decisão.

Discussões sobre o consumo de drogas entorpecentes, a disposição do indivíduo sobre seu corpo ou mesmo sobre os padrões de desenvolvimento de sua vida em sociedade são problemas complexos que têm como eixo comum um debate superficialmente travado, mas que permeia um conjunto amplo de questões cujas respostas ainda não foram obtidas ou permanecem carentes de uma solução consistente e coerente com as demais que sejam dadas a casos semelhantes. Por trás deles encontra-se a apuração do fundamento que embasa a possibilidade de o Poder Público cercear escolhas livremente feitas por sujeitos, que lhes sejam prejudiciais, porque afetam sua saúde, expõem sua privacidade e, por vezes, chocam-se com as expectativas morais que a maioria dos integrantes de uma comunidade compartilha.

As situações nas quais esse confronto ocorre são raramente solucionadas por respostas unânimes. Embora os membros da sociedade possam pontualmente entender que o grau de restrição à liberdade individual não seja elevado o suficiente para contestar a limitação imposta pelo Estado, ou aceitar a restrição à autonomia individual como meio necessário à obtenção de um resultado considerado benéfico para a coletividade, a oposição a medidas restritivas frequentemente cresce de acordo com o aumento da percepção de uma excessiva interferência à liberdade. O potencial acirramento dos interesses em conflito se eleva conforme o legislador ou administrador tenha dificuldade de mensurar:

(i) a extensão dos efeitos prejudicais à pessoa; (ii) o grau de competência decisória de instituições públicas responsáveis pela eventual restrição a esses comportamentos; (iii) o nível de conhecimento individual dos riscos envolvidos, a capacidade de compreendê-los e de agir a partir dessas avaliações, assim como se (iv) a proibição imposta é uma medida que melhor promove o bem-estar pessoal e um ideal de valor moral inerente a todos os homens e mulheres.

É nesse sentido que o estudo a ser desenvolvido toma como questão central o seguinte problema: Quais são os limites para que o Estado proteja as pessoas contra si mesmas?

A questão apresentada poderia soar excessivamente abstrata e, por conseguinte, tornaria remota a possibilidade de lhe ser dada uma resposta coerente. Para lhe conferir contornos mais concretos, assumo dois pressupostos que, embora possam ser objeto de discussões específicas e abrangentes, não serão examinados de forma detida ao longo do livro.

O primeiro pressuposto é a admissão de que a liberdade e a intervenção estatal são frequentemente consideradas ideias contraditórias na tradição liberal. A princípio, essa oposição teria como núcleo a crença de que a realização dos desejos e projetos individuais é cerceada pelo Poder Público, que seria visto como antagonista da pessoa na perseguição de seus interesses. Porém, uma análise mais ampla demostraria a fragilidade da aceitação irrestrita dessa ideia, uma vez que os desdobramentos do seu argumento central não teriam suporte histórico, sociológico e mesmo evidenciariam uma contradição interna às funções que se pretenda imputar ao Estado, ainda que limitado ao mero papel de garantidor da segurança das relações que venham a ser estabelecidas entre particulares.[2]

Muitas dessas críticas não são irrelevantes e, portanto, merecem ser esclarecidas adequadamente ao longo do texto. Entretanto, a admissão de que Estado e pessoa ocupem polos opostos nas discussões entre pretensões de liberdade e intervenção governamental é factível com um número significativo de conflitos que são objeto de julgamentos por Cortes Constitucionais e de estudos jurídicos, bastando citar os debates relacionados à limitação ou regulamentação do exercício de direitos fundamentais, ao poder de polícia, às intervenções estatais na

---

[2] SKINNER, Quentin. *Liberty before liberalism.* Cambridge: Cambridge University Press, 2008, p. 84-85. FRIED, Charles. *Modern liberty:* and the limits of government. New York: W.W. Norton & Company, 2007, p. 76-77.

propriedade privada e às iniciativas de regulamentação de atividades econômicas. Desse modo, as qualificações e restrições que possam ser feitas não afastam a relevância da afirmação de que demandas por liberdade e restrição estatal frequentemente colidem, sendo a resolução desse conflito uma das preocupações centrais do Direito Constitucional.

O segundo pressuposto é o de que o Estado de Direito, em regimes democráticos, deve respeitar diferentes concepções morais, religiosas, políticas, afetivas e sexuais que não comprometam a manutenção da democracia e o conjunto de liberdades e direitos básicos previstos na Constituição e em tratados internacionais.[3] A admissão dessa ideia decorre da necessidade de contextualizar a pesquisa com os requisitos centrais dos conceitos de Estado de Direito e democracia, o que, desde já, implica a rejeição de regimes totalitários, contrários a projetos opostos de governo, à possibilidade de contestação de suas políticas e refratários à defesa, garantia e proteção de liberdades e direitos básicos a todas as pessoas que estejam em seu território.

As teses defendidas estão associadas ao respeito ao pluralismo,[4] no âmbito do qual a minoria política tem o direito de expressar e defender concepções a respeito de opções contingentes sobre os melhores modelos de vida, ainda que divergentes daqueles adotados pela maioria dos membros de uma sociedade.[5-6] Esse pressuposto reconhece

---

[3] BENHABIB, Seyla. The Legitimacy of Human Rights. *Dedalus* 137 (2008), p. 97, 101; COHEN, Jean L. Rethinking human rights, democracy, and sovereignty in the age of globalization. *Political Theory*, 36, (2008), p. 589 - 599.

[4] "The fundamental axiom in the theory and practice of American pluralism is, I believe, this: Instead of a single center of sovereign power there must be multiple centers of power, none of which is or can be wholly sovereign. Although the only legitimate sovereign is the people, in the perspective of American pluralism even the people ought never to be an absolute sovereign; consequently no part of the people, such as the majority, ought to be absolutely sovereign." (DAHL, Robert A. *Pluralist democracy in the United States:* conflict and consent. Chicago: Rand McNally & Company, 1968. p. 24)

[5] A formação de maiorias é uma natural consequência do princípio da deliberação majoritária, adotado na maior parte dos regimes democráticos. A proteção conferida às minorias não é uma alternativa automática para a reversão de derrotas nas disputas políticas, as quais dificilmente serão encerradas pela obtenção de uma solução unânime entre seus participantes. Entretanto, a deliberação majoritária não basta para determinar a constitucionalidade da decisão tomada, se o processo para sua obtenção não observou a livre e igual participação dos cidadãos – ainda que por seus representantes eleitos –, e o seu resultado reforça a discriminação de grupo, objeto de preconceito sistemático e reiterado, que tenha o conteúdo essencial de seus direitos e liberdades desrespeitado sobre a insuficiência do princípio majoritário para a descrição de uma concepção mais abrangente de democracia, cf. DWORKIN, Ronald. *Justice for hedgehogs*. Cambridge: The Belknap Press of Harvard University Press, 2011, p. 384 e ss.

[6] As minorias não são consideradas a partir de uma mera apreciação quantitativa, sendo possível que um grupo majoritário possa compor uma minoria "insular e discreta" – tal

que a conservação do regime democrático é por si um valor importante para delimitar o exercício dos direitos políticos e que, portanto, não pode ser colocado em risco,[7] ainda que a defesa de sua superação receba o apoio majoritário dos cidadãos.[8]

Este livro é organizado para que, a partir da apresentação de discussões sobre liberdade, autonomia e paternalismo, seja analisado se: i) o paternalismo ou a definição de padrões objetivos de excelência são propostas adequadas à proteção de direitos fundamentais; ii) os valores morais aceitos pela maioria dos componentes da sociedade política podem ser justificativas constitucionalmente compatíveis para a imposição de restrições à autonomia dos sujeitos de direitos fundamentais; iii) é possível traçar parâmetros para a resolução de conflitos entre a autonomia do sujeito e a proteção de seus direitos e bem-estar.

O desdobramento dos objetivos específicos leva à principal dificuldade da pesquisa, que é revelada à medida que se tente proceder à identificação das condutas – praticadas por pessoas livres, capazes, conscientes e informadas dos riscos delas oriundos – que possam ser restringidas ou proibidas, ainda que não seja conhecida a existência de um dano externo ao bem-estar do próprio indivíduo responsável pela decisão que lhe é prejudicial. A recordação do depoimento de abertura dessa Introdução reforça a percepção de que o obstáculo enfrentado é o provável embate com a ideia de que os seres humanos somente podem realizar seus planos de vida se tiverem liberdade na escolha de suas

---

como descrito pelo Juiz Stone na nota de rodapé nº 4 do voto proferido em *United States v. Carolene Products Co*, [304 U.S. 144 (1938)], da Suprema Corte norte-americana – por lhe serem negados direitos de participação política, ou serem obstruídos os canais para alternância do poder. (ELY, John Hart. *Democracy and distrust*: a theory of judicial review. Cambridge: Harvard University Press, 2002, p. 103, 152.)

[7] POST, Robert. Managing deliberation: the quandray of democratic dialogue. *Ethics*, 103, 1993, p. 675. Sobre decisões da Corte Europeia de Direitos Humanos favoráveis ao banimento de partido político defensor de um governo teocrático, contrário ao pluralismo, fundamentadas na ameaça à preservação da democracia, cf. NIEUWENHUIS, Aernout. The concept of pluralism in the case-law of the european court of human rights. *European Constitutional Law Review*, 3, 2007, p. 381.

[8] Frederick Schauer observa que o direito à igual participação é um elemento mais fundamental para o autogoverno exigido pela democracia do que o princípio majoritário, o que infirma um provável paradoxo cogitado a partir de um "suicídio" da democracia pela alienação da soberania popular. SCHAUER, Frederick. Free speech and the argument from democracy. In: PENNOCK, J. Rolland; CHAPMAN, John W. (ed). *Liberal democracy*: New York. New York University Press, 1983, p. 249. Em igual sentido, DWORKIN, Ronald. *Is democracy possible here?* Principles for a new political debate. Princeton: Princeton University Press, 2006, p. 144-146.

posições políticas, religiosas, sexuais, profissionais e de relacionamento social. Entretanto, o livro não visa à refutação dessa ideia e tampouco a considera contraditória aos propósitos do estudo, especialmente porque já destacado que a autoridade de deliberações políticas majoritárias não deve ultrapassar o limite do núcleo essencial dos direitos e liberdades básicos dos seres humanos,[9] dentre os quais se encontra o direito de autodeterminação dos elementos centrais de suas identidades. Porém, a preservação de um núcleo essencial à autonomia individual não impede o reconhecimento de uma ampla gama de decisões suscetíveis à restrição pelo Poder Público, conforme o objeto da escolha se distancie das escolhas que conformam os aspectos centrais da identidade pessoal.

Assim, mediante a correlação entre os problemas apontados, os pressupostos assumidos e os objetivos traçados, defendo as seguintes teses: i) o exercício da autonomia não pode ser restringido unicamente para a preservação de padrões de moralidade da maioria, se não houver a identificação da produção voluntária de dano à integridade física e moral de outrem; ii) o exercício da autonomia pode ser restringido em diferentes graus, de acordo com o nível de proteção do bem jurídico envolvido e da capacidade institucional de avaliação do agente estatal, se elementos objetivos indicarem a incapacidade cognitiva de o sujeito fazer uma avaliação dos riscos envolvidos em sua decisão; iii) o exercício da autonomia pode ser restringido, ainda que não haja vício na declaração de vontade do sujeito, e ele tenha consciência dos riscos que corre se o resultado da conduta causar dano irreversível ao seu bem-estar, ressalvadas as situações em que a intervenção viola o núcleo essencial do direito à autonomia, que compreende o poder de a pessoa definir suas convicções religiosas, políticas, sua sexualidade, seus relacionamentos íntimos, sua participação em associações, seu trabalho e profissão.

O exame dessas teses poderia ser realizado com diferentes abordagens, escolhidas a partir dos referenciais selecionados por cada pesquisador. Contudo, minhas principais preocupações estão fundadas

---

[9] A definição das liberdades básicas para Rawls abrange as liberdades de cidadania igual, de consciência e pensamento, a liberdade individual e a igualdade de direitos políticos. (RAWLS, John. *Uma teoria da justiça*. Trad. Almiro Pisetta e Linita Maria Rimoli Esteves. São Paulo: Martins Fontes, 2002. p. 215,216). Contudo, a tese parte de uma concepção mais ampla de direitos básicos para incluir – a par das liberdades básicas e dos direitos políticos – os direitos à segurança física e à subsistência (meio-ambiente não poluído; alimentação, vestimenta e moradia suficientes à subsistência, bem como assistência pública à saúde preventiva), tal como definidos por SHUE, Henry. *Basic rights:* subsistence, affluence, and U.S foreign policy. 2. ed. Princeton: Princeton University Press, 1996. p. 20,23.

em dúvidas sobre como o sujeito, titular de direitos fundamentais e responsável pela decisão cuja substituição é cogitada, pode ter aferida sua capacidade de julgamento a partir de uma perspectiva jurídica, e como o conteúdo da escolha dele pode ser considerado um elemento determinante para impulsionar a restrição que o Estado quer ver aplicada. Em torno dessas preocupações estão reunidas discussões sobre como a interação entre pessoas, comunidade e Estado conformam os elementos a serem considerados nas restrições que sejam impostas à autonomia do indivíduo para protegê-lo. A capacidade decisória e o núcleo essencial de direitos da pessoa, o seu contexto social e as limitações institucionais do agente interventor são elementos concorrentes para a definição de limites à autonomia para a proteção da pessoa contra si mesma. A amplitude dessas variáveis impede que sejam definidas regras abstratas e abrangentes para a estipulação de limites à intervenção estatal.

O reconhecimento dessas dificuldades não compromete o estudo feito em torno desses elementos para melhor compreender em que medida um entendimento mais completo sobre a capacidade e o processo de tomada de decisão individual, central ao conceito de autonomia, soma-se à discussão sobre o conteúdo da decisão tomada, o âmbito do alcance de interferência de reivindicações da comunidade sobre padrões de vida socialmente aprovados e a capacidade regulatória do Estado.

Embora muitas dessas questões sejam comuns a outros campos de estudo, importa ao Direito saber se, nas hipóteses em que inexista dano direto a terceiro passível de ser compreendido pelo agente da conduta,[10] o Estado pode obrigar o sujeito a praticar uma ação, ou a omitir-se, com o propósito de preservar o seu bem-estar, ainda que o agente capaz pretenda agir de forma diversa.

Os próximos capítulos do texto serão dedicados a diferentes possibilidades de resposta a essa pergunta. As teses defendidas têm como núcleo o questionamento se o Estado ou o indivíduo é o agente mais apto a tomar algumas decisões, ou se o bem-estar do sujeito é mais bem promovido se ele coincide com a moralidade coletiva ou com a sua capacidade de definição do conjunto de seus valores morais.

---

[10] Observe-se, porém, que quase todas as atividades humanas podem de alguma forma produzir externalidades negativas, o que tornaria excessivamente amplas as considerações sobre o dano a terceiros. POPE, Thaddeus Mason. Balancing Public health against individual liberty: the ethics of smoking regulations. *University of Pittsburgh Law Review*, 61, 2000, p. 435.

Em todos esses casos, o limite de intervenção estatal estará em discussão e, consequentemente, será questionado em que medida a restrição imposta é contrária à Constituição. Assim, pressuponho que a adoção de categorias jurídicas para análise da relação entre Estado e pessoa tem como premissa que o Estado de Direito seja o contexto no qual ocorrem as decisões sobre os limites de atuação do Poder Público e da defesa do sujeito titular de direitos. A existência de parâmetros insuscetíveis de revogações casuísticas, aplicáveis aos poderes do Estado e aos indivíduos, está relacionada à vigência de uma Constituição, escrita ou não, cujas regras e princípios sejam as balizas que, caso infringidas, tornem inválidos os atos que a elas se contraponham.[11]

O estágio de evolução das democracias modernas e a reprovação a violações aos direitos humanos permitem pressupor que a Constituição, em um Estado Democrático de Direito, deve conter um núcleo mínimo de liberdades e direitos básicos, em torno dos quais serão definidos os limites para a lícita intervenção do Estado nas restrições que pretenda impor ao exercício da autonomia individual.

A partir desses eixos, este livro é escrito com seis capítulos, cabendo ao primeiro a definição dos conceitos de liberdade e autonomia adotados no estudo, com base nos quais será discutido o papel do Direito como instrumento de intervenção do Estado no exercício da autonomia. A análise desse problema pretende distinguir diferentes elementos encontrados em algumas concepções de paternalismo e, com base numa reflexão sobre esses aspectos, será definido o conceito de paternalismo.

O segundo capítulo conterá uma análise do argumento favorável à neutralidade do Estado, defendida sob uma perspectiva liberal.[12]

---

[11] "Se considerarmos a função da constituição na estrutura de condutas de uma comunidade estatal viva, então, a constituição surge como uma ordem normativa fundamental e como orientação num determinando sentido, e é na sua execução contínua que a comunidade política se forma e se mantém ('se integra'), constituindo-se como unidade de poder e acção, juridicamente organizada (...)". ZIPPELIUS, Reinhold. *Teoria geral do Estado*. 3. ed. Trad. Karin Praefke-Aires Coutinho. Lisboa: Fundação Calouste Gulbenkian, 1997, p. 67.

[12] As referências ao liberalismo, ao longo do estudo, seguiram os elementos centrais da concepção liberal de justiça de John Rawls baseada em três principais características: i) a especificação de certos direitos básicos, liberdades e oportunidades (de um tipo corrente aos regimes constitucionais democráticos); ii) definição de prioridades a esses direitos, liberdades e oportunidades, especialmente em relação a reivindicações relacionadas ao bem geral e a valores perfeccionistas; e iii) medidas que assegurem aos cidadãos todos os meios necessários para fazer uso efetivo dessas liberdades e oportunidades. (RAWLS, John. *Political liberalism*. Expanded edition. New York: Columbia University Press, 2005, p. 6.) Embora esses elementos partam de premissas próprias ao trabalho de Rawls, eles são comumente relacionados à concepção clássica de liberalismo, que abrangeria

Nesse sentido, estudarei se a defesa de uma neutralidade do Estado, em respeito à preservação de um regime democrático e uma sociedade pluralista, impõe a proibição de qualquer interferência que resulte na sobreposição de uma escolha livremente feita pelo indivíduo, sob o risco de filiação a uma postura consequencialista que acabe por privilegiar uma das concepções rivais sobre o melhor modelo de vida a ser perseguido pela pessoa.

O terceiro capítulo avaliará os argumentos favoráveis à intervenção estatal apoiada na alegada primazia da sua função como agente promotor do bem-estar individual e da moralidade de uma comunidade. O eixo central da discussão é a suposta inviabilidade de dissociação entre o bem-estar individual e os padrões morais da comunidade da qual a pessoa faça parte, uma vez que essas referências morais delimitam a conformação dos elementos principais da identidade de seus integrantes. Além de verificar a possibilidade de o Direito ser um reflexo dos valores adotados por uma sociedade política e, portanto, ser parcialmente informado pelas opções morais mais importantes de uma determinada comunidade, o capítulo conterá um exame das posições doutrinárias que correlacionam o bem-estar individual à perseguição das formas de vida consideradas moralmente legítimas, sendo esse um importante ponto para identificação dos limites de influência da moralidade em intervenções estatais que visem à substituição de decisões que os indivíduos tomam para si.

O quarto capítulo terá como objetivo analisar os argumentos favoráveis à intervenção do Estado baseados na sua maior capacidade institucional, caracterizada pela existência de um corpo administrativo apto para o exame de informações complexas e, presumivelmente, mais capaz de realizar julgamentos em situações de elevado risco, antevendo resultados prejudiciais ao bem-estar do indivíduo. Nesse sentido, a capacidade decisória do indivíduo é posta em xeque, particularmente a partir de contestações empíricas a respeito do exercício de sua capacidade racional de escolha, a qual deveria envolver um julgamento imparcial das opções disponíveis, bem como a aptidão de conhecer os custos e benefícios relacionados a cada uma delas, definindo a decisão a partir do resultado que lhe for mais vantajoso.

"psychological security and personal independence for all, legal impartiality within a single system of laws applied equally to all, the human diversity fostered by liberty, and collective self-rule through elected government and uncensored discussion", cf. HOLMES, Stephen. *Passions and constraint*: on the theory of liberal democracy. Chicago: The University of Chicago Press, 1995, p. 16.

O quinto capítulo conterá um desdobramento do argumento liberal, mas assume como foco principal a discussão sobre a existência de um direito à independência ética do indivíduo que criaria um espaço imune à intervenção estatal. Afora o âmbito de autodeterminação pessoal, delimitado por um direito básico ao exercício da autonomia, a independência ética discutida incluiria, em diferentes graus, a possibilidade de se opor aos padrões de moralidade majoritariamente aceitos pela comunidade, sem que essa contradição, por si só, gere uma sanção pública decorrente do descumprimento de uma norma jurídica proibitiva.

No capítulo sexto, os debates principais da tese serão contextualizados à luz da experiência das jurisdições constitucionais brasileira, alemã e norte-americana. Essa comparação avaliará se países com diferentes formações históricas e que tenham distintas percepções quanto à interferência do Estado sobre decisões que se restrinjam ao domínio individual, sem causar dano direto a terceiros, fornecem soluções semelhantes a problemas que tenham como questionamento comum os limites do exercício da autonomia, quando confrontada pela desconfiança da capacidade decisória dos indivíduos e pelo senso de moralidade compartilhado pela maioria dos membros de uma comunidade política. O estudo não almeja ser uma aferição empírica sobre a correção das teses adotadas, mas uma verificação sobre como diferentes países, cujas instituições políticas têm histórias próprias, com diferentes repercussões em como o Estado deve restringir interesses individuais, respondem a problemas comuns relacionados ao confronto entre autonomia e políticas limitadoras do seu exercício.

Ao final, serão apresentadas as conclusões gerais, com contornos mais precisos sobre os limites da intervenção do Estado para impor restrições ao exercício da autonomia com o intuito de promover a proteção do próprio indivíduo, titular de direitos fundamentais. A complexidade do problema que impulsiona a redação deste livro traz o reconhecimento de que as respostas corretas, à luz das premissas acolhidas, exigirão uma correlação entre os resultados das análises feitas ao longo do estudo, bem como a consciência de que, respeitados os pressupostos adotados, a medida ideal de interferência do Poder Público não é suscetível a uma mensuração objetiva estanque, ante a consciência de que o papel do Estado e o conteúdo do Direito são o resultado de realidades políticas e sociais distintas, amoldadas por diferentes necessidades e anseios de liberdade.

CAPÍTULO 1

LIBERDADE, AUTONOMIA E PATERNALISMO

A despeito das aspirações por igualdade, justiça e paz, a liberdade pode ser considerada o valor supremo dentro do conjunto daqueles mais comumente associados ao mundo ocidental.[13] As distintas compreensões e os clamores feitos mediante o emprego de demandas por liberdade não impediram que a sua conquista fosse a principal ideia impulsionadora dos movimentos revolucionários dos séculos XVII e XVIII na Inglaterra, Estados Unidos e França,[14] lançando, assim, as bases para a formação do constitucionalismo moderno. A continuidade do uso de lemas associados à liberdade para criticar o arbítrio confirma o seu êxito como desejo contínuo de realização individual e coletiva, ainda que as suas concepções remanesçam difusas e vagas.[15]

---

[13] PATTERSON, Oscar. *Freedom. Volume I: Freedom in the making of western culture*. New York: Basic Books, 1991, p. ix. Axel Honneth afirma que: "toda e qualquer esfera constitutiva da nossa sociedade materializa institucionalmente um determinado aspecto de nossa experiência de liberdade individual". (HONNETH, Axel. *O direito da liberdade*. Trad. Saulo Krieger. São Paulo: Martins Fontes, 2015, p. 10.)

[14] "If, however, one keeps in mind that the end of rebellion is liberation, while the end of revolution is the foundation of freedom, the political scientist at least will know how to avoid the pitfall of the historian who tends to place his emphasis upon the first and violent stage of rebellion and liberation, on the uprising tyranny, to the detriment of the quieter and second stage of revolution and constitution, because all the dramatic aspects of his story seem to be contained in the first stage and, perhaps, also because the turmoil of liberation has so frequently defeated the revolution". (ARENDT, Hannah. *On revolution*. New York: Penguin, 1981, p. 142.)

[15] Exemplos de definições imprecisas e, por vezes, excessivamente retóricas também são encontrados na literatura jurídica. Cf. DOUGLAS, William O. *The anatomy of liberty: the rights of man without force*. New York: Trident Press Book, 1963, p. 1:
"Man's struggle for liberty has no date for its beginning or for its end. In the past it has been primarily a contest against a ruler: sometimes from a colonial regime, at other times,

A densidade política e emocional das demandas por liberdade se evidencia por meio da sua capacidade de aglutinar projetos sociais e políticos com diferentes objetivos e pretensões ao longo da história, o que talvez apenas pudesse ser explicado a partir de um comum desejo por independência e autodeterminação. Porém, a facilidade de se amoldar a diferentes propósitos fez com que concepções de liberdade congregassem reivindicações de projetos pessoais e políticos de diferentes perfis, cujos fundamentos são por vezes dicotômicos. A maleabilidade no uso político da liberdade acaba por tornar difícil imaginar que a sua defesa ocorra para que ela seja fruída como um fim em si mesmo, independentemente de um intuito subjacente de ligá-la a uma específica noção de justiça ou igualdade. Com efeito, a imprecisão de variadas concepções de liberdade revela que elas são construções sociais[16] fundadas em contextos históricos específicos e que, portanto, dificilmente podem ser vistas como ideologicamente neutras.[17]

A variedade dessas concepções não impede a delimitação de certos aspectos do conceito que toquem diretamente os questionamentos jurídicos em torno das intervenções estatais que visem à substituição de decisões individuais, com o intuito de promover o bem-estar do sujeito. A exposição desses aspectos servirá para a compreensão do conceito de autonomia e, por conseguinte, permitirá o controle do seu uso coerente ao longo do texto. Com base nessas duas definições, o presente capítulo tentará clarificar de qual forma pretendo correlacionar a importância das ideias de liberdade e autonomia para o Direito.

---

a person of the same race and the color as the subjects. The oppressor has appeared as a king, a dictator, a religious group, a politburo, an army. Today one measure of liberty is the extent to which the individual can insist that his government live under a Rule of Law. Another is the immunity of the individual when he shakes his fist at the authorities and defies them if they fail to follow the supreme law. Still another measure of liberty is the degree to which society affords the individual an opportunity to develop as an integrated human being, healthy in body and soul, with a mind unfettered, with ideas, conscience, and belief inviolate from governmental interference, with a chance for individual and opportunity".

[16] PATTERSON, Oscar. *Freedom*. Volume I, p. xii. Ao observar a falta de clareza na definição de liberdade, Patterson destaca que "(...) the virtue of a vague idea is that everyone can safely read his or her own meaning into it", p. 1.

[17] RAZ, Joseph. *The morality of freedom*. Oxford: Oxford University Press, 2009, p. 16.

1.1 Liberdade

1.1.1 Evolução histórica

A persistência da defesa da liberdade como valor central para as democracias constitucionais ocidentais provoca a dúvida sobre quais razões explicam o seu êxito como reivindicação política, bem como o questionamento sobre os fundamentos para que a conquista da liberdade permaneça sendo vista como elemento eminente de transformação social e fator decisivo para a perseguição do bem-estar e da felicidade individual. A abrangência dessas duas perguntas exigiria que o responsável pelas respostas tivesse elevado grau de competência para análises de filosofia, psicologia e sociologia, o que não será ora feito, seja pela ausência dos conhecimentos específicos para tal estudo, seja porque o exame desses debates fugiria do escopo principal do livro.

Entretanto, a percepção comum de que a liberdade pressupõe um espaço livre de interferência – o que explicaria a crença de que Estado e sujeito sejam vistos como rivais na defesa jurídica de um âmbito individual imune à ingerência do Poder Público – perpassa as várias discussões sobre autonomia e paternalismo, motivo por que pretendo testar a resistência dessa ideia e até que ponto ela pode ser um argumento legítimo para as discussões que venham a ser travadas ao longo do texto. Dessa forma, o primeiro desafio a ser vencido é verificar se o antagonismo entre Estado e sujeito é uma constante histórica e, se assim não for, por quais razões isso não ocorreu. Traçado esse panorama, passa a ser importante considerar em quais dimensões da liberdade o Estado é coadjuvante ou rival do sujeito na defesa de seu bem-estar e se, existindo a possibilidade de coincidência de interesses, é relevante questionar quais sentidos a liberdade adquire quando revista a possibilidade de o Estado ser um agente garantidor da sua preservação. Essas perspectivas oferecem diferentes formas de como o uso da força pela autoridade estatal pode ser um requisito necessário para que os sujeitos se vejam livres da dominação exercida por outros particulares, ou como ameaça à sua livre determinação, obtida se a realização de seus projetos de vida está desatrelada do atendimento prioritário do interesse comum que marcaria a atuação do Poder Público.[18]

---

[18] Os publicistas e filósofos ingleses, nos séculos XVII e XVIII, travaram discussão semelhante quando, por ensejo dos acontecimentos que sucederam a Revolução Gloriosa e da retomada do pensamento republicano romano, houve a contraposição do ideal liberal de liberdade – inexistência de coerção – à noção de que ela é assegurada se eliminado

A revisão histórica do conceito de liberdade usualmente toma como ponto de partida a concepção encontrada na democracia ateniense nos séculos V a VI a.C, na qual a cidadania é o elemento distintivo entre os membros da comunidade política, por ser o fundamento a partir do qual é assegurada a participação no processo de elaboração e aplicação das leis.[19] Na democracia ateniense, a liberdade é ligada ao cidadão e não à pessoa em si considerada, razão por que são coincidentes as condições de possibilidade da cidadania e da liberdade, pois o sujeito somente seria livre se fosse capaz de participar da gestão política dos assuntos da coletividade. Nesse sentido, a comunidade política – restrita a uma minoria, excluindo mulheres e escravos – torna-se mais importante que seus membros, que somente são reconhecidos como integrantes de um todo que lhes antecede e sucede.[20]

A expressão grega clássica para a liberdade (*eleutería*) designava, simultaneamente, a ausência de submissão do cidadão e a sua pertença à coletividade política.[21] A primazia dada à participação na decisão sobre os assuntos da comunidade indicava que a concepção grega de liberdade estava mais relacionada aos laços da pessoa com o seu grupo político, quando comparada a possíveis reivindicações individuais apresentadas para fazer frente a iniciativas de coerção da coletividade. A liberdade exigia o espaço público para sua manifestação, e ainda que o seu titular não agisse impelido para satisfação de seus desejos individuais, a sua fruição não era algo imanente à pessoa, mas uma condição para o exercício da cidadania.

A noção da liberdade – tal como concebida na democracia ateniense – começou a ser fragilizada pelos romanos quando diferenciaram o *status civitatis* do *status libertatis* e definiram a liberdade como uma faculdade limitada pela força ou pela lei, que pressupunha um espaço de não impedimento à ação do sujeito. Embora liberdade e cidadania sejam atributos essencialmente equivalentes na república

---

o perigo de a pessoa ser coagida, o que não exige o confronto com a autoridade estatal, porque o escape à servidão demandaria o exercício ativo da cidadania sob a forma de um governo representativo. Cf. SKINNER, Quentin. *Liberty before liberalism*, p. 77, 84

[19] Sobre a distinção entre igualdade de participação na deliberação política (*isegoria*) e igualdade na aplicação das leis (*isonomia*) na democracia ateniense, cf. LAFER, Celso. *Ensaios sobre a liberdade*. São Paulo: Editora Perspectiva, 1980, p. 12.

[20] Werner Jaeger. *Paidéia: a formação do homem grego*. (tradução de de Artur M. Parreira). São Paulo: Martins Fontes, 1995, p. 141. François Chamoux. *A civilização grega na época arcaica e clássica*. (tradução de Pedro Elói Duarte). Lisboa: Edições 70, 2003, p. 232.

[21] Tércio Sampaio Ferraz Júnior. *Estudos de filosofia do direito: reflexões sobre o poder, a liberdade, a justiça e o direito*. 2. ed. São Paulo: Atlas, 2003, p. 77.

romana,²² a cidadania torna-se uma qualidade que se atribui à pessoa, cuja dignidade precede a existência do ente coletivo, razão por que a correlação entre Estado e indivíduo assume bases distintas. A resistência à intervenção da coletividade foi vista como reivindicação legítima, uma vez que a anterioridade do indivíduo em relação à sociedade na qual está inserido é o fundamento sobre o qual se assentam os direitos individuais, que demarcam espaços impermeáveis à intromissão da coletividade e do Estado, permitindo a construção de esferas independentes para a pessoa e o poder público.

A cisão entre um querer interno e um poder externo surge com evidência no Cristianismo, mediante a noção de adesão à fé como opção livre do sujeito que, dotado do livre-arbítrio, pode descumprir os mandamentos religiosos se as suas ações e intenções forem com eles incongruentes. Portanto, a liberdade não se exaure na aferição das possibilidades de sua efetiva fruição, porque o sujeito é livre na conformação de sua vontade, momento de conciliação íntima entre as opções de fé e as ações fundadas no livre-arbítrio, elemento comum e indissociável às pessoas. A liberdade, instalada no "interior da vontade", não é eliminada pela condição de escravo ou por qualquer outro elemento que cerceie a expressão do querer.²³

A nova feição dada à liberdade a evidencia como atributo do sujeito, "enquanto indivíduo livre, por si e para si",²⁴ que lhe confere responsabilidade pela condução de sua vida. Examinadas as contribuições dadas pelos romanos para a definição de direito subjetivo e pela teologia da Reforma Protestante, que acentuava a importância da consciência ética livre como parâmetro de julgamento individual em oposição à heteronomia que marcava a concepção católica clássica de intermediação eclesiástica, ganha evidência o papel da pessoa como agente dotado de uma subjetividade que permite a decisão sobre as normas que dá a si mesmo, capaz de explicar a realidade em que vive independentemente de uma universalidade concreta que dê sentido a todas as suas experiências. A liberdade, assim entendida, é a condição que permitiria que a pessoa decidisse romper os laços que a envolvem

---

[22] Philip Pettit. *Just Freedom: A Moral Compass for a Complex World*. New York: W.W. Norton & Company, 2014, p. 4.
[23] É nesse sentido que Tércio Sampaio Ferraz Júnior afirma que "A liberdade (da vontade) torna-se condição essencial da igualdade humana e a efetividade do seu exercício (poder), a condição das diferenças". (FERRAZ JÚNIOR, Tércio Sampaio. *Estudos de filosofia do direito*, p. 88.)
[24] FERRAZ JÚNIOR, Tércio Sampaio. *Estudos de filosofia do direito*, p. 96.

de forma imbricada em todos os campos de sua vida, passando a dar ênfase à possibilidade de constituição de vínculos temporários, decididos pela subjetividade ética de cada agente.

Uma análise da breve síntese da evolução dessas concepções de liberdade permite, em uma primeira leitura, a identificação de uma gradação na intensidade em que a liberdade estava associada à participação da pessoa na comunidade política e, consequentemente, relacionada ao Estado como ambiente próprio à sua fruição. A existência de posições opostas nessa demarcação temporal fez com que a experiência da democracia ateniense fosse associada a "liberdade dos antigos", compreendida como direito político na participação da formação da vontade estatal, ao passo que as ideias estabelecidas com maior impulso a partir das revoluções liberais do século XVIII conformassem a denominada "liberdade dos modernos", tal como descrito por Benjamin Constant[25] para identificar as liberdades individuais contra a interferência do Poder Público.

Uma versão da evolução histórica da ideia de liberdade política também foi feita por Isaiah Berlin, ao identificar sentidos diferentes no seu emprego como desdobramentos de duas perguntas: "Qual é a área dentro da qual o sujeito – pessoa ou grupo de pessoas – é ou deveria estar livre para fazer o que ele é capaz de fazer, ou ser, sem a interferência de outras pessoas?" e "Qual, ou quem, é a fonte de controle ou interferência que pode determinar alguém fazer, ou ser, uma coisa e não outra?".[26] A resposta ao primeiro questionamento está relacionada ao conceito moderno de liberdade negativa, entendida como "liberdade de alguém ou de algo", mediante a qual o seu titular conserva um espaço insuscetível à interferência e à coerção, onde lhe é possível – segundo a doutrina liberal – perseguir os valores que conformam os seus próprios ideais de uma vida boa, cabendo ao Direito apenas garantir que a pessoa

---

[25] "Assim para os antigos, o indivíduo, soberano quase habitualmente nas questões públicas, é escravo em seus relacionamentos privados. Como cidadão, ele decide a paz e a guerra; como particular, ele é circunscrito, observado, reprimido em todos os seus movimentos; como porção do corpo coletivo, ele interroga, destitui, condena, despoja, exila, espanca até a morte seus magistrados ou superiores; como submetido ao corpo coletivo, ele pode ser, por outro lado, privado de seu estado, despojado de suas dignidades, banido, posto à morte pela vontade discricionária do todo do qual ele faz parte. Para os modernos, ao contrário, o indivíduo, independente na sua vida privada, não é, mesmo nos Estados mais livres, soberano em aparência." (tradução livre). CONSTANT, Benjamin. *Cours de politique constitutionelle*. Tomo II. Paris: Librairie de Guillaumin et Cie, 1872, p. 542.

[26] BERLIN, Isaiah. Two concepts of liberty. In: HARDY, Henry (ed.). *Liberty*. Oxford: Oxford University Press, 2013, p. 169.

não seja privada desse direito.[27] A resposta à segunda pergunta levaria à definição do conceito de liberdade positiva como "liberdade para uma determinada forma de vida", na qual o seu titular reivindica o poder de ser o responsável pelas decisões que lhe digam respeito, em razão do elemento comum de racionalidade humana, a qual impediria a constituição de fundamento legítimo para que outras pessoas tentem dirigir o sujeito na criação e perseguição de seus desejos e objetivos.[28]

Contudo, a definição dos conceitos de liberdade negativa e positiva também foi acompanhada pela identificação dos riscos e deficiências associados a essas duas ideias. Em relação à liberdade negativa, Berlin notou que a preservação de uma área mínima de liberdade pessoal contra a interferência é um elemento cuja negação degradaria a própria natureza humana, mas que a oposição ilimitada à coerção estatal pode infirmar a importância da perseguição de outros objetivos legítimos pelo Poder Público. De igual modo, as justificativas para conservação desse âmbito imune a interferências não seriam coerentes apenas com a confirmação de um conjunto de ideias liberais associadas à defesa da liberdade negativa. Nesse sentido, Berlin afirmou que a busca da verdade ou a formação de um caráter crítico e independente também poderiam ocorrer em comunidades severamente disciplinadas, o que negaria consistência empírica ao argumento liberal.[29] Além disso, a atenção prioritária ao domínio próprio das decisões individuais ignoraria os problemas associados ao ente que deteria as formas de controle político, o que evidenciaria uma falha pela ausência de preocupação em correlacionar logicamente a liberdade individual com um regime democrático.[30]

A liberdade positiva também foi objeto de críticas, não só por um desenvolvimento histórico em aparente conflito com a liberdade

---

[27] BERLIN, Isaiah. Two concepts of liberty, p. 174. Uma interpretação do conceito de liberdade negativa associada a um absenteísmo estatal é feita por Robin West a partir do termo *ordered liberty* encontrado no voto proferido pelo Juiz Cardozo, na Suprema Corte dos Estados Unidos, em *Palko v. Connecticut* [302 U.S. 319 (1937)], ao afirmar que o direito de o Estado recorrer de condenações criminais não violaria à vedação ao duplo julgamento e, portanto, não estaria em contradição com "essência de um esquema de liberdade ordenada" (*the very essence of a scheme of ordered liberty*). West, ROBIN. Reconstructing liberty. *Tennesse Law Review* 59 (1992), p. 442.

[28] BERLIN, Isaiah. Two concepts of liberty, p. 178. Jeremy Waldron observa que a concepção de liberdade positiva de Berlin estava voltada à relação entre liberdade e virtude ou racionalidade, não tendo sido a importância das condições de bem-estar material para o exercício da liberdade seu objeto. *Liberal rights*: collected papers, 1981-1991. Cambridge: Cambridge University Press, 1993, p. 5-6.

[29] BERLIN, Isaiah. Two concepts of liberty, p. 175.

[30] BERLIN, Isaiah. Two concepts of liberty, p. 177.

negativa, mas também pelos desdobramentos dos fundamentos apontados para justificar a autodeterminação política da pessoa. A definição da razão como elemento capaz de conferir um domínio exclusivo à liberdade a tornou um denominador comum a todas as pessoas que, portanto, deveriam ser igualmente capazes de atingir uma mesma compreensão da verdade. As deficiências dessa argumentação não impediram que ela fosse articulada como instrumento de manipulação política por grupos que tentaram fazer com que suas posições fossem vistas como explicações racionais, únicas e verdadeiras da realidade, para defesa de suas ideologias e seus projetos. Desse modo, a identificação dessas ideias com uma verdade exclusiva dava base suficiente à imposição delas aos demais membros da sociedade que, por um raciocínio incompleto, ainda não a teriam vislumbrado tal como identificada pelos grupos que ocupavam o poder político.

O recurso à racionalidade permitia também a criação de um modelo ideal de *self* que, graças a uma descrição objetiva e generalizada, não seria mais identificado por vontades e desejos transitórios e passageiros. A importância da perseguição desse ideal autorizaria que o Direito fosse o instrumento para fazer com que as pessoas se conformassem a esse padrão, o que, perigosamente, tornava o Estado o agente responsável pela sua consecução e, consequentemente, o ente capaz de manipular a definição de ser humano e de liberdade que mais lhe interessasse.[31] O resultado concreto da degeneração do argumento racionalista, tal como descrito por Berlin, seria a experiência dos regimes totalitários da segunda metade do século XX, que se tornariam exemplos de um conflito extremo entre interpretações equivocadas das liberdades positiva e negativa.

Entretanto, os conceitos de liberdade negativa e positiva não são antípodas. De fato, a atuação do indivíduo no regime democrático tem sido objeto de um conjunto amplo de estudos das ciências sociais dedicado à análise dos fundamentos e dos arranjos institucionais que melhor proporcionem a coexistência dos direitos individuais com deliberações políticas majoritárias sem que a pessoa, isoladamente, esteja dissociada dos seus direitos e deveres de cidadania, atributo

---

[31] BERLIN, Isaiah. Two concepts of liberty, p. 181. Registre-se que, a despeito de interpretações contraditórias sobre o conceito de liberdade empregado por Isaiah Berlin, ele expressamente afirma que a liberdade não se identifica com demandas por *status* ou reconhecimento, que estão mais próximas de concepções de solidariedade, fraternidade, entendimento mútuo e necessidade de associação em bases iguais, o que se opõe à defesa de uma "confusa" ideia de "liberdade social" (p. 204).

de sua participação na formação da vontade do Estado. Embora o entendimento das questões suscitadas por esse debate possa ter influência na definição das justificativas legítimas que o Poder Público possa apresentar para restringir a liberdade individual, o aprofundamento dele não está incluído no escopo da presente pesquisa. De igual modo, aferir se a liberdade positiva é uma explicação adequada para uma demanda crescente por intervenção estatal exemplificada pela eficácia dos direitos fundamentais em relações jurídicas mantidas por particulares, pelos deveres positivos do Estado de proteção a certos bens jurídicos (em especial a integridade física e a privacidade) ou pelo avanço de reivindicações voltadas à aplicação e à ampliação de direitos socioeconômicos[32] não será aqui feito, ao menos nos termos em que essas categorias são comumente analisadas na dogmática constitucional.

1.1.2 Conceito e elementos essenciais da liberdade

A definição da liberdade – termo a partir de agora empregado para referir-me à liberdade negativa – como espaço reservado ao sujeito de direitos insuscetível à restrição injustificada, que não encontre embasamento constitucional, não basta à resolução das questões relacionadas aos limites de intervenção do Estado em decisões individuais que prejudiquem unicamente o bem-estar dos sujeitos que as tomaram. A compreensão dessas hipóteses não almeja a obtenção de um conceito de liberdade que possa, por si, funcionar como uma ferramenta de solução dos conflitos que existam se a interferência no seu gozo seja contestada. Porém, a inviabilidade de exaustão desses problemas por um arcabouço conceitual não impede que um entendimento mais adequado das possíveis respostas seja antecedido por uma análise das complexidades envolvidas nos argumentos apresentados a favor ou contra a intervenção estatal. É nesse sentido que o conhecimento dos pressupostos da liberdade passa a ser uma medida para identificar o seu núcleo essencial e, assim, melhor compreender os limites que possam ser concretamente impostos à sua fruição.

A discussão sobre os aspectos distintivos do conceito de liberdade é bastante ampla e complexa, especialmente quando constatado que ela pode ser ameaçada ou suprimida se a pessoa estiver privada das condições materiais e psíquicas para o seu exercício, ou nas hipóteses

---

[32] MÖLLER, Kai. Two conceptions of positive liberty: towards an autonomy-based theory of constitutional rights. *Oxford Journal of Legal Studies*, 29, 2009, p. 758.

em que as relações de sujeição, nas esferas privada e pública, sejam efetivamente capazes de impedir a configuração de suas preferências, desejos e ideais sem temer a coerção ou a submissão como consequência de uma decisão feita entre opções igualmente lícitas e legítimas.[33] Entretanto, os contornos dessas diferentes abordagens não eliminam a possibilidade de alinhamento dos elementos constitutivos da liberdade em conformidade com os pressupostos adotados. Essa alternativa não ignora a contribuição que poderia ser dada por distintos enfoques, mas é aquela que melhor se conforma com a resolução das questões a serem discutidas ao longo do presente estudo, sem prejudicar a correção de suas conclusões.

Desse modo, o conceito de liberdade exige, como elementos essenciais, que as pessoas se vejam como fontes originárias de reivindicações válidas, independentes e responsáveis pelos fins por elas eleitos.[34] Como capazes de formular reivindicações válidas, os sujeitos são livres para pleitear a concretização de suas concepções ideais de vida, a respeito de si mesmos, e de como as instituições sociais devem se organizar dentro dos limites previstos para a conservação do regime democrático. A consideração dessas reivindicações não deve acarretar a negação da própria liberdade e deve ser feita a partir das circunstâncias particulares que permitam a realização delas. Ademais, as pessoas devem ser vistas como independentes, reconhecendo-se mutuamente

---

[33] PETTIT, Philip. *Teoria da liberdade*. Trad. Renato Sérgio Pubo Maciel. Belo Horizonte: Del Rey, 2007, p. 41. Em trabalho posterior, Philip Pettit sintetizou a sua compreensão da teoria republicana em três testes para aferição do nível de fruição de liberdade, igual distribuição de recursos e exercício de direitos políticos: 1) o teste "olho no olho" (*eyeball test*) – as pessoas devem estar protegidas contra a dominação privada, de sorte que possam ser capazes de olhar "olho no olho" de alguém sem motivo para temer ou agir de forma diferente; 2) o teste do "azar" – as pessoas devem ter igual capacidade de controle sobre um governo democrático, de modo tal que as decisões governamentais que lhes sejam contrárias sejam apenas compreendidas como produto de azar e não como resultado de uma perseguição dirigida contra si; 3) teste da "conversa direta" (*straight talk test*) – numa relação entre iguais, as partes não devem recorrer a um tom de subserviência ou de arrogância. (PETTIT, Philip. *Just freedom:* a moral compass for a complex world, p. 181-182.)

[34] RAWLS, John. Kantian constructivism in moral theory. *The Journal of Philosophy*, 7, 1980, p. 543-545. A adoção dos elementos apontados por Rawls para que as pessoas sejam consideradas livres (*self-originating sources of claims; independence; responsibility for ends*) não endossa as suas premissas teóricas, cuja discussão foge ao escopo da tese. Embora seja aceita a sua defesa da validade dos elementos constitutivos da liberdade, a apresentação deles é feita a partir de uma perspectiva mais concreta, sem o recurso a argumentos relacionados aos princípios de justiça que poderiam embasar as escolhas de Rawls. A opção ora feita considera a importância da conservação de um regime democrático e o fato de que a sua manutenção pode ser considerada uma exigência para uma sociedade bem ordenada.

como capazes de definir, rever e mudar suas concepções ideais de vida, as quais devem se ajustar às reivindicações concorrentes das demais, quanto aos meios e às finalidades que estejam implicados nelas. Por fim, ao serem responsáveis por suas escolhas, homens e mulheres não têm o peso de seus pleitos medido pela intensidade de seus desejos, ainda que vistos como racionais. Para tanto, é preciso que as pessoas sejam capazes de adequar suas reivindicações com expectativas compartilhadas de justiça dentro de um conjunto de prioridades que possam confirmar a sua realização.

A reivindicação do espaço de independência individual não está alheia à organização social e aos vínculos intersubjetivos que integram as pessoas às suas comunidades e ao Estado. O espaço de concepção e revisão de objetivos pessoais é informado pela dependência recíproca existente entre os indivíduos. Axel Honneth afirma que esses elos conformam as instituições de reconhecimento, condições externas da liberdade, pois a satisfação das pretensões de liberdade individual somente se concretiza em um ambiente integrado, em meio a pleitos concorrentes, delimitado por um ordenamento social.[35] A liberdade, como projeção exclusiva da vontade individual, faria com que a pessoa compreendesse deveres e expectativas de terceiros – ainda que informais – como "bloqueio de sua própria subjetividade".[36] A insuficiência do entendimento de que o objeto da liberdade é expressão de um solilóquio, a par das contingências e das experiências nas quais os indivíduos se reconhecem e elaboram suas identidades, é fator decisivo para a análise da evolução do seu conteúdo em diferentes épocas e lugares, o que irá repercutir na aprovação, ou rejeição, de medidas que possam representar um cerceamento dos direitos dela derivados.

As discussões relacionadas a cada um desses elementos constitutivos serão apresentadas ao longo do livro, conforme a correlação que possa ser estabelecida entre eles e os argumentos que venham a ser discutidos nos próximos capítulos. A seção seguinte, dedicada ao estudo da autonomia, pretende ser a primeira tentativa de clarificar esses elementos, mediante a identificação deles na medida que possa ser criada para aferir a capacidade de exercício da liberdade.

---

[35] HONNETH, Axel. *O direito da liberdade*, p. 74-110.
[36] *Idem*, p. 131,32.

1.2 Autonomia

1.2.1 Aspectos descritivos e normativos

A exposição dos elementos do conceito de liberdade tem como premissa a condição de a pessoa idealmente ser capaz de definir as suas concepções de vida, escolher os fins que pretenda perseguir e os meios para a consecução deles, ajustando-os em conformidade com os limites constitucionais que sejam necessários para a coexistência coletiva e a preservação da comunidade política. A qualificação dessa condição para o exercício pleno da liberdade é o aspecto distintivo do conceito de autonomia, cujo significado etimológico (combinação dos vocábulos gregos *autos* e *nomos*) é um primeiro indício do seu sentido como poder de o seu titular definir as suas próprias condutas. Essa ideia ainda é imprecisa, pois com base nela a teoria ética contemporânea[37] poderia ao menos distinguir que o agente é autônomo se define suas condutas por um critério pessoal (segundo seus valores pessoais mais caros), moral (de acordo com seus princípios e convicções morais), racional (conforme as razões mais consistentes) e segundo as circunstâncias para a ação (o comportamento do agente é a genuína ação que pode ser-lhe atribuída como um agente).[38]

O enfoque em cada uma dessas perspectivas leva a diferentes resultados, mas o abandono completo delas não pode ocorrer sem que o estudo da autonomia se torne deficiente devido a uma apreensão incompleta do que se pretende analisar. Essa deficiência ocorreria

---

[37] DARWALL, Stpehen. The value of autonomy and autonomy of the will. *Ethics*, 116, 2006, p. 265. Como exemplo das diferentes concepções de autonomia, Joel Feinberg aponta que ela pode ser concebida como ideal de autogoverno; a atual condição de autogoverno; um caráter ideal derivado dessa concepção; ou, em analogia aos Estados políticos, a autoridade soberana de governar-se a si mesmo dentro dos seus limites morais, reconhecendo-se a cada uma dessas concepções a associação a uma definição distinta de independência, enquanto capacidade de ser responsável por suas próprias decisões; condição fática de autossuficiência que consiste no exercício das capacidades apropriadas quando as circunstâncias permitem; o ideal de autossuficiência; e o direito à autodeterminação, no sentido de uma soberania jurídica individual. (*Harm to self*: the moral limits of criminal law. New York: Oxford University Press, 1986, p. 28)

[38] Uma diferenciação mais específica é feita por Joel Feinberg, que distingue os conceitos de autonomia *de facto* (condição real de autodeterminação), autonomia *de jure* (direito soberano de autodeterminação), liberdade (*liberty*) *de jure* (noção jurídica de privilégio permitido por alguma regra ou autoridade; ausência de deveres impostos por uma autoridade ou uma regra), liberdade (*freedom*) de ação *de jure* (ausência de efetivas restrições de alguma fonte interna a desejos reais ou possíveis à escolha de agir; presença de opções abertas à escolha); liberdade (*freedom*) política *de facto* (ausência de restrições efetivas oriundas das autoridades políticas na aplicação de regras ou comandos legais). FEINBERG, Joel. *Harm to self*: the moral limits of criminal law, p. 65.

porque o conceito de autonomia não é estritamente descritivo, uma vez que o seu uso implica também a definição de um limite de intervenção estatal e de uma concepção de pessoa cujas características distintivas marcam a extensão em que desejos e vontades são valorizados. A necessária conjugação dos aspectos descritivos e normativos do conceito revela que a autonomia é simultaneamente um ideal político, moral e social.[39] Na sua feição política, ela é definida como espaço de resistência a iniciativas de instituições políticas que pretendam impor um conjunto de valores e fins às pessoas sem que o processo de justificação para essas ações pareça ser aceitável para cada cidadão. Na sua vertente moral, a autonomia é o elemento que confirma uma condição ideal que alia as pessoas a um conjunto de valores aos quais elas passam a estar vinculadas, o que pode se dar por diferentes formas, especialmente por escolha, adesão ou avaliação racional. Por fim, como ideal social, a autonomia marca o espaço de interação entre indivíduo e sociedade ao ser um indicativo de como a pessoa é vista como parte de uma comunidade cujos desejos e vontades podem resultar em um somatório congruente com as suas expectativas individuais.

O emprego do termo autonomia não é uma escolha aleatória. O seu uso é explicado pelo ganho analítico obtido quando sua distinção é delimitada em relação à liberdade. Gerald Dworkin[40] valeu-se de um exemplo – elaborado primeiramente por John Locke – para clarificar essa diferença: uma pessoa levada à prisão é informada que todas as portas de sua cela estão trancadas; porém, ainda que os carcereiros tenham fechado todas as portas à vista do prisioneiro, uma delas está defeituosa e permanece aberta. O preso desconhece essa informação e se mantém na cela. Embora ele tenha a liberdade de sair da cela, ele não tem autonomia para fazê-lo ante a equivocada forma de conhecer as opções à sua disposição.

A definição de restrições à autonomia, simultânea à conservação do exercício da liberdade, supõe que esta é uma pré-condição daquela.[41] A liberdade tem um conteúdo mais abrangente, que comporta desdobramentos específicos, de acordo com seu objeto (por exemplo, liberdade de expressão, de associação, de locomoção) e, sob seu aspecto

---

[39] DWORKIN, Gerald. *The theory and practice of autonomy*. Cambridge: Cambridge University Press, 1997 p. 10

[40] DWORKIN, Gerald. *The theory and practice of autonomy*, p. 105.

[41] HIRSCHMAN, Nancy J. *The subject of liberty:* toward a feminist theory of freedom. Princeton: Princeton University Press, 2003, p. 36.

negativo, é suscetível a graduações a partir de restrições externas ao seu titular. Por outro lado, a autonomia relaciona-se à capacidade de a pessoa conhecer as opções disponíveis, avaliá-las criticamente e formar sua vontade de forma consistente com os desejos concebidos ao longo de sua vida. Não obstante as preocupações comuns ao exercício da liberdade e da autonomia – tais como as atinentes à repercussão das opções de escolha disponíveis e à ausência de coerção –, a proximidade do conceito de autonomia com o de liberdade positiva, desenvolvido por Isaiah Berlin,[42] indica que o principal elemento distintivo entre ambos é o maior enfoque sobre aspectos internos do indivíduo imbricados no exercício da autonomia,[43] espaço mais apropriado para a investigação do processo de formação da vontade do sujeito e à análise das preferências que se conformam aos aspectos centrais de sua personalidade.

A importância dessas perspectivas se adiciona à consideração das premissas usadas para a tentativa de formulação do conceito jurídico de autonomia, que é igualmente influenciado pelas razões que os ordenamentos jurídicos têm empregado para dar sustentação à obrigatoriedade do Direito e à própria possibilidade de coerção estatal.[44] Embora essas discussões sejam comuns ao fenômeno jurídico em diferentes épocas e lugares, a crescente preocupação com a conduta individual e o seu impacto nas relações sociais tornou a autonomia um elemento de maior destaque na compreensão dos limites que o Estado enfrenta para restringir as decisões que o sujeito toma para si.[45]

---

[42] Kai Möller equipara o conceito de autonomia ao de liberdade positiva, tal como empregado por Isaiah Berlin, para designar o controle que o indivíduo deve ter sobre sua própria vida. MÖLLER, Kai. *The global model of constitutional rights*. Oxford: Oxford University Press, 2012, p. 29-30.

[43] HIRSCHMAN, Nancy J. *The subject of liberty*: toward a feminist theory of freedom, p. 37.

[44] HONNETH, Axel. *O direito da liberdade*. p. 41.

[45] A importância dada à autonomia e à vontade como dados para a constituição e a interpretação de relações jurídica pode ser exemplificada pelas mudanças observadas na teoria do contrato e nos seus cânones de interpretação a partir do século XIX. Nesse sentido, Morton J. Horowitz distingue a substituição da noção do valor objetivo e do preço justo pelo privilégio dado à declaração de vontade manifestada no negócio jurídico. (The Historical Foundations of Modern Freedom of Contract Law. *Harvard Law Review*, 87, 1974, p. 946). A compreensão do papel desempenhado pela autonomia nas relações contratuais foi posteriormente modificada no período entre as duas guerras mundiais nos Estados Unidos, para conformá-lo a um novo significado político segundo o qual a intervenção estatal seria necessária para corrigir situações de disparidade entre as partes ou mesmo ajustar o objeto do contrato à perseguição de um interesse público, cf. KENNEDY, Duncan. From the will theory to the principle of private autonomy: lon fuller's 'Consideration and Form'. *Columbia Law Review*, 100, 2000, p. 123.

É nesse sentido que a possibilidade de disciplina das relações jurídicas se baseia na ideia de que as pessoas são capazes de conhecer as normas jurídicas a ponto de compreender que o desrespeito a elas acarreta a aplicação de uma sanção.[46] A reprovação jurídica de uma conduta tem como premissa a capacidade de o seu agente ser uma pessoa autônoma, capaz de adequá-la ao padrão de licitude fixado pelo Estado, que lhe aplica uma sanção pelo desacordo entre a prescrição jurídica e o comportamento adotado pela pessoa.

Observado que a escolha racional ocorre se o agente é capaz de discernir as suas preferências e selecionar a alternativa que melhor se ajuste a elas, dentro de um conjunto de opções possíveis, a partir do custo de oportunidade envolvido[47] – assim entendido como o valor atribuído às opções abandonadas no processo de seleção –, o Direito tem a racionalidade como dado comum à pessoa capaz, o que constitui o pressuposto que baliza a regulação e a disciplina jurídica das condutas

---

[46] Para Carlos Santiago Nino, é a autonomia que dá conteúdo aos direitos individuais básicos, pois, a partir dela, infere-se que os bens jurídicos por eles protegidos são "as condições necessárias para a eleição e realização dos ideais pessoais e planos de vida neles baseados". (*La constitución de la democracia deliberativa*. Buenos Aires: Gedisa Editorial, 1997, p. 77).

[47] O abandono de opções e o sacrifício de valores, como consequência da escolha racional, tornam-na "um ideal inerentemente frustrante" segundo DAN-COHEN, Meir. (Conceptions of Choice and Conceptions of Autonomy. *Ethics* 102, 1992, p. 222). A descrição da escolha racional é feita de forma semelhante por Danny Scoccia (Paternalism and Respect for Autonomy. *Ethics* 100, 1990, p. 320: ["(...) a choice is rational if is likely (in light of what the chooser does or can know at the time he makes it) to maximize (within the bounds permitted by his moral principles) the satisfaction of his presently held desires,"] e por John Rawls (Kantian constructivism in moral theory, p. 529). David A. J. Richards apresenta uma versão distinta de escolha racional, a qual seria caracterizada por cinco princípios: (i) "meios eficientes": dado um certo objetivo, deve ser escolhida a ação que o atinge de forma mais eficiente e com menor custo, (ii) "dominância": dados diferentes planos de ação, deve ser escolhido aquele que assegura os objetivos dos outros planos; (iii) "loteria": se diferentes planos de ação asseguram um mesmo fim, deve ser escolhido aquele que o possa realizar com uma probabilidade maior; (iv) "adiamento": a realização de um plano de ação deve ser adiada, se não há clareza, no momento da escolha, sobre os objetivos pretendidos e a forma como eles serão mais bem assegurados; (v) "avaliação desapaixonada": se os princípios anteriores não se aplicarem – como na hipótese de planos de ação incomparáveis – deve ser escolhida a opção que, depois de uma avaliação desapaixonada e bem informada sobre as probabilidades e a intensidade das preferências, irá melhor promover os fins desejados. Segundo Richards, esses princípios deveriam guiar a escolha racional em uma ordem de prioridades que demandaria uma análise pelo princípio subsequente se o anterior fosse irrelevante ou se os planos em exame pudessem igualmente satisfazer o parâmetro de julgamento apresentado pelo princípio. Embora não indique as razões precisas para essa ordenação, ela deveria ser iniciada pelo princípio iii ("loteria"), seguindo-se os princípios ii ("dominância"), i ("meios eficientes"), iv ("adiamento") e v ("avaliação desapaixonada"). (RICHARDS, David A. J. *A theory of reasons for action*. Oxford: Oxford University Press, 1971, p. 28, 29, 43, 48.)

humanas. Todavia, a compreensão do Direito sob esse enfoque não ignora a existência de um conjunto de condutas importantes para os seres humanos, em que a construção racional seja inadequada ou não providencie os melhores elementos descritivos.

1.2.2 Autonomia e os limites da escolha racional

Muitas das escolhas humanas fogem ao esquema racional, porque as opções disponíveis não formam um conjunto de alternativas que possam ser avaliadas comparativamente, ou porque a decisão não se baseia numa avaliação entre preferências concorrentes, mas na adequação da realidade a um conjunto de valores prezados pelo sujeito. A primeira ressalva é explicada pela ideia de incomensurabilidade, tal como apresentada por Joseph Raz, segundo a qual é possível haver uma melhor escolha entre duas opções sem que uma seja melhor do que a outra, o que as torna incomparáveis entre si, seja porque há uma indeterminação do critério de atribuição de valor, seja porque há uma vagueza e ausência de precisão na linguagem empregada.[48] Nesses casos, as razões favoráveis e contrárias a cada uma das opções não fornecem elementos para julgar qual delas é a escolha racional, o que pode se dar pela ignorância quanto à existência de uma informação verdadeira ou pelas formas sociais existentes, que tornam a incomensurabilidade uma característica de certas relações humanas.

A incomensurabilidade, como falha da transitividade,[49] além de ser a marca das "escolhas trágicas" – assim compreendidas como aquelas em que qualquer dos posicionamentos do sujeito "implicará um dano irreparável a um dos projetos ou relacionamentos que ele perseguiu e que amolda a sua vida" –[50] é um elemento que indica quais valores são adotados por uma comunidade para definir o que é, ou não, suscetível de comparação. Alguns exemplos de incomensurabilidade podem ser observados nas hipóteses em que a racionalidade não oferece uma única resposta correta diante da ausência de informações sobre as consequências implicadas nas opções apresentadas, como ocorre na situação em que uma pessoa decide entre duas profissões para as

---

[48] RAZ, Joseph, *The morality of freedom*, p. 326, 327.
[49] A transitividade supõe que, se A não é pior do que B e C é melhor do que A, C será melhor que B. (RAZ, Joseph, *The morality of freedom*, p. 325.)
[50] No original: "(tragic choices are) choices under circumstances in which whatever a person does he would irreparably damage one of the projects or relationships which he pursued and which shape his life". (RAZ, Joseph, *The morality of freedom*, p. 366.)

quais ela é igualmente talentosa e imagina poder ter o mesmo nível de bem-estar. Qual profissão deve seguir a pessoa igualmente dotada de talento e competência para ser um bem-sucedido advogado ou um exímio cirurgião?

Porém, o reconhecimento da incomensurabilidade como elemento constitutivo de alguns relacionamentos humanos e de certas decisões individuais é dado revelador dos valores morais que conformam uma comunidade e as concepções de vida de uma pessoa.[51] Imaginar que a amizade ou uma relação de parentesco pode ser medida pelo dinheiro não seria algo sequer concebível se amizade e família envolverem relações por si incomensuráveis. O reconhecimento de que a incomensurabilidade possa ser um aspecto frequente das escolhas humanas é importante para saber o limite de intervenção estatal nas decisões que os indivíduos tomam para si, sem intencionalmente causar dano a terceiros, o que será explorado em seção própria, dedicada à análise da contribuição de Joseph Raz ao tema, ocasião em que serão analisadas críticas à própria noção de incomensurabilidade.

A segunda exceção à racionalidade como forma de explicação da conduta autônoma parte da constatação de que algumas decisões importantes para os seres humanos são manifestações de atos de vontade, e não resultados de escolhas deliberadas. Meir Dan-Cohen afirma que, nessas situações, a decisão não exige um conjunto de opções e que ela não está embasada em preferências, mas na conformação a valores. As preferências se caracterizariam por serem inteligíveis se há uma multiplicidade de itens, o que permite uma comparação relativa e uma seleção entre as alternativas, ao passo que a decisão fundada em valores consubstancia uma atitude que pode ter ou gerar somente uma alternativa como objeto, o que é um indicativo de uma avaliação categórica, cujo resultado corresponde à satisfação de um valor encontrado em determinado item.[52] Os exemplos mais claros de insuficiência da escolha racional seriam a moralidade, o amor e a criatividade, cujo proveito para os seres humanos não tem como elemento constitutivo o abandono de outras opções concorrentes.

---

[51] Assinalo que o Joseph Raz não adota o termo "concepção de vida" para explicar a possibilidade de o sujeito escolher os valores morais que pretende seguir. Ao explicar a incomensurabilidade como elemento constitutivo de certos relacionamentos humanos, ele recorre ao conceito de "formas sociais" (a ser explicado em capítulo específico), atrelando-os a um conjunto específico de valores morais que, se não adotados, implica a própria descaraterização desses relacionamentos. (RAZ, Joseph, *The morality of freedom*, p. 348.)

[52] DAN-COHEN, Meir. Conceptions of choice and conceptions of autonomy, p. 228.

A autonomia nesses casos está presente na afirmação das decisões constitutivas da identidade da pessoa, nas quais os seus comprometimentos não são julgados em contraste com as opções que deixaram de ser feitas, uma vez que os próprios critérios que poderiam pautar esse exame somente surgem como resultado das opções eleitas pelo sujeito ao longo de sua vida.[53]

Os desdobramentos desse argumento serão examinados em capítulo próprio, voltado ao estudo da existência de um espaço de independência moral da pessoa. Sem pretender antecipar as justificativas que fundamentariam esses atos, vale notar que a relevância da existência de um conjunto de decisões, que não pressupõe a concorrência de opções como elemento distintivo, é um aspecto importante para atestar a impossibilidade de o Estado substituir as opções feitas pelos indivíduos sem comprometer o próprio significado da decisão nesses casos. Por ser ela um elemento constitutivo da identidade do sujeito, somente cabe a ele tomá-la, pois é a conformação aos seus valores pessoais que impulsiona a decisão e a qualifica como importante. Nessas hipóteses, ante a ausência de outra opção racionalmente melhor, o Estado se veria impedido de agir de forma substitutiva, pois não há alternativa que possa ser considerada mais adequada a uma determinada pessoa.

Embora as duas ressalvas tenham apontado decisões em que a teoria racional não seja uma explicação adequada, porque os seus elementos caracterizadores não estariam presentes na forma como os seres humanos agem em situações de incomensurabilidade entre as opções e quando manifestam sua vontade a respeito da adequação de suas vidas a um conjunto de valores, é igualmente possível criticar a racionalidade por ela ser uma descrição insuficiente, ainda que objetivamente presentes as condições teóricas para o seu exercício. Essas hipóteses seriam frequentemente caracterizadas por situações em que pré-julgamentos ou a manipulação afetam a decisão individual, causando uma incongruência entre esta e a escolha racional ótima. As complexidades próprias a essa discussão serão examinadas em capítulo específico, dedicado ao questionamento da capacidade

---

[53] "Election – the categorical affirmation of certain aspects of my life – does not assign an essential role to forgone opportunities. Instead it focuses on my attitude to what are the actual constituents of my life story, a story which fixes my unique identity. The thought that I might have had identities other than mine is in this regard neither more unsettling nor more comforting – indeed it is no more relevant – than the recognition that there are many other people around." (DAN-COHEN, Meir. Conceptions of Choice and Conceptions of Autonomy", p. 240.)

decisória da pessoa e à possibilidade de o Estado ser um agente mais habilitado para a escolha nesses casos. Contudo, ainda que contestada a racionalidade como elemento da autonomia, a corrente compreensão de que ambas estão correlacionadas permanecerá sendo usada para identificar os requisitos da autonomia e melhor precisar o conceito a ser adotado ao longo da tese.

Assim, a adesão à ideia de que a autonomia é caracterizada pela decisão racional individual requer que o agente tenha o mínimo de condições para a manutenção de sua subsistência, a ponto de não a ter prejudicada pelo resultado da decisão que toma ou veja-se indiretamente inibido na formulação de um julgamento independente, por temer a conservação das condições básicas de sobrevivência. A apresentação dessa característica não pretende excluir as consequências prejudiciais que podem advir da escolha individual, especialmente se considerado que uma escolha relevante, na perspectiva racional, é aquela que se mostra mais adequada à realização das preferências do sujeito diante de uma avaliação dos ganhos que as demais opções poderiam proporcionar. O fato de a decisão recair sobre uma única alternativa não significa que as opções desprezadas eram ruins ao bem-estar do indivíduo ou à realização de seus interesses, mas apenas que ela é presumivelmente a que melhor satisfaz os parâmetros que conformam a sua preferência. Porém, o agente não será autônomo se o temor pela sua subsistência afeta a independência desse julgamento a ponto de anular a capacidade de manifestar a preferência pelas alternativas disponíveis.

1.2.3 Autonomia e crítica feminista

Além das situações de risco à subsistência, o comprometimento da autonomia pode se dar por constrangimentos sociais e ameaças impostas por terceiros que fujam às restrições aleatoriamente impostas pela natureza. Embora algumas dessas questões sejam enfrentadas no estudo da coerção, como vício jurídico próprio às declarações de vontade, há um aspecto mais complexo que não é suficientemente explicado pela dogmática jurídica quando trata apenas da possibilidade de a ameaça ou de a efetiva violência anular a possibilidade de o sujeito livremente manifestar a sua vontade. Parte das teóricas feministas[54]

---

[54] Para uma revisão da literatura feminista sobre a autonomia, cf. MACKENZIE, Catriona; STOLJAR, Natalie. Autonomy Refigured. In: MACKENZIE, Catriona; STOLJAR, Natalie.

aponta que a pessoa autônoma decide a respeito da sua vida em meio à sua história pessoal, à sua cultura e à sociedade onde vive. As influências que o gênero, a origem étnica e a posição econômica têm na vida dos indivíduos indicam que a autonomia – como ideia relacionada ao agente que isoladamente decide a respeito de suas condutas – seria insuficiente para descrever situações de interações mais complexas, especialmente por não fornecer elementos suficientes para lidar com hipóteses em que a opressão e a sujeição sejam obstáculos à possibilidade de o sujeito conceber outras opções de vida além daquelas que lhe sejam impostas ou limitadamente oferecidas.[55]

Para além das opções disponíveis, o feminismo estuda a liberdade como expressão subjetiva de desejos, crenças e valores formados a partir de um conjunto particular de relações pessoais, sociais e institucionais, que se somam na formação de nossa identidade e autocompreensão pessoal.[56] Nancy J. Hirschman afirma que esse processo de "construção social"[57] faz com que nossas decisões sejam produto de restrições e coerções sofridas ao longo de nossas vidas, o que poderia, por exemplo, auxiliar na compreensão da mulher vítima de violência doméstica que permanece casada e não noticia o crime à polícia por ter sido criada em comunidade na qual a mulher deveria aceitar o comportamento agressivo de seu cônjuge. Assim, as reivindicações feministas não devem estar limitadas à ampliação das opções de escolhas disponíveis às mulheres, mas também voltar-se à discussão sobre as razões e o modo como essas escolhas são feitas.

As diferentes perspectivas propostas pela crítica feminista têm como ponto comum a oposição a uma concepção individualista da autonomia que, no padrão liberal clássico, seria excessivamente abstrata

---

(eds.). *Relational autonomy*: feminist perspectives on autonomy, agency and the social self. Oxford: Oxford University Press, 2000, p. 5.

[55] ADAMS, Kathryn. From Autonomy to Agency: Feminist Perspectives on Self-Direction. *William and Mary Law Review*, 40, 1999, p. 806. A descrição do modelo do indivíduo autônomo – visto como autossuficiente, isolado e independente – é muitas vezes empregada em oposição às características valorizadas na educação feminina, cuja prioridade seria o desenvolvimento de habilidades e talentos relacionados à introspecção, à empatia e à imaginação. (MEYERS, Diana Tietjens. Feminism and woman's autonomy: the challenge of female genital cutting. *Metaphilosophy*, 31, 2000, p. 476, 486.)

[56] HIRSCHMAN, Nancy J. *The subject of liberty:* toward a feminist theory of freedom, p. 9.

[57] HIRSCHMAN, Nancy J. *The subject of liberty:* toward a feminist theory of freedom, p. 202: "Social construction suggests that 'who I am' is central to determining 'what I want'; but 'who I am' is shaped by what I do, how I live, and the concrete options open to me, what is required of me, what is prohibited, what can be imaginable as well as what is unimaginable and inarticulate".

e estática. O desacordo com a compreensão do indivíduo como ser isolado das tradições e do grupo social que integra já foi feito pelos comunitaristas.[58] Contudo, o feminismo não afirma que a comunidade deva ocupar uma posição prioritária em oposição aos interesses individuais, por considerar que muitos desses comportamentos tradicionais são as manifestações da opressão e da sujeição impostas às mulheres. Assim, algumas das teóricas feministas não abandonam o conceito de autonomia, por verem a reconstrução de seu sentido como instrumento de superação das situações de dominação. Essa nova concepção estaria inserida na ideia de "autonomia relacional", por meio da qual o sujeito é visto em meio às suas relações – íntimas, culturais, institucionais, sociais e nacionais – que constroem e definem a sua identidade. Dessa forma, o desenvolvimento da autonomia não decorre da promoção de um modelo de independência e autossuficiência, mas pelo apoio a relações de intersubjetividade e à repercussão delas na formação da identidade dos sujeitos.[59]

A crítica feminista é consistente, por destacar que a pessoa não pode ser vista dissociada do contexto social em que exerce autonomia. A análise dessas condições fáticas é importante, pois as relações intersubjetivas e as construções sociais conformam parcela dos desejos e intenções individuais, bem como o modo como o sujeito se vê como titular de direitos e capaz de perseguir seus projetos de vida, podendo inclusive rever os padrões morais existentes em sua comunidade. A extensão e o conteúdo da crítica que seja feita a esses valores, realizada pela pessoa quando opta pela concepção de vida que pretende seguir, são elementos importantes para aferir se uma determinada intervenção estatal deve ser vista como uma restrição da liberdade ou um instrumento de supressão de barreiras constituídas para a opressão ou a sujeição.

Entretanto, a relevância das críticas feitas à perspectiva liberal clássica do estudo da autonomia não elimina a sua importância, porque os argumentos apresentados à sua incapacidade de descrever como as interações humanas influenciam a formação da vontade do sujeito não são suficientemente fortes para apontar uma incoerência interna na sua

---

[58] MULHALL, Stephen; SWIFT, Adam. *Liberals and communitarians.* 2. ed. Oxford: Blackwell Publishing, 1996, p. 158.
[59] MACKENZIE, Catriona; STOLJAR, Natalie. Autonomy refigured, p. 4. NEDELSKY, Jennifer. *Law's relations:* a relational theory of self, autonomy, and law. Oxford: Oxford University Press, 2012, p. 118.

estrutura básica e tampouco para retirar sua utilidade na descrição dos aspectos jurídicos mais importantes para o exercício da autonomia. Reconhecendo como verdadeiro o saber psicológico de que um extenso número de fatores pode influenciar nos níveis de consciência e estados de subconsciência de uma pessoa, homens e mulheres são submetidos a variadas interferências na definição de seus desejos e vontades, o que, ao fim, tornaria mesmo impossível conhecer qual é a efetiva fonte desses sentimentos e em que medida o controle dela pode ser um dado significativo para considerar alguém livre de qualquer espécie de sujeição ou dominação. A impossibilidade de controlar todos esses fatores concorre para que o paradigma liberal-racional permaneça sendo usado como ferramenta de análise do exercício da autonomia, ainda que esteja suscetível a diferentes correções, que podem ser mais bem verificadas à luz das situações concretas em que se queira examinar o grau de efetiva independência do sujeito na definição de sua vontade.

1.3 Modelos descritivos do exercício da autonomia

1.3.1 Kant e o paradigma racional

A adoção do paradigma racional não é suficiente para se conhecer de qual forma o indivíduo exerce seu poder de escolha entre diferentes alternativas que lhe sejam disponíveis. A primeira abordagem mais consistente da racionalidade como condição para a autonomia individual remonta às ideias de Kant, segundo o qual a pessoa autônoma é aquela capaz de definir sua vontade a partir de um exercício exclusivo de reflexão pessoal,[60] que fornece a base objetiva da moral.[61] A pessoa somente age de forma moralmente correta se consegue identificar que proceder dessa forma deve ser a única causa de sua ação. Ao mesmo tempo que a pessoa é o legislador da moralidade, ao agir racionalmente e ao conformar-se aos imperativos categóricos, ela

---

[60] KANT, Immanuel. *Fundamental principles of the metaphysics of morals*. Trad. Thomas Kingsmill Abbott. Mineola: Dover Publications, 2005, p. 73.

[61] "As a rational being, and consequently belonging to the intelligible world, man can never conceive the causality of his own will otherwise than on condition of the idea of freedom, for independence of the determining causes of the sensible world (an independence which reason must always ascribe to itself) is freedom. Now the idea of freedom is inseparably connected with the conception of autonomy, and this again with the universal principle of morality which is ideally the foundation of all actions of rational beings, just as the law of nature is of all phenomena." (KANT, Immanuel. *Fundamental principles of the metaphysics of morals*, p. 72.)

também a observa através da razão prática, que faz a pessoa agir em condição de igualdade e respeito aos outros seres humanos.

A exposição do indivíduo aos sentimentos, instintos e desejos e às necessidades fáticas é um dado que não é ignorado por Kant, que afirma a condição de liberdade mediante a resistência e o controle sobre eles. O sujeito, superior aos dados da contingência e dissociado de sua ligação divina, passa ser o valor mais elevado.[62] O espaço de autodeterminação individual exige que se mantenha a coerência com as premissas adotadas quando reconhecida a moralidade como característica da ação racional, motivo por que a manifestação da vontade livre deve ter por objeto uma máxima que possa ser universalizada:[63] a autonomia como forma de autocontrole que leva em consideração o igual *status* moral do outro.[64]

A apresentação, ainda que breve, dos pontos centrais das ideias de Kant sobre a autonomia é importante pela influência que elas desempenham nas teorias contemporâneas sobre esse conceito, como também pelo destaque dado ao poder de o indivíduo ser capaz de definir as suas regras de conduta através de uma avaliação racional. No entanto, a exposição dos argumentos kantianos e muitas de suas conclusões são criticadas por se valerem de uma construção metafísica e por serem insuficientes para oferecer soluções em conflitos jurídicos contemporâneos, nos quais o recurso a uma moralidade racionalmente unificadora das ações humanas é um fundamento de difícil aceitação.

Para Kant, a pessoa é autônoma se fizer escolhas que correspondam a demandas morais, e não para se ajustar aos seus interesses individuais.[65] A congruência entre a escolha autônoma e a moralmente correta – conforme os imperativos categóricos – subtrai a importância da consideração de outras alternativas de conduta como um fator capaz de tornar o exercício da autonomia mais pleno. Dessa forma, não haveria uma perda para a liberdade do sujeito se lhe fossem retiradas outras opções de escolha ou mesmo se houvesse um julgamento equivocado a

---

[62] Nesse sentido, segundo Berlin, a liberdade para Kant explica-se quando "Identifico-me com o controlador e escapo à condição de escravidão do controlado. Obedeço às leis, mas eu a impus ou as crio com meu próprio ego incoercível". (BERLIN, Isaiah. Two Conceptions of Liberty, p. 146.)

[63] KANT, Immanuel. *Fundamental principles of the metaphysics of morals*, p. 65-66.

[64] O'NEILL, Onora. Kantian Ethics. In: Peter Singer (org.). *A companion to ethics*. Malden: Blackwell Publishing, 2008, p. 179.

[65] FINNIS, John M. Legal enforcement of 'Duties to Oneself': Kant v. Neo-Kantians. *Columbia Law Review*, 87, 1987, p. 441.

respeito delas, uma vez que a autonomia se satisfaz pela adoção racional da máxima correta de comportamento.⁶⁶ Ademais, o posicionamento kantiano se torna especialmente problemático para o estudo das restrições estatais às decisões que o sujeito toma para si, sem causar danos a terceiros, porque não leva em consideração as complexidades fáticas que podem surgir quando observado que contextos sociais, culturais e políticos distintos interferem no julgamento de como a pessoa interage em grupo e como ela cria expectativas a respeito dos comportamentos dos demais membros da sociedade. O indivíduo completamente autônomo, como consequência de sua razão, seria uma descrição inadequada se tomarmos como pressuposto que as ideias de justiça perseguidas por uma comunidade são resultados de uma construção social⁶⁷ a partir da qual serão localizados o conceito jurídico de autonomia e o espaço de seu exercício.

A improbabilidade de a racionalidade desencadear a elaboração de regras individuais, que possam reger o comportamento dos integrantes de uma coletividade sob a expectativa da alteridade, dá ensejo à revisão do conceito de autonomia. Porém, essa análise não despreza a possibilidade de a razão servir como instrumento do teste que vai pautar a definição das condutas individuais, não sendo unânime a forma como a reflexão propiciada pela razão servirá como mecanismo de seleção de intenções e desejos humanos que serão postos em prática.

1.3.2 Modelo de estrutura da vontade

Harry Frankfurt, em trabalho publicado em 1971, observou que o conceito de pessoa não é definido pelo atributo de fazer com que nossas condutas sejam o resultado de desejos e intenções. O traço distintivo dos seres humanos estaria na estrutura da vontade do indivíduo, formada por desejos de "primeira ordem" – isto é, "desejos de fazer ou não fazer uma coisa ou outra" –, e de "segunda ordem", relacionados à capacidade de uma autoavaliação reflexiva.⁶⁸ Os desejos de "segunda ordem" se configuram se o sujeito quer ter um desejo ou se ele quer que certo desejo se torne a sua vontade, sendo esta hipótese classificada como "vontades de segunda ordem". Por meio dessas categorias,

---

⁶⁶ DAN-COHEN, Meir. Conceptions of choice and conceptions of autonomy, p. 227.
⁶⁷ RAWLS, John. Kantian constructivism in moral theory, p. 552.
⁶⁸ FRANKFURT, Harry. Freedom of the will and the concept of a person. *The Journal of Philosophy*, 68, 1971, p. 7.

Frankfurt aponta que o elemento essencial do conceito de pessoa é a capacidade de ter "vontades de segunda ordem", uma vez que a vontade não é uma decorrência do que o agente pretende fazer, mas o conhecimento do desejo efetivo que move, moveria ou moverá uma pessoa à realização de uma conduta.[69] Nessa perspectiva, a capacidade racional da pessoa é o que a torna criticamente conhecedora de sua própria vontade, assim compreendida como aquelas de "segunda ordem", o que, porém, apenas indica a existência de uma segunda instância de avaliação de preferências, as quais podem exprimir, ou não, certos valores morais.[70]

Para clarificar suas ideias, Frankfurt usa a situação do sujeito viciado em drogas entorpecentes que pretende deixar de usá-las. Nessa hipótese, haveria dois desejos de "primeira ordem": em um deles, há o desejo de consumir a substância; no outro, deseja-se evitar o seu uso. No entanto, a intenção de abandonar o vício conforma um desejo de "segunda ordem", que é o critério utilizado para o exercício da avaliação crítica da conduta a ser praticada. Caso o sujeito consiga superar a compulsão do vício e não use a droga, ele seria uma "pessoa" no critério de Frankfurt, pois capaz de fazer com que seu desejo de "primeira ordem" se identificasse com seu desejo de "segunda ordem" e, por conseguinte, se conformasse a uma vontade de "segunda ordem".[71]

Embora os argumentos de Frankfurt sejam plausíveis, por corresponder a uma intuitiva noção de razão como parâmetro de controle de desejos e critério de identificação do exercício da autonomia, eles ainda são deficientes para explicar como restrições concretas à liberdade podem comprometer a sua fruição. Com efeito, Frankfurt diferencia a liberdade da ação da liberdade de formação da vontade, que se verifica se uma pessoa "é livre para ter a vontade que ela quer".[72] A correlação entre desejos de "primeira" e de "segunda ordem" torna moralmente irrelevante a avaliação sobre as opções que são desprezadas pelo agente e também desconsidera o questionamento se ele tinha a possibilidade de efetivamente escolher uma alternativa distinta daquela sobre a qual

---

[69] FRANKFURT, Harry. Freedom of the will and the concept of a person, p. 8, 11. Frankfurt criou o conceito de *wanton* para qualificar os agentes que têm desejos de "primeira ordem", mas não possuem vontades de "segunda ordem". Nessa categoria, estariam incluídos os animais não humanos, crianças muito pequenas e mesmo "alguns seres humanos adultos" (p. 11).
[70] FRANKFURT, Harry. Freedom of the will and the concept of a person, p. 13.
[71] FRANKFURT, Harry. Freedom of the will and the concept of a person, p. 15.
[72] FRANKFURT, Harry. Freedom of the will and the concept of a person, p. 18.

recaiu a sua decisão.⁷³ Além desses aspectos, Frankfurt já reconhece, no trabalho publicado em 1971, que os desejos de "segunda ordem" podem ser conflitantes ou serem confrontados por outros de uma "ordem superior". Nessas situações, ele afirma que uma indagação excessiva sobre o efetivo desejo de um sujeito é algo potencialmente infinito, que somente encontraria limite por meio de uma decisão que o sujeito toma para si ao limitar-se em suas avaliações sobre si mesmo.⁷⁴

Gerald Dworkin segue critério semelhante ao de Harry Frankfurt, porém não considera a necessária identificação das motivações de "primeira ordem" com as de "segunda ordem" – o que ele denomina como "autenticidade", como elemento necessário da autonomia.⁷⁵ Essa distinção é feita uma vez que a capacidade crítica relacionada à autonomia deve considerar uma análise mais abrangente da vida de uma pessoa, que não deveria se ater a um julgamento tópico e temporalmente localizado. Além disso, a mera identificação com intenções de "segunda ordem" não fornece uma explicação adequada para as situações em que os sujeitos as têm modificadas por interferências involuntárias, como nos casos de manipulação, o que os impede de criar ou rejeitar a possibilidade de coincidência entre essas intenções. Gerald Dworkin acrescenta que a suposta "autenticidade" seria uma explicação inexata para a autonomia, porque é contrária à intuição de que ela supõe a capacidade de o sujeito revisar ou avaliar as suas próprias preferências, o que pode resultar em situações especialmente difíceis se considerarmos suficientes que as intenções de segunda ordem podem corresponder a desejos de primeira ordem moralmente reprováveis.⁷⁶ Assim, ao reconsiderar o peso que a autenticidade deve ter no conceito de autonomia, Gerald Dworkin a define como a "capacidade de segunda ordem de as pessoas refletirem criticamente sobre suas preferências de primeira ordem, desejos, vontades bem como a capacidade de aceitar ou tentar modificá-los à luz de preferências e valores de mais elevado escalão".⁷⁷

---

⁷³ FRANKFURT, Harry. Freedom of the will and the concept of a person, p. 19.
⁷⁴ FRANKFURT, Harry. Freedom of the will and the concept of a person, p. 16. Ao reconhecer a possibilidade de soluções individuais para esses questionamentos, Frankfurt escreve: "The enjoyment of freedom comes easily to some. Others must struggle to achieve it". (p. 17)
⁷⁵ DWORKIN, Gerald. *The theory and practice of autonomy*, p. 15.
⁷⁶ DWORKIN, Gerald. *The theory and practice of autonomy*, p. 15,16.
⁷⁷ "Putting the various pieces together, autonomy is conceived of as a second-order capacity of persons to reflect critically upon their first-order preferences, desires, wishes, and so forth and the capacity to accept or attempt to change these in light of higher-order preferences and values." DWORKIN, Gerald. *The theory and practice of autonomy*, p. 21.

Um modelo descritivo da autonomia com base nas ideias de Frankfurt busca uma unidade diacrônica[78] entre os desejos humanos – divididos em patamares inferior e superior –[79] na formação da vontade final. Essa unidade seria derivada da coerência entre esses diferentes desejos ou intenções, que se diferenciariam pelo grau de estabilidade (maior nos desejos de ordem superior) e pelo nível esperado de concretização (os desejos de ordem superior revelariam valores a serem perseguidos a longo prazo e a expectativa de realização de compromissos ou manutenção de relações mais estáveis).[80] Contudo, a identidade ou a capacidade de crítica entre os diferentes desejos e intenções humanas presumem que a pessoa seja capaz de definir planos estáveis para si e exercer um julgamento crítico apurado das suas condutas, com uma expectativa suficiente de disciplina que desconsidere a possibilidade de seus comportamentos não serem o exato reflexo dos seus valores ou das decisões que seriam objetivamente racionais.

A constatação de que as pessoas frequentemente incorrem em desvios que tornam suas condutas distintas daquelas que se conformariam ao resultado correspondente à avaliação objetiva, racionalmente correta, em uma determinada situação fez com que parte dos estudos dedicados à autonomia privilegiasse a forma de deliberação do indivíduo em detrimento da busca de uma consistência, como elemento distintivo da autonomia. Nesse sentido, Alfred R. Mele afirma que o autocontrole pode ser exercido mesmo nas situações em que os julgamentos individuais sejam feitos de acordo com desejos transitórios ou compromissos emocionais do sujeito,[81] porque a força motivacional de nossos desejos não precisa ser sempre coincidente com

---

[78] BUSS, Sarah. Personal autonomy. *The Stanford Encyclopedia of Philosophy* (Spring 2014 Edition), Edward nº Zalta (ed.). Disponível em: http://plato.stanford.edu/archives/spr2014/entries/personal-autonomy/. Acesso em: 08 jun. 2014.

[79] CHRISTMAN, John. Constructing The Inner Citadel: Recent Work on The Concept of Autonomy. *Ethics*, 99, 1988, p. 112.

[80] BUSS, Sarah. Personal autonomy. O modelo defendido por Danny Scoccia aproxima-se das ideias de Frankfurt, ainda que isso não fique expresso em seu trabalho. Para Scoccia, seria possível distinguir entre desejos de "agora para o futuro" (*now-for-then*), de "agora para agora" (*now-for-now*) e metadesejos do "futuro para o futuro" (*then-for-then*), sendo racional o agente que tenha alguns desejos de "agora para o futuro". Em sua visão, os desejos de uma pessoa completamente autônoma deverão ter passado por algum processo de escrutínio crítico e se ajustarem ao temperamento, caráter e tendências individuais. (SCOCCIA, Danny. Paternalism and Respect for Autonomy, *Ethics*, 100, 1990, p. 325, 328.)

[81] "Self-controlled individuals need not to be Stoic sages. Their feelings, emotions, and appetites can inform their conception of the good life and their system of values." (MELE, Alfred R. *Autonomous agents*: from self-control to autonomy. Oxford: Oxford University Press, 2001, p. 6.)

a avaliação que podemos ter a respeito dos objetos de nossos desejos, assim como os melhores julgamentos podem parcialmente ocorrer de acordo com a avaliação e o julgamento dos objetos de nossos desejos.[82]

A autonomia, para Alfred R. Mele, envolveria: (i) uma base psicológica para um raciocínio crítico, que poderia ser dada por valores, desejos e crenças; (ii) um julgamento crítico que seja realizado com base nesse raciocínio e cujo resultado seja a definição de uma determinada conduta; (iii) uma intenção formada ou adquirida com base nesse julgamento; e (iv) uma conduta que leve a cabo essa intenção. Caso o agente não tenha o controle sobre qualquer dessas etapas, ele não estará realizando uma conduta de forma autônoma.[83]

Outra versão da crítica ao modelo da coerência é apresentada por John Christman, que sublinha que a autonomia não deveria ser definida pela identificação entre desejos de níveis hierárquicos distintos, mas pela não alienação do agente em relação a uma matriz de valores que compõe a sua "identidade prática", composta por valores e princípios que constituem o modo como o sujeito pretende guiar e dar sentido à sua vida.[84] Mediante esse argumento, Christman refuta a possibilidade de a conduta autônoma ser descrita como aquela que seja a manifestação da resistência a desejos avaliados negativamente pelo indivíduo. Exemplos de contradição entre um determinado comportamento e outros desejos ou intenções individuais – como ocorre em *Ilíada*, quando Agamenon, que ama sua filha Ifigênia, mata-a para proteger seu exército – demonstram que poderia haver uma possível inconsistência entre diferentes intenções sem que tais comportamentos deixassem de ser descritos como autônomos, porque eles são manifestações da autodeterminação que é suposta ao conceito. Desse modo, ainda que certos atos possam ser contraditórios com alguns dos valores do sujeito, eles seriam considerados autônomos se fossem vistos a partir de uma narrativa que encontrasse coerência com o elemento motivacional da vida de uma pessoa. Essa perspectiva não ignora que as pessoas podem revisar seus valores ou mesmo abandonar alguns deles. Porém, Christman não considera que essa possibilidade infirme sua tese, porque ela não supõe que a narrativa de vida se estabeleça de forma linear, uma vez que ela é objeto de compreensão a partir de uma "sequência diacronicamente

---

[82] MELE, Alfred R. *Autonomous agents*: from self-control to autonomy, p. 7
[83] MELE, Alfred R. *Autonomous agents*: from self-control to autonomy, p. 13.
[84] CHRISTMAN, John. Normative self-constitution and individual autonomy. In: KÜHLER, Michael; JELINEK, Nadja. (eds.). *Autonomy and the self*. Dordrecht: Springer, 2013, p. 132.

ordenada", capaz de ser interpretada e estruturada a partir das próprias introspecções do sujeito, para com as quais concorrem expectativas normativas e significados aceitos socialmente.[85]

Embora distintos, os posicionamentos de Mele e Christman se extremam da concepção de autonomia de Frankfurt, especialmente porque dão maior importância ao processo de racionalização que caracteriza as condutas humanas em detrimento da busca de uma coincidência entre desejos ou intenções que vise a uma avaliação correta ou corresponda a um julgamento normativo que se mostre mais adequado.[86] A crítica também se ajusta aos ideais que informam o conceito de autonomia, especialmente porque, na perspectiva liberal, a sua importância está associada à possibilidade de o sujeito conceber e revisar as suas concepções de vida, as quais não pretendem ter um nível de estabilidade tão elevado a ponto de constituírem um parâmetro de crítica perene aos desejos ou intenções mais imediatas dos sujeitos.

De igual modo, as exigências para o comportamento autônomo, segundo Frankfurt, baseiam-se numa concepção de pessoa com elevado juízo crítico e senso de disciplina, capaz de separar-se de suas emoções passageiras para adequar sua conduta a um parâmetro superior de julgamento, o que ignora a possibilidade de a manipulação ou o preconceito serem fatores importantes no processo na formação da vontade. Os aspectos mais importantes das deficiências encontradas na capacidade de o sujeito avaliar o melhor comportamento a ser adotado serão tema de capítulo próprio, o que não impede, por ora, que seja observado que a vida humana é constituída por uma série de contradições entre o que as pessoas aspiram como ideal e as condutas que elas efetivamente adotam nos seus hábitos, nos seus relacionamentos pessoais, sociais e na sua participação política. O sujeito que valoriza o seu bem-estar, mas consome alimentos que prejudicam a sua saúde, ou o que defende a relevância dos seus laços familiares, porém abandona o seu lar para perseguir um projeto profissional são pequenos exemplos de como a coerência exigida numa visão mais rigorosa de autonomia poderia pôr em xeque uma gama de condutas que não contradizem, ao menos abstratamente, a forma como as sociedades contemporâneas e o Direito identificam um comportamento autônomo.

---

[85] CHRISTMAN, John. Normative self-constitution and individual autonomy, p. 136.
[86] BUSS, Sarah. Personal autonomy.

1.4 Autonomia e capacidade

Ao longo da redação da tese, o conceito de autonomia será objeto de novas discussões a partir das críticas feitas por diferentes autores. Muitos desses debates envolvem análises sobre a formação da vontade humana e o que, numa perspectiva mais abrangente, influi no modo como uma pessoa adota e revisa o conjunto de valores que pretende perseguir ao longo de sua vida. O conhecimento desses aspectos abrange uma análise interdisciplinar especialmente útil para melhor entender como as normas jurídicas refletem uma realidade dinâmica e complexa, conformada pela história de cada sociedade política. Entretanto, o conceito jurídico de autonomia é particularmente influenciado por um ideal normativo que irá informar como as relações e os atos jurídicos são disciplinados e valorados. Como já acentuado, essa perspectiva pressupõe um sujeito racional, cuja capacidade de exercer direitos e contrair deveres é balizada por um conjunto de presunções legais, relacionadas à higidez de sua capacidade biológica de autodeterminação e consentimento, caracterizada pelo amadurecimento da personalidade e domínio de suas faculdades psíquicas.

As presunções legais relacionadas à capacidade buscam a correspondência com um consenso em torno dos elementos que caracterizam a pessoa como ser apto a se autodeterminar e a avaliar criticamente a realidade que o circunda. Essas presunções tentam propiciar uma maior segurança jurídica e, especialmente no Direito Penal, atendem à proteção exigida pela legalidade, como regra para delimitação daqueles que podem praticar crimes e serem por eles apenados. Entretanto, estudos psicológicos e exames empíricos têm estimulado uma nova avaliação sobre a capacidade para o exercício de autonomia, contrária a uma demarcação por limites estanques de idade[87] ou de diagnósticos

---

[87] O estudo mais aprofundado da disciplina legal e de discussões relacionadas à proteção de crianças e adolescentes pode fornecer variados exemplos, nos quais as declarações de vontade delas tem se tornado um elemento importante para resolução de disputas envolvendo a guarda e a extensão da autoridade parental. No direito inglês, a Câmara dos Lordes decidiu em *Gillick v. Norfolk and Wischbech* [(1985) UKHL 7] que a regra prevista na Seção 8 do *Family Law Reform Act,* de 1969, segundo a qual seria necessário o consentimento do menor, que atingiu a idade de 16 anos, a qualquer tratamento cirúrgico, médico e dental a que ele se submetesse, não impediria que jovens – com idade inferior a 16 anos – pudessem decidir sobre aspectos de sua vida se restasse provado que eles já desenvolveram um nível suficiente de compreensão e inteligência que lhes permitam tomar a decisão sobre qual tratamento seguir. O fundamento principal do julgado tornou-se conhecido como a norma de competência Gillick (*Gillick competence*) que, em essência, remete à passagem do voto do Lorde Scarman, na qual consta que: "In the light of the foregoing I would hold that as matter of law the parental right to determine whether or

de deficiências mentais impeditivas de qualquer atividade intelectual.[88] As reflexões baseadas nos resultados dessas pesquisas incluem alternativas que propõem a exclusão da crítica racional como requisito da conduta autônoma, ou a possibilidade de identificar um campo próprio de decisões em que o indivíduo poderia exercer autonomia, embora seja considerado incapaz para determinar-se na maioria das escolhas que compõem a sua vida cotidiana, o que tem encontrado resposta em recentes alterações observadas na legislação brasileira.[89]

---

not their minor child below the age of 16 will have medical treatment terminates if and when the child achieves a sufficient understanding and intelligence to enable him or her to understand what is proposed".

[88] A legislação inglesa sobre saúde mental (*Mental Health Act*, de 2005) também pode servir como referência para o abandono de uma interpretação abstrata e geral dos requisitos objetivos para aferição da capacidade, privilegiando-se uma avaliação abrangente das condições para a autodeterminação ("Section 1"), que não devem se ater a estereótipos ("Section 2"), mas a indícios básicos de capacidade de exame racional da decisão a ser tomada ("Section 3 – Inability to make decisions: (1) For the purposes of section 2, a person is unable to make a decision for himself if he is unable – (a) to understand the information relevant to the decision, (b) to retain that information, (c) to use or weigh that information as part of the process of making the decision, or (d) to communicate his decision (whether by talking, using sign language or any other means). (2) A person is not to be regarded as unable to understand the information relevant to a decision if he is able to understand an explanation of it given to him in a way that is appropriate to his circumstances (using simple language, visual aids or any other means). (3) The fact that a person is able to retain the information relevant to a decision for a short period only does not prevent him from being regarded as able to make the decision. (4) The information relevant to a decision includes information about the reasonably foreseeable consequences of – (a) deciding one way or another, or (b) failing to make the decision").

[89] A Lei nº 13.146, de 06 de julho de 2015, denominada Estatuto da Pessoa com Deficiência, modificou a redação do art. 3º, do Código Civil, para restringir a condição de incapacidade absoluta à pessoa menor de 16 anos e a incapacidade relativa aos maiores de 16 e menores de 18 anos; aos "ébrios habituais e os viciados em tóxico"; àqueles "que, por causa transitória ou permanente, não puderem exprimir sua vontade"; e aos "pródigos". O legislador suprimiu do texto do Código Civil a referência à "enfermidade mental" e à "deficiência mental" como causa de incapacidade plena, assim como deixou de incluir os "excepcionais, sem desenvolvimento mental completo" entre os relativamente incapazes. A modificação, feita no influxo da internalização da Convenção sobre os Direitos das Pessoas com Deficiência (Decreto nº 6.949, de 25 de agosto de 2009), também dispôs sobre o instituto da tomada de decisão apoiada, segundo o qual "a pessoa com deficiência elege pelo menos 2 (duas) pessoas idôneas, com as quais mantenha vínculos e que gozem de sua confiança, para prestar-lhe apoio na tomada de decisão sobre atos da vida civil, fornecendo-lhes os elementos e informações necessários para que possa exercer sua capacidade" (art. 1.783-A, do Código Civil). O novo Código de Processo Civil (Lei nº 13.105, de 16 de março de 2015) promoveu importantes alterações no processo de curatela, especialmente por destacar que, na sentença de interdição, o juiz deverá fixar os limites dela, "segundo o estado e o desenvolvimento mental do interdito" (art. 755, inciso I), e considerará "as características pessoais do interdito, observando suas potencialidades, habilidades, vontades e preferências" (art. 755, II), o que permite que o magistrado possa delimitar os atos em que a pessoa portadora de deficiência não possa desempenhar sem assistência do curador, de acordo com a natureza do ato e a eventual

Tom Beauchamp e Ruth Faden defendem a primeira versão da crítica ao afirmarem que a capacidade de agir de modo autônomo é distinta da ação autônoma, pois a posse dessa capacidade não é uma garantia de que uma escolha autônoma foi ou será tomada.[90] A partir do estudo de casos de consentimento informado na relação mantida entre médicos e pacientes, eles definem a ação autônoma como aquela em que a pessoa age intencionalmente, com entendimento e sem influências controladoras. O elemento intencional não admitiria variação em diferentes níveis, porém as condições de entendimento e a ausência de influências controladoras poderiam estar presentes em graus distintos, o que permitiria a existência de nuances – marcadas por considerações morais e de políticas públicas – em um ato substancialmente autônomo, localizado em posição intermediária entre os extremos ocupados pelo ato completamente autônomo e o completamente não autônomo.[91]

A segunda vertente da crítica é feita a partir das ideias de Robert Young, desenvolvida por pesquisadores como Marina Oshana, para quem seria possível classificar a autonomia como global, na medida em que se refere a uma propriedade da vida da pessoa que unifica suas escolhas, e local, observada como característica de autogoverno em decisões e atos considerados singularmente.[92] A distinção entre autonomia global e local é, por exemplo, empregada por Amy Mullin na defesa da autonomia parcial das crianças a partir de certa idade, sob o argumento de que a dependência em relação aos seus pais e aos seus cuidadores não basta para privá-las de qualquer tipo de autonomia, porque a independência emocional não é um requisito para o seu exercício.[93] Segundo Mullin, independência, maturidade cognitiva e avaliação crítica não são condições necessárias de um ato autônomo, o qual pode ser impulsionado por razões diferentes daquelas decorrentes de um processo de deliberação racional.[94] Embora crianças não tenham uma concepção sobre o seu *self*, elas têm uma estabilidade volitiva e uma competência responsiva que já permite, no seu limitado conjunto

---

deficiência identificada, em oposição à disciplina anterior em que a interdição abrangia todos os atos da vida civil.

[90] BEAUCHAMP, Tom; FADEN, Ruth. *A history of informed consent*. Oxford: Oxford University Press, 1986, p. 237.
[91] BEAUCHAMP, Tom; FADEN, Ruth. *A history of informed consent*, p. 238.
[92] OSHANA, Marina. How much should we value autonomy? *Social Philosophy and Policy*, 20, 2003, p. 100.
[93] MULLIN, Amy. Children, autonomy and care. *Journal of Social Philosophy* 38, 2007, p. 542
[94] MULLIN, Amy. Children, autonomy and care, p. 536, 537.

de opções, definir algumas preferências de afeto e reagir a variações situacionais que excedem a uma mera resposta instintiva.

As controvérsias sobre o conceito de infância e a fixação – com fundamentos objetivos pouco precisos – do limite etário que marca o início da fase adulta não indicam que a passagem entre essas duas etapas ocorra de modo abrupto e imediato. Na pertinente observação de David Archard, o processo evolutivo de maturação da capacidade da pessoa impede que a criança seja descrita como pessoa incapaz, sendo mais apropriado referir-se a ela como um ser que "ainda não é completamente racional, autônomo ou responsável".[95] Essa incompletude não equivale a uma ausência de capacidade ou de características que nunca serão obtidas, mas remete a um potencial a ser desenvolvido com o passar do tempo, próprio às etapas de amadurecimento humano. O incremento crescente observado até a obtenção da capacidade plena passa a ser um dado importante para que o peso dado às decisões das crianças seja considerado na aferição do exercício de sua autonomia, a qual estará suscetível a um menor grau de restrição, conforme o nível de competência observado na criança e a complexidade envolvida para o entendimento da escolha a ser feita. As hipóteses em que as competências e o desenvolvimento da criança lhe confiram um menor poder de interferência na decisão final a ser tomada não privam suas preferências de qualquer relevância, pois a ausência do seu consentimento não elimina a necessidade de serem feitas as escolhas que possam melhor atender aos seus interesses.

A análise das críticas destacadas revela que elas se opõem à ideia de autonomia, restrita à coincidência de condutas com o resultado de um exame racional crítico. Porém, elas não refutam a possibilidade de o conceito de autonomia estar fundamentado na aptidão potencial de crítica racional. Além disso, não há, nas conclusões de Gerald Dworkin e nos desdobramentos que se possa extrair delas, a rejeição de que a potencial crítica racional possa ocorrer em diferentes graus, de acordo com as condições cognitivas e o nível de estabilidade volitiva de cada pessoa. O conhecimento mais aprimorado de psicologia e de medicina embasa o entendimento de que a capacidade para o exercício da autonomia deve abandonar parâmetros rígidos, aceitando-se que a possibilidade da crítica racional ser feita depende de dados fáticos e do objeto da escolha a ser realizada. Contudo, uma avaliação mais

---

[95] ARCHARD, David. Children. In: Hugh La Follette (ed.) *The Oxford handbook of practical ethics.* Oxford: Oxford University Press, 2003, p. 93.

flexível das condições em que a pessoa tenha capacidade para praticar atos autônomos não traz, como consequência inevitável, a superação de regras que definam limites etários mínimos para a punição criminal e a realização de negócios jurídicos privados mais solenes.

Nas hipóteses em que a segurança jurídica não tenha provocado a criação de regras com critérios estritos para aferição da capacidade, existe um espaço para a aferição pontual e casuística da autonomia do sujeito que, a princípio, seja considerado incapaz ou relativamente capaz. Nessas situações, deve ser avaliado se a pessoa tem uma capacidade cognitiva suficiente e um juízo crítico racional relativamente estável para entender sua situação fática, as alternativas que lhe sejam propostas e, ao final, ter o poder de determinar-se de acordo com o resultado que melhor se conforme ao seu bem-estar e seus valores, ainda que o indivíduo tenha alguma deficiência mental que comprometa parcialmente a sua atividade intelectual,[96] ou cuja idade seja inferior ao limite da capacidade civil plena.[97] A diversidade de situações em

---

[96] MILLER, Peter. Competence and Consent in people with mental handicap. In: BRAZIER; Margaret; LOBJOIT, Mary. *Protecting the vulnerable*: autonomy and consent in healthcare. London: Routledge, 1991, p. 26, 27. BRAZIER, Margaret. Competence, Consent and Proxy Consents. In: BRAZIER, Margaret; LOBJOIT, Mary. *Protecting the vulnerable*: autonomy and consent in healthcare. London: Routledge, 1991, p 37. Nos Estados Unidos, a Suprema Corte, ao interpretar a Oitava Emenda à Constituição ("Excessive bail shall not be required, nor excessive fines imposed, nor cruel and unusual punishments inflicted"), julgou, em *Atkins v. Virginia* [536 U.S. 304 (2002)] nula a aplicação da pena de morte a pessoas "incapacitadas intelectualmente" assim consideradas aquelas que "tenham uma capacidade reduzida de entender e processar informação, comunicar-se, avaliar à distância os seus erros e aprender a partir da experiência, exercer um raciocínio lógico, controlar impulsos e entender as reações dos outros" ("have diminisihed capacities to understand and process information, to communicate, to abstract from mistakes and learn from experience, to engage in logical reasoning, to control impulses, and to understand the reactions of others"). O Juiz Stevens, em voto seguido pela maioria dos membros da Corte, destacou que: "There is no evidence that they [persons who are intellectually disable] are more likely to engage in criminal conduct than others, but there is abudant evidence that they often act on impulse rather than pursuant to a premeditated plan, and that in group settings they are followers rather than leaders. Their deficiencies do not warrant an exemption from criminal sanctions, but they do diminish their personal culpability". Em 2014, a Suprema Corte norte-americana voltou a debater a questão ao julgar inconstitucional a fixação de pontuação mínima, em teste de quociente de inteligência, como prova exclusiva para considerar o réu como portador de deficiência intelectual para exclusão de pena de morte. *Hall v. Florida*, 572 U.S. (2014).

[97] A favor de os menores tomarem decisões a respeito de seus tratamentos médicos se eles forem capazes de tomar decisões autonomamente, cf. VAUGHT, Wayne. Autonomy and the rights of minors. In: WEISSTUB, David N.; PINTOS, Guillermo Díaz. (eds.) *Autonomy and human rights in health care*: an international perspective. Dordrecht: Springer, 2008, p. 121. Em sentido contrário, por entenderem que os direitos dos menores devem basear-se na proteção de crianças e adolescentes, e não na autonomia deles, para se evitar a excessiva dependência e controle por adultos em situações de vulnerabilidade, cf. HAFEN, Bruce

que essa capacidade "local" ou "situacional" esteja presente é ampla e frequentemente pode tocar questões em que a consideração dos desejos e intenções de crianças e pessoas portadores de deficiências mentais tenha uma função especial na definição de seus cuidados. Embora a capacidade cognitiva e a estabilidade volitiva sejam os dois principais elementos para conferir a efetiva capacidade de exercício de autonomia nesses casos, ainda não é possível a obtenção de uma resposta conclusiva sobre as situações em que a incapacidade ou a relativa capacidade legal possa ser afastada, o que sempre exigirá uma análise adicional sobre o objeto da decisão a ser tomada e a sua repercussão emocional, as alternativas de escolhas disponíveis e o ambiente em que a pessoa tem seus relacionamentos afetivos e sociais.

O exame dos diferentes argumentos empregados para a definição de um conceito de autonomia pode adquirir uma sofisticação crescente, na medida em que críticas da filosofia, medicina, psicologia e sociologia sejam somadas a essa tarefa. Contudo, limitado o objeto do livro ao estudo das restrições constitucionais à autonomia quanto às decisões tomadas pelo sujeito sem prejuízo a terceiros, o conceito que deve ser empregado deve simultaneamente corresponder a um ideal normativo e a uma perspectiva que tenha o mínimo de suporte na forma como os seres humanos se comportam e interagem. Nesse sentido, o conceito jurídico de autonomia está informado por um exercício de racionalidade mais próximo de uma potencial capacidade reflexiva de crítica do que de uma necessária coerência entre a conduta praticada e um conjunto

---

C.; HAFEN, Jonathan O. Abandoning children to their autonomy: The United Nations Convention on the rights of the child. *Harvard International Law Journal*, 37, 1996, p. 455. Em *Belloti v. Baird* [443 U.S 622 (1979)], a Suprema Corte norte-americana considerou que os direitos das crianças diferem dos direitos dos adultos, por três razões: "the peculiar vulnerability of children; their inability to make critical decisions in an informed, mature manner; and the importance of the guiding role of parents in the upbringing of their children". Contudo, ao examinar lei que determinava o consentimento parental para que a adolescente solteira fizesse aborto, o Tribunal observou que os eventuais prejuízos de uma gravidez indesejada são igualmente sentidos pela mulher, independentemente de sua idade, tendo-se em vista que a decisão sobre a continuidade da gestação não pode aguardar – na maior parte das vezes – que a adolescente complete a maioridade. Com base nesses fundamentos, a Suprema Corte decidiu, em *Belloti v. Baird*, que: "If a State decides to require a pregnant minor to obtain one or both parents' consent to an abortion, it also must provide an alternative procedure whereby authorization for the abortion can be obtained. A pregnant minor is entitled in such a proceeding to show either that she is mature enough and well enough informed to make her abortion decision, in consultation with her physician, independently of her parents' wishes, or that even if she is not able to make this decision independently, the desired abortion would be in her best interests. Such a procedure must ensure that the provision requiring parental consent does not in fact amount to an impermissible "absolute, and possibly arbitrary, veto".

de desejos de ordem superior, ou à conformação a uma narrativa mais ampla de vida, ou mesmo a um processo cujo critério de avaliação seja baseado em emoções ou paixões. A opção pela posição de Gerald Dworkin ocorre por ser aquela que melhor se ajusta à forma como o Direito contemporâneo confere importância à conduta humana e lhe dá repercussão jurídica sem contrariar o sentido de autodeterminação inerente à noção de autonomia. A declaração de invalidade de um negócio jurídico por vício de vontade ou a exclusão de culpabilidade do agente que pratica uma conduta penalmente tipificada somente ocorre se o sujeito está impossibilitado de definir livremente a sua conduta, por ter sido incapaz de fazer um juízo crítico, efetivo ou potencial sobre ela. Nessas hipóteses, a leviandade, o arrependimento e a decepção pouco podem dizer sobre a ausência de autonomia.

1.5 Paternalismo

O Direito, como instrumento de regulação social, tem suas normas proibitivas e não permissivas intuitivamente relacionadas a situações em que se queira evitar ou punir uma conduta que gere danos a terceiros. Entretanto, a apreensão inicial da tarefa usualmente atribuída ao Direito não é esclarecedora, bastando que se imagine que terceiros podem considerar que são lesados se vivem numa comunidade em que as pessoas não comunguem de iguais valores morais, ou em que certos atos, ainda que restritos à esfera privada, agridam as suas expectativas sobre como as pessoas deveriam agir. A possibilidade de haver dano, que atinja o patrimônio – pela sua efetiva diminuição ou pela frustração de expectativa de ganho legítimo – ou os direitos da personalidade e situações jurídicas subjetivas extrapatrimoniais, não autoriza a configuração de dano a terceiro pelo desagrado em relação a opiniões, comportamentos ou concepções de vida individualmente perseguidas somente porque elas sejam minoritárias, extravagantes ou excêntricas. A mera divergência, desprovida de fundamentação jurídica, não assegura aos seus opositores o direito de vê-la suprimida.[98]

Além de ser preciso bem demarcar o que consubstancia um "dano a terceiro", é igualmente comum que o Estado se valha do Direito para

---

[98] Sobre o ponto, vale a transcrição de pertinente comentário de Charles Fried: "An argument compliments you because it assumes you can understand, reason about it, and meet it on its merits. It is mind to mind, and the 'it offends me' response to an argument amounts to answering, 'I am too dumb or too emotional to be able to think about what you have said'". FRIED, Charles. *Modern liberty*, p. 135.

restringir condutas autônomas que apenas prejudiquem o bem-estar do sujeito que as pratique. Embora seja retoricamente possível reformular a proposição para que o dano individual seja também um dano a terceiro, a partir das expectativas que a sociedade tenha a respeito do sujeito e do bem jurídico que seja identificado como objeto de proteção, a doutrina liberal procura separar as distintas esferas que conformam o individual e o coletivo, fazendo com que o debate seja descrito como uma intervenção que o Estado promova para substituir uma decisão que somente pode prejudicar o indivíduo que a tomou.

Essa última hipótese de restrição estatal é frequentemente associada ao termo paternalismo, compreendido como intervenção feita para dificultar, não permitir, substituir ou proibir a decisão tomada pelo indivíduo, ou nos meios escolhidos para a perseguição de determinada finalidade, por considerar que a escolha efetuada por ele não é aquela que melhor promove o seu bem-estar. O termo paternalismo frequentemente desperta rejeição, sendo muitas vezes omitido para de antemão evitar críticas a ideias que possam ser a ele associadas. Contudo, ainda que ele aparentemente ponha-se em divergência ao liberalismo democrático, a doutrina mais afim aos seus preceitos já consegue identificar intervenções constitucionalmente admissíveis ao exercício da autonomia sem dano direto a terceiro.[99]

As distintas acepções com que o termo paternalismo é empregado não impedem que possam ser destacadas ideias centrais que permitam a diferenciação entre seus sentidos forte e fraco, baseada no peso dado à voluntariedade na ação individual, de sorte que, no "paternalismo em sentido forte", é aceita a reprovação jurídica de uma conduta com o objetivo de proteger pessoas capazes contra as consequências prejudiciais que suas ações ou omissões possam causar-lhes, ainda que sejam resultantes de uma decisão voluntária e consciente. No "paternalismo em sentido fraco", pode-se interditar a prática de condutas prejudiciais ao indivíduo, desde que a ação ou a omissão sejam substancialmente não voluntárias ou mostre-se necessária a intervenção temporária para que se afira se a conduta é realmente resultado de uma manifestação

---

[99] Como exemplo, cito a defesa do paternalismo feita por Ronald Dworkin, ao aceitar a possibilidade do uso da coerção estatal limitada, em um curto período, a fim de que seja obtido o endosso das pessoas para a prática de ações que tornem suas vidas melhores, desde que a intervenção proposta não se contraponha às convicções dos sujeitos, mas apenas às suas vontades. DWORKIN, Ronald. *Sovereign virtue:* the theory and practice of equality. Cambridge: Harvard University Press, 2002, p. 268-9.

livre.¹⁰⁰ No estudo a ser feito, o Estado é o agente que promove as ações classificadas como paternalistas, o que não ignora a complexa dinâmica que os sentimentos de proteção e cuidado podem assumir nos relacionamentos interpessoais.¹⁰¹

Todavia, se as relações entre particulares parecem mais permeáveis a convicções morais sobre o comportamento correto a ser adotado, a intervenção estatal também está suscetível a percepções coletivas do que seja moralmente aceitável, tornando, pela aprovação majoritária, ilícitos comportamentos que se contraponham ao padrão moral escorreito eleito pela sociedade, o que pode gerar um "paternalismo moralista legal".¹⁰²

A possibilidade de interferência no âmbito de exclusiva definição de homens e mulheres a respeito de seus objetivos de vida traz consigo o risco de transformar as pessoas em "seres humanos de vidro",¹⁰³ eliminando-se a individualidade como fundamento para o desenvolvimento livre da personalidade, por tornar a privacidade permeável às concepções vigentes da esfera pública. Porém, o rechaço à moralidade, como fundamento a normas jurídicas que imponham deveres de abstenção ou de realização de condutas aprovadas pela

---

¹⁰⁰ FEINBERG, Joel. *Harm to self*: the moral limits of criminal law, p. 12. A classificação é também adotada, com critérios mais brandos, em Gerald Dworkin, *The theory and practice of autonomy*, p. 124. Cass Sunstein e Richard Thaler criaram o conceito de "paternalismo libertário", por meio do qual não se defende a interdição de hipóteses de escolhas individuais, mas que as decisões possam ser antecedidas por uma "arquitetura" no processo de escolha, desenvolvida pelo governo ou instituições privadas, a fim de que as pessoas sejam impulsionadas a se decidirem pela melhor opção, o que ocorreria se elas tivessem completa atenção, informação, ilimitadas habilidades cognitivas e completo autocontrole. THALER, Richard H.; SUNSTEIN, Cass R. *Nudge:* improving decisions about health, wealth and happiness. London: Penguin Books, 2008, p. 8.

¹⁰¹ As dificuldades foram exemplificadas por Gerald Dworkin em situações nas quais parentes pretendem preservar seus familiares de constrangimentos ou na hipótese do cônjuge que esconde remédios para o sono da esposa que tem tendência ao suicídio, sendo, afinal, destacado que: "because we know that the relation between the good of a person and what that person wants is not a simple one, because what is in a person's interests is not always what satisfies his or her current desires, and because we can conceive of situations in which we would want to have our autonomy denied, the possibility of justifying some paternalistic intervention will arise". DWORKIN, Gerald. *The theory and practice of autonomy*, p. 124.

¹⁰² Joel Feinberg classifica tais hipóteses como "puro moralismo legal", em que a repressão a um comportamento é justificada somente pela sua repugnância (princípio da ofensa), ainda que ele seja resultado de uma ação consentida, praticada em âmbito privado. Nessas hipóteses, a sanção é dificilmente explicada, uma vez que a punição é muito mais severa do que o dano perpetrado pelo ofensor contra si. FEINBERG, Joel. *Harm to self:* the moral limits of criminal law, p. 17.

¹⁰³ RODOTÀ, Stefano. *A vida na sociedade da vigilância:* a privacidade hoje. Trad. Danilo Doneda e Luciana Cabral Doneda. Rio de Janeiro: Renovar, 2008, p. 47.

maioria dos membros da coletividade, não é de fácil apreensão, pois a expressão da deliberação democrática nem sempre torna evidente os argumentos que servem de suporte às decisões dos integrantes da maioria, sendo grande a probabilidade de ser cometido erro na tentativa de identificar, na oposição ao ideário liberal mais progressista, vezo de moralidade que apenas revele a discordância com posicionamento que não encontra guarida na moralidade compartilhada pela maioria dos membros da sociedade.

No entanto, a recondução das reivindicações dos direitos da minoria atingida ao discurso dos direitos fundamentais nem sempre tem neles efetivo amparo. Por vezes, posições, que se contraponham à orientação ou à moralidade majoritária, não merecem resguardo jurídico se a necessidade de preservação do pluralismo for a única justificativa para a defesa delas. As extensas controvérsias relacionadas às vestimentas das mulheres mulçumanas em países ocidentais ou em Estados laicos, cuja população de origem mulçumana seja extensa, denotam a dificuldade de proteger a liberdade religiosa caso as práticas que venham a ser realizadas possam expor as mulheres a situações de opressão, ainda que a eventual posição de inferioridade somente venha a ser identificada pela maioria dos membros da sociedade, não integrantes daquele grupo religioso.[104]

Mais: o emprego de argumentos paternalistas pode conter viés preconceituoso, ainda que utilizados retoricamente como forma de proteção a minorias, tal como observado em discussões nas quais se afirmam que a legislação proibitiva da interrupção da gravidez tem como fundamento a proteção da mulher contra o trauma provocado pelo aborto, ações afirmativas em favor de minorias étnicas devem ser restringidas ou eliminadas para que os seus membros não se tornem alvo de maiores preconceitos, e a vedação do ingresso de homossexuais nas Forças Armadas explica-se como forma de protegê-los do ambiente hostil que os demais militares heterossexuais criariam.[105]

O debate sobre a admissibilidade constitucional do paternalismo alcança patamar distinto se acatada a possibilidade de o Estado

---

[104] Para uma crítica à proibição do uso de vestimentas femininas islâmicas em espaços públicos, cf. LABORDE, Cécile. State paternalism and religious dress code. *International Journal of Constitutional Law*, 10, 2012, p. 402. MANCINI, Susanna. Patriarchy as the exclusive domain of the other: the veil controversy, false projection and cultural racism. *International Journal of Constitutional Law*, 10, 2012, p.428.

[105] HASDAY, Jill Elaine. Protecting them from themselves: the persistence of mutual benefits arguments for sex and race inequality. *New York University Law Review*, 84, 2009, p. 1469.

restringir a autonomia, mediante a proibição ou interdição de condutas em sobreposição a manifestações voluntárias de agentes capazes, o que deixa em aberto a possibilidade de o Poder Público adotar modelo que sirva como parâmetro da definição do que venha a ser considerado como ilícito, ainda que pautado por padrões objetivos de excelência suscetíveis às distintas alternativas perfeccionistas.[106]

Desse modo, os embates sobre o exercício da autonomia e da limitação, que possa ser-lhe definida com base no paternalismo ou no perfeccionismo, despertam semelhantes discussões relacionadas à possibilidade de imposição de limites constitucionalmente justificados para cerceamento de expressões da liberdade e da autonomia, ainda que estatuídos para proteção do próprio titular do direito, ou para a consecução do modelo ideal de vida digna.[107]

A mera descrição do conceito de paternalismo e das restrições estatais ao exercício da autonomia revela a diversidade das discussões que podem surgir se questionadas as justificativas para que o Estado possa substituir uma decisão tomada pela pessoa com repercussão exclusiva para si, assim como se pesquisados os argumentos que o sujeito pode apresentar para opor-se a essa intervenção. Os próximos capítulos pretendem esclarecer esses debates, especialmente quando contrapostos diferentes padrões de moral e diferentes reivindicações em prol de uma maior capacidade de tomar decisões.

---

[106] HURKA, Thomas. *Perfectionism*. New York: Oxford University Press, 1993, p. 3.

[107] Um dos exemplos mais comentados pela doutrina constitucional ocorreu na França, a partir da publicação de uma circular do Ministro do Interior em 27 de novembro de 1991, que recomendava a proibição de espetáculos conhecidos como "arremesso de anão", nos quais pessoa devidamente protegida era lançada à curta distância por alguns dos pagantes, por violar o art. 3º, da Convenção europeia de salvaguarda dos direitos dos homens e das liberdades fundamentais. Em 25 de fevereiro de 1992, o Tribunal Administrativo de Versailles julgou requerimento de pessoa empregada nesses espetáculos contra ato do prefeito da comuna de Morsang-sur-Orge que os havia proibido. O Tribunal de Versailles declarou a nulidade do ato, por não vislumbrar atentado à ordem pública, à tranquilidade e à saúde pública. Levada a demanda ao Conselho de Estado, foi restabelecido o ato proibitivo, ao argumento de que a liberdade do trabalho não cerceava o poder de polícia municipal para assegurar o respeito à ordem pública, a qual também era composta pela preservação da dignidade da pessoa humana. Persistente a irresignação do empregado, a questão foi submetida ao Comitê dos Direitos do Homem da Organização das Nações Unidas (*Communication* nº 854/1999: France. 26/07/2002), o qual afirmou que a orientação adotada pela França não era discriminatória e constituía medida necessária para proteção da ordem pública, que abrange intervenções necessárias à dignidade da pessoa humana, ressaltando que a existência de outras atividades que pudessem também agredir a dignidade da pessoa humana não seria suficiente para a manutenção daquele tipo de espetáculo. Disponível em: http://www.unhchr.ch/tbs/doc.nsf/(Symbol)/CCPR.C.75.D.854.1999.Fr?Opendocument. Acesso em: 20 jul. 2010.

1.6 Conclusões

A apresentação dos conceitos de liberdade, autonomia e paternalismo tem o objetivo de melhor delimitar os argumentos a serem apresentados ao longo da tese, sem pretender abordar as diferentes concepções ligadas a esses conceitos em diferentes teorias históricas, sociológicas ou filosóficas com exaustão. Nesse sentido, conferi maior importância à ideia de liberdade negativa, cujos elementos essenciais pressupõem que as pessoas se vejam como fontes originárias de reivindicações válidas, independentes e responsáveis pelos fins por elas eleitos. A exposição dos elementos do conceito de liberdade tem como premissa a condição de a pessoa idealmente ser capaz de definir as suas concepções de vida, escolher os fins que pretenda perseguir e os meios para a consecução deles, ajustando-os em conformidade com os limites constitucionais que sejam necessários para a coexistência coletiva e a preservação da comunidade política.

Um conceito estritamente descritivo de autonomia é insufi_ciente, uma vez que o seu uso implica também a definição de um limite de intervenção estatal e de uma concepção de pessoa, cujas características distintivas marcam a extensão em que desejos e vontades são valorizados. A necessária conjugação dos aspectos descritivos e normativos do conceito revela que a autonomia é simultaneamente um ideal político, moral e social. Na sua feição política, ela é definida como espaço de resistência a iniciativas de instituições políticas que pretendam impor um conjunto de valores e fins às pessoas, sem que o processo de justificação para essas ações pareça ser aceitável para cada cidadão. Na sua vertente moral, a autonomia é o elemento que confirma uma condição ideal que alia as pessoas a um conjunto de valores aos quais elas passam a estar vinculadas, o que pode se dar por diferentes formas, especialmente por escolha, adesão ou avaliação racional. Por fim, como ideal social, a autonomia marca o espaço de interação entre indivíduo e sociedade, ao ser um indicativo de como a pessoa é vista como parte de uma comunidade, cujos desejos e vontades podem resultar em um somatório congruente com as suas expectativas individuais.

O exame de diferentes concepções de liberdade e apresentação destacada do conceito de autonomia teve como objetivo ressaltar que, a despeito de a autonomia ser uma dimensão do exercício da liberdade, o estudo a ser feito tem como propósito enfatizar a efetiva capacidade e o direito de autodeterminação do sujeito, capaz de ajustar suas decisões a seus valores, preferências e concepções de vida por meio de uma avaliação racional das opções disponíveis.

Com efeito, a apresentação abstrata dos elementos essenciais do conceito da autonomia é insuficiente para descrição do processo de tomada de decisões individuais, sendo relevante a avaliação dos fatores que podem influenciar a formação da vontade da pessoa. A concepção de "autonomia relacional" considera que o sujeito deve ser visto em meio às suas relações – íntimas, culturais, institucionais, sociais e nacionais – que constroem e definem a sua identidade. A análise dessas condições fáticas é importante, pois as relações intersubjetivas e as construções sociais conformam parcela dos desejos e intenções individuais, bem como o modo como o sujeito se vê como titular de direitos e capaz de perseguir seus projetos de vida, podendo inclusive rever os padrões morais existentes em sua comunidade.

As dificuldades na apuração das razões que impulsionam o ser humano na tomada de decisões pessoais não eliminam a importância da potencial avaliação de racionalidade pressuposta nas suas escolhas. O conceito jurídico de autonomia é construído a partir da premissa de um sujeito racional, com potencial aptidão reflexiva de crítica, cuja capacidade de exercer direitos e contrair deveres é balizada por um conjunto de presunções legais, relacionadas à higidez de sua capacidade biológica de autodeterminação e consentimento, caracterizada pelo amadurecimento da personalidade, pelo domínio de suas faculdades psíquicas e da aptidão de avaliar criticamente o contexto em que está inserido.

A capacidade para o exercício da autonomia não deve estar adstrita a parâmetros rígidos, uma vez que a capacidade de avaliação racional crítica da pessoa depende de dados fáticos e do objeto da escolha a ser realizada. Nas hipóteses em que a segurança jurídica não tenha gerado a criação de regras com critérios estritos para aferição da capacidade, existe um espaço para a análise pontual e casuística da autonomia do sujeito que, a princípio, seja considerado incapaz ou relativamente capaz. Nessas situações, deve ser avaliado se a pessoa tem uma capacidade cognitiva suficiente e um juízo crítico racional relativamente estável para entender sua situação fática, as alternativas que lhe sejam propostas e, ao final, ter o poder de determinar-se de acordo com o resultado que melhor se conforme ao seu bem-estar e seus valores, ainda que o indivíduo seja portador de deficiência mental que comprometa parcialmente a sua atividade intelectual ou cuja idade seja inferior ao limite da capacidade civil plena.

A discussão sobre a constitucionalidade das restrições estatais ao exercício da autonomia envolve o debate sobre a admissibilidade do paternalismo, compreendido como intervenção feita na decisão tomada pelo indivíduo ou nos meios escolhidos para a perseguição de determinada finalidade, por considerar que a escolha efetuada por ele não é aquela que melhor promove o seu bem-estar. Nos próximos capítulos serão analisadas diferentes classificações de paternalismo, verificando-se como os argumentos apresentados para a sua defesa podem consubstanciar justificativas constitucionalmente admissíveis para a restrição à autonomia.

CAPÍTULO 2

RESTRIÇÕES À AUTONOMIA, MORALIDADE E NEUTRALIDADE

No caso *R. v Butler*,[108] decidido pela Suprema Corte do Canadá, o proprietário de uma loja de vídeos, revistas e objetos de natureza sexual foi acusado pela prática dos crimes de posse, venda e exposição de material obsceno, tal como prevista no Código Penal daquele país ao dispor que é considerada obscena qualquer publicação cuja característica dominante seja a indevida exploração do sexo acrescida, ou não, de elementos que denotem crime, horror, crueldade e violência. O Tribunal entendeu que o tipo – ressalvados os casos em que não houvesse representação degradante ou desumana de atos sexuais, ou em que não houvesse a participação de crianças – não representava uma violação à liberdade de expressão, uma vez que a Carta de Direitos e Liberdades canadense não vedaria que fundamentos morais pudessem ser utilizados como justificativa legítima para a legislação criminal.

Em seu voto condutor, o Juiz Sopinka salientou que o material obsceno, quando degradante ou desumano, coloca mulheres e homens em uma posição de subordinação, submissão servil ou humilhação, o que é contrário à igualdade e à dignidade, sendo prescindível o consentimento para a admissão dessas representações, pois, em muitas ocasiões, ele pode acentuar o aspecto de degradação e desumanidade desses atos.[109] Os danos associados à condição de exploração, especialmente de mulheres, e a probabilidade de risco –

---

[108] (1992) 1 S.C.R. 452

[109] "Consent cannot save materials that otherwise contain degrading or dehumanizing scenes. Sometimes the very appearance of consent makes the depicted acts even more degrading or dehumanizing". (1992) 1 S.C.R. 452

ainda que não faticamente demonstrada[110] – de propagação e estímulo de comportamentos violentos foram considerados como objetivos que encontravam respaldo constitucional para a tipificação penal. Ademais, ao destacar a possibilidade de a manutenção de uma "sociedade decente" constituir uma justificativa para a punição imposta, foi destacado que:

> (...) Impor um determinado padrão de moralidade pública ou sexual, somente porque ela reflete as convenções de uma determinada comunidade, é contrário ao exercício e gozo de liberdades individuais, que formam a base de nosso contrato social. (...) A prevenção da 'obscenidade por ser obscenidade' não é um objetivo legítimo que justificaria a violação de uma das mais fundamentais liberdades inscritas na Carta.
>
> Por outro lado, não posso concordar com a sugestão do apelante de que o Parlamento não tenha o direito de legislar com base em concepções fundamentais de moralidade com o propósito de salvaguardar valores que são integrais para uma sociedade livre e democrática. (...)
>
> Como o réu e terceiros intervenientes apontaram, muito do Direito Penal é baseado em concepções morais de certo e errado e o mero fato de que a lei seja baseada em moralidade não a torna automaticamente ilegítima. Nessa perspectiva, a tipificação da proliferação de materiais, que infrinjam outro direito básico da Carta pode ser realmente um objetivo legítimo.
>
> Sob o meu ponto de vista, porém, o objetivo preponderante da seção 163 não é a desaprovação moral, mas evitar o dano à sociedade (...).

Embora a Corte canadense tenha empreendido um esforço argumentativo para que a fundamentação da decisão antes transcrita pudesse ser idealmente neutra, a conclusão final adotada deixa entrever

---

[110] Em passagem do seu voto, o Juiz Sopinka destacou que "While a direct link between obscenity and harm to society may be difficult, if not impossible, to establish, it is reasonable to presume that exposure to images bears a casual relationship to changes in attitudes and beliefs (...)". Posteriormente, referiu-se à jurisprudência do Tribunal para aduzir que: "(...) the Court also recognized that the government was afforded a margin of appreciation to form legitimate objectives based on somewhat inconclusive social science evidence", bem como que a exigência de buscar a medida menos gravosa ao direito fundamental, como desdobramento do teste de proporcionalidade, não exigiria um ajuste perfeito da limitação, mas uma medida apropriadamente concebida no contexto do direito restringido ("In determining whether less intrusive legislation may be imagined, this Court stresses in the Prostitution Reference, supra, that it is not necessary that the legislative scheme be the 'perfect' scheme, but that it be appropriately tailored in the context of the infringed right"). (Grifos do original) (1992) 1 S.C.R. 452.

que o julgamento feito incorreu em uma preferência sobre um modelo ideal de moralidade e decência. Com efeito, a preservação de muitos tipos penais é um indício da influência de padrões ideais de conduta moral no ordenamento jurídico. Em muitos casos, crimes, tais como o ato obsceno consistente em relação sexual praticada em local aberto e involuntariamente testemunhada, não são concretizados por atos essencialmente imorais, mas pela "falha ao desrespeitar o sentido cultural do que pode ser decentemente praticado em público".[111] As contingências relacionadas ao sentido cultural de "decência" ou "imoralidade" demonstram as mudanças a que estão suscetíveis os padrões de conduta aceitos pela sociedade, o que irá influenciar o legislador – o qual no Brasil, por exemplo, somente revogou o crime de adultério com a Lei nº 11.106/2005 – e os intérpretes dessas regras a fim de excluir, da abrangência do tipo, ações que não mais se conformem ao sentimento de reprovação preponderante na comunidade.

No primeiro capítulo, os conceitos de liberdade, autonomia e paternalismo foram apresentados para melhor identificação do objeto da pesquisa e das teses a serem defendidas. A análise a ser feita a partir desses conceitos pressupõe, como já destacado na Introdução, a vigência de um regime democrático em que a proteção aos direitos e liberdades básicas assegure a possibilidade de as pessoas terem diferentes concepções de vida respeitadas, sem que posturas moralistas ou doutrinas abrangentes se sobreponham a um âmbito de definição reservado ao indivíduo sobre as decisões a respeito de suas opções afetivas, profissionais, políticas, religiosas e sexuais. Contudo, a identificação dessa esfera de decisões se torna difícil quando se observa que as interações e os relacionamentos em sociedade definem o modo como os sujeitos conhecem as alternativas que conformam as diferentes concepções disponíveis sobre o que constitui um modelo ideal de vida. Ao mesmo tempo, a necessidade de coexistência em comunidade é um dado para definição dos limites nos quais reivindicações individuais concorrentes podem ser realizadas sem que se ponha em risco a manutenção dos elementos para o respeito mútuo, dos pressupostos mínimos para a convivência social e de um ambiente político capaz de articular consensos, ou dissensos, de forma estável.

Assim, uma síntese dos aspectos desse debate pode refletir-se na seguinte questão: A maioria da sociedade pode proibir uma conduta,

---

[111] GREENAWALT, Kent. Legal enforcement of morality. *Journal of Criminal Law and Criminology*, 85 (1995), p. 720.

que não causa dano direto a terceiro, por considerá-la moralmente reprovável?

A resposta negativa a essa pergunta frequentemente invoca a defesa da neutralidade[112] como limite às restrições que possam ser cogitadas à autonomia e à liberdade. À luz desse debate, o presente capítulo pretende esclarecer, considerando as contribuições de John Stuart Mill e H.L. Hart, como a tradição liberal identificou um conjunto de decisões insuscetíveis a restrições como medida necessária para combater uma interferência estatal indevida na autonomia individual. A exposição das ideias desses dois teóricos e do contraponto que elas tiveram por críticos que lhes foram contemporâneos – especialmente James Fitzjames Stephens e Patrick Devlin – visa à demonstração da utilidade desses argumentos para melhor entender discussões atuais que, muitas vezes, apenas constituem novas versões desses debates.

2.1 John Stuart Mill e a impossibilidade de repressão ao dano a si mesmo

John Stuart Mill foi um dos filósofos mais influentes na oposição à interferência estatal na liberdade dos indivíduos, e suas ideias são até hoje o ponto inicial para reflexão dos estudos dedicados à autonomia e ao paternalismo. Em "Sobre a liberdade", seu trabalho mais importante sobre o tema, Mill afirmou que sua principal preocupação

---

[112] Richard Cohen-Almagor conceitua a neutralidade política como a exigência de que a justificação de princípios políticos fundamentais não se baseie na superioridade intrínseca de quaisquer das ideais rivais relacionadas a concepções de vida boa (Between Neutrality and Perfectionism. *Canadian Journal of Law and Jurisprudence*, 7 (1994), 7, p. 217). Ele também identifica quatro diferentes tipos de neutralidade: i) neutralidade procedimental, relacionada ao fato de que as instituições sociais e políticas devem ser reguladas de acordo com considerações aceitas por qualquer pessoa razoável, não obstante a concepção de bem que ela adote; ii) neutralidade concreta, segundo a qual o Estado não deveria adotar condutas que favoreçam ou promovam uma doutrina abrangente em prejuízo de outra; iii) neutralidade de propósito, em que o Estado deve assegurar igual oportunidade para os cidadãos realizarem as concepções de bem que eles livremente tenham escolhido; e iv) neutralidade qualificada de propósito, de acordo com a qual a igual oportunidade de desenvolvimento deve ser assegurada a concepções permissíveis de bem, evitando-se aquelas que procurem a implantação de doutrinas abrangentes do bem (p. 221-222). As diferentes concepções de neutralidade podem tornar mais exigente o grau de abstenção do Estado em relação a posições alternativas sobre os modelos ideais de vida, no que tange às condições necessárias para que as pessoas possam levar a cabo seus projetos pessoais, ou mesmo àquelas para a escolha de uma das opções rivais em detrimento de outras, tal como demonstrado por Joseph Raz (*The morality of freedom*, p. 110-113), cujo posicionamento será objeto de análise específica em capítulo dedicado à possibilidade de restrições à autonomia baseadas em um consequencialismo perfeccionista.

é a definição dos limites do poder que a sociedade pode exercer sobre o indivíduo. A "tirania da maioria" ou o "despotismo político"[113] seriam as degenerações do controle social sobre a independência individual, cuja preservação demandaria o encontro da justificativa legítima para o exercício desse poder. A história da humanidade demonstraria que os indivíduos e a coletividade limitam suas condutas como forma de autoproteção, o que exige o cerceamento da liberdade individual se ela for empregada para causar danos a terceiros.[114] A pessoa deve conservar um espaço para proteção de liberdades essenciais, as quais abrangem liberdades amplas de consciência, pensamento, opinião, sentimento e expressão; de definição de preferências e propósitos "para amoldar nosso plano de vida ao nosso próprio caráter", desde que não causem danos a terceiros; e de associação para qualquer propósito que não envolva prejuízo a outras pessoas.[115]

A defesa da liberdade individual é feita como instrumento para promoção da originalidade, criatividade e espontaneidade, traços considerados essenciais para a formação do caráter humano. Entretanto, a importância dessas características não está no oferecimento de condições para o melhor exercício de direitos individuais. A garantia da liberdade individual, como base imprescindível para o desenvolvimento do caráter, é incentivada por acarretar um bem para toda a sociedade, de modo que é pelo incentivo à sua individualidade que o sujeito se torna um elemento que agrega valor para a comunidade que ele integra.[116]

A preservação desse espaço de liberdade individual exige que o Estado atue para que a ação da pessoa não prejudique a possibilidade de desenvolvimento de outros sujeitos. As restrições que o Estado poderia impor para a manutenção da vida em sociedade se limitam a evitar que direitos de terceiros sejam lesados e à exigência de participação nos esforços para defender a comunidade e seus membros de qualquer dano ou violência. Desse modo, não caberia ao Direito tutelar eventual mal-estar de terceiros que não tenham seus direitos infringidos ou querer

---

[113] MILL, John Stuart. *On liberty with the subjection of women and chapters on socialism*. Stefan Collini (ed). Cambridge: Cambridge University Press, 1989, p. 8,9

[114] MILL, John Stuart. *On liberty with the subjection of women and chapters on socialism*, p. 13.

[115] MILL, John Stuart. *On liberty with the subjection of women and chapters on socialism*, p. 15.

[116] "In proportion to the development of his individuality, each person becomes more valuable to himself, and is therefore capable of being more valuable to others. There is a greater fullness of life about his own existence, and when there is more life in the units there is more in the mass which is composed of them." (MILL, John Stuart. *On liberty with the subjection of women and chapters on socialism*, p. 63.)

impedir, contra a vontade do sujeito, que ele pratique determinada conduta que apenas poderá lhe prejudicar.[117] O exercício dessa liberdade pressupõe que os seres humanos tenham uma maturidade no exercício de suas faculdades decisórias, o que exclui crianças e jovens que não tenham atingido idade mínima fixada em lei, como também povos classificados como "bárbaros", que poderiam ser objeto de intervenções para o seu respectivo desenvolvimento até que se tornem capazes de progredir através de discussões travadas num ambiente de liberdade e igualdade.[118]

Porém, ao apontar as possíveis exceções a essas máximas, Mill observa que uma pessoa somente é "livre para fazer o que ela deseja", razão por que o Estado poderia impedir, por exemplo, que o sujeito atravessasse uma ponte que ele não sabia que estava quebrada.[119] A importância da fruição da liberdade também impede que haja a sua completa abdicação ou alienação, tal como ocorreria se uma pessoa livremente decidisse se tornar escravo de outra. Essa vedação se explicaria com base num "argumento epistêmico" segundo o qual o indivíduo é quem melhor pode decidir sobre os meios idôneos para obter o seu próprio bem, o que deixaria de existir se ele cedesse esse poder a um terceiro.[120] Mill defende também o uso de uma legislação restritiva sempre que houver um dano ou risco de dano ao indivíduo ou à coletividade,[121] podendo ser empregadas medidas de aconselhamento, persuasão ou instrução se existir um dano limitado ao sujeito que tomou a decisão.[122]

Contudo, as ressalvas construídas ao longo de seu texto tornam o argumento de Mill progressivamente oposto a uma tentativa de associá-lo a políticas estritas de contenção da intervenção estatal, valendo destacar: a defesa de formalidades (*preappointed evidences*) para a venda

---

[117] MILL, John Stuart. *On liberty with the subjection of women and chapters on socialism*, p. 75-76
[118] MILL, John Stuart. *On liberty with the subjection of women and chapters on socialism*, p. 13-14.
[119] MILL, John Stuart. *On liberty with the subjection of women and chapters on socialism*, p. 96.
[120] MILL, John Stuart. *On liberty with the subjection of women and chapters on socialism*, p. 103. Cass R. Sunstein considera que o argumento epistêmico do princípio do dano forneceria a explicação mais forte para a posição defendida por Mill. Contudo, Sunstein aponta que o princípio do dano também poderia ser justificado com base na promoção da diversidade humana, na importância da experimentação e do aprendizado ao longo do tempo, bem como nos valores independentes da dignidade e da liberdade de escolha. SUNSTEIN, Cass R. *Why nudge?* The politics of libertarian paternalism. New Haven: Yale University Press, 2014, p. 7.
[121] MILL, John Stuart. *On liberty with the subjection of women and chapters on socialism*, p. 82.
[122] MILL, John Stuart. *On liberty with the subjection of women and chapters on socialism*, p. 94.

de substâncias venenosas, como a indicação da data de compra, nome e endereço do comprador, qualidade e quantidade do produto vendido, propósito da compra e manutenção dessas informações, devendo estar presente uma terceira pessoa se não há prévia prescrição médica;[123] restrições ao consumo de álcool a pessoas que praticaram crimes sob o efeito de embriaguez; punição aos atos públicos de indecência;[124] crítica aos agentes que incentivam profissionalmente atividades prejudiciais ao sujeito (por exemplo, o rufião ou o proprietário de uma casa de jogos);[125] a tributação indireta para evitar o consumo de bens considerados prejudicais às pessoas;[126] a restrição à venda de certos bens em lugares a serem definidos pelo governo; a nulidade de contratos que prejudiquem o próprio contratante, sem prejuízo a terceiros;[127] e a aprovação de leis que proíbam casamentos se o futuro casal não tem condições de manter uma família e especialmente educar seus filhos.[128]

A análise das justificações e dos exemplos expostos para defesa da liberdade torna difícil classificar o pensamento de Mill como exclusivamente liberal ou utilitário.[129] A argumentação contrária a interferências nas decisões que as pessoas tomam sem prejuízo direto a terceiro seria um fundamento para afirmar a liberdade como bem, cuja proteção seria prioritária, cabendo ao Estado apenas fornecer as informações suficientes para que o sujeito pudesse tomar a decisão que melhor lhe conviesse. Dessa forma, a perspectiva liberal seria confirmada por Mill, ao afirmar a impossibilidade de interferência nas escolhas feitas pelo sujeito capaz, ainda que a restrição cogitada pretenda promover o seu bem-estar. A proibição dessa intervenção seria uma forma de incentivar diferentes manifestações da individualidade, o que permitiria a existência de uma sociedade mais diversa e plural. Contudo, a defesa dessa pluralidade não é feita como consequência da necessária preservação de direitos individuais, cujo respeito demandaria um espaço de livre conformação sobre a ideal concepção de

---

[123] MILL, John Stuart. *On liberty with the subjection of women and chapters on socialism*, p. 96.
[124] MILL, John Stuart. *On liberty with the subjection of women and chapters on socialism*, p. 98.
[125] MILL, John Stuart. *On liberty with the subjection of women and chapters on socialism*, p. 100.
[126] MILL, John Stuart. *On liberty with the subjection of women and chapters on socialism*, p. 101.
[127] MILL, John Stuart. *On liberty with the subjection of women and chapters on socialism*, p. 102,103.
[128] MILL, John Stuart. *On liberty with the subjection of women and chapters on socialism*, p. 108.
[129] ARNESON, Richard. Mill versus paternalism. *Ethics*, 90 (1980), p. 473. MCCLOSKEY, H.J. Mill's Liberalism. *The Philosophical Quarterly*, 13 (1963), p. 155. FUCHS, Alan E. Autonomy, Slavery, and Mill's Critique of Paternalism. *Ethical Theory and Moral Practice*, 4 (2001), p. 240. RILEY, Jonathan. *Mill on liberty*. London: Routledge, 1998, p. 157.

vida a ser perseguida pelos seus titulares. O valor da diversidade, segundo Mill, está no maior proveito que a sociedade obtém quando permite a vigência de diferentes concepções de individualidade e, por conseguinte, estimula a criação de um ambiente criativo e favorável à originalidade, mais propício ao desenvolvimento da coletividade.

A feição utilitarista dessa visão é problemática, porque Mill não esclarece em que medida a liberdade poderia ser um bem suscetível às restrições para a promoção do bem-estar coletivo. Caso preservado o argumento utilitário de que a felicidade geral seria o fim último a ser perseguido pelo Estado, restaria saber até que ponto a liberdade poderia ser cerceada se o resultado final dessa limitação promover um resultado capaz de trazer um bem-estar coletivo maior. A resposta de Mill a esse questionamento é pouco precisa,[130] porque a essência de suas alegações é contrária a restrições à liberdade fora das hipóteses em que haja eventual prática de dano a direito de um terceiro, não sendo possível encontrar uma linha coerente a favor da criação de limites instrumentais à liberdade nas ressalvas exemplificadas por ele. A admissibilidade de interferência em situações nas quais o indivíduo provocaria um dano a si mesmo compreendem diferentes justificativas, como a necessidade de prover informações para que o sujeito avalie as consequências negativas de sua decisão (exemplo da ponte quebrada) ou preserve a condição de agente mais capacitado de decidir a respeito de sua vida (vedação da escravidão voluntária). Ademais, o aspecto extremamente discutível da defesa de leis para proibir a constituição de famílias, cujos pais não teriam condições de dar uma boa criação aos filhos, não impede que

---

[130] John Stuart Mill, em *Utilitarianism* (Kitchener: Batoche Books, 2001), observa que o propósito de realização do bem-estar coletivo não deve supor o sacrifício individual (p. 54), tampouco a sua perseguição deve ser feita por meio de uma completa desconsideração dos interesses individuais (p. 32), o que abrange a impossibilidade de privação injusta da liberdade pessoal, da propriedade ou qualquer outro bem jurídico do sujeito; dos direitos morais especialmente relacionados à ideia de justiça; da noção de retribuição (cada pessoa deveria obter o bem, ou o mal, que mereça); da preservação da confiança; e da imparcialidade nas hipóteses em que favores e preferências não devam ser aceitos (p. 43,44). Essas ressalvas, como já destacado, não são suficientes para esclarecer as incongruências constatadas no pensamento de Mill, embora possam afastar a sua teoria de interpretações extremas em que direitos individuais seriam completamente suprimidos para promoção do bem-estar da maioria dos membros da sociedade. A possível contradição entre interesses individuais e coletivos não é percebida como uma situação frequente diante da tese de que esses interesses tendem a ser congruentes, pois as pessoas identificar-se-iam progressivamente com a sociedade que integram, a ponto de tornar raras as situações em que o seu bem-estar individual possa ser alcançado sem a promoção do bem-estar coletivo (p. 28,32).

essa medida seja vista como um desdobramento da máxima geral de Mill, uma vez que as crianças e os futuros adultos seriam eventuais vítimas de um dano por terem sido criados de forma precária.

Embora essas inconsistências sejam desconsideradas por alguns estudiosos como opção interpretativa expressamente feita[131] ou tentem ser conciliadas na criação de conceitos como o de "utilitarismo liberal",[132] a contribuição de John Stuart Mill é importante por fornecer uma primeira reflexão sobre os limites impostos ao Estado para a restrição das condutas individuais. Essas vedações incluiriam a impossibilidade de o Poder Público e particulares agirem contra a vontade do sujeito para impor-lhe um modelo ideal de conduta se não há dano direto a direito de terceiro, mas não vedariam as ações governamentais que promovessem medidas educativas para a inibição de comportamentos considerados prejudiciais ao bem-estar do sujeito ou da coletividade, ou mesmo a criação de formalidades maiores para o consumo de bens ou a realização de atos que pudessem causar algum tipo de dano aos sujeitos que os praticassem. A admissão dessas restrições preservaria o caráter voluntário dessas condutas e garantiria um espaço de livre conformação pessoal, necessário à aquisição da experiência que permitiria um exame mais competente das escolhas a serem feitas ao longo da vida.[133]

A ausência de alusão expressa ao termo autonomia não é um obstáculo para o estabelecimento de uma correlação entre a defesa da individualidade e a crítica à atuação estatal paternalista no sentido forte, tal como definida por Joel Feinberg. A referência à individualidade – ora como elemento que torna única cada pessoa, ora como dom dos seres humanos a ser desenvolvido para livrá-los de uma vida medíocre – é interpretada de forma mais próxima às características da autonomia quando Mill alude à importância de a pessoa ser um agente efetivamente participativo na definição do modo como vive,[134] ao final criando a melhor maneira de viver para si, apenas porque esta

---

[131] "Assessing the balance of Mill's claims, I reiterate my suggestion that the best way to ease this internal tension in Mill's view is to strike the wayward passages that give rise to it." (ARNESON, Richard. Mill versus Paternalism, p. 487.)

[132] RILEY, Jonathan. *Mill on liberty*, p. 157-160.

[133] FUCHS, Alan E. Autonomy, slavery, and Mill's critique of paternalism, p. 236.

[134] "It is really of importance, not only what men do, but also what manner of men they are that do it. Among the works of man, which human life is rightly employed in perfecting and beautifying, the first in importance surely is man himself." (MILL, John Stuart. *On liberty with the subjection of women and chapters on socialism*, p. 59.)

foi escolhida por ele.[135] É nessa versão de individualidade, conforme observado por Richard J. Arneson,[136] que se torna plausível interditar restrições estatais que pretendam promover uma maior liberdade futura do indivíduo, uma vez que uma vida autônoma exigiria que se deixasse ao sujeito o poder de decidir como quer ver a sua vida construída, sendo incorreto fazer um julgamento negativo a respeito das opções que ele faz, pois elas – simplesmente por serem opções autonomamente feitas – consubstanciam as melhores decisões que ele pode tomar.

Ao longo da tese será possível constatar a repercussão das ideias de Mill em diferentes passagens. Contudo, o objetivo de fazer com que o presente capítulo seja um estudo sobre a possibilidade de o Estado ser neutro nas restrições que imponha no comportamento do indivíduo, que cause danos somente a si, torna relevante saber em qual extensão o dano a terceiro pode ser visto como parâmetro legal para proibição de condutas e – adotando-se uma concepção estrita – quais ações o Estado não deve reprimir para alinhar-se a uma proposta de contenção maior na disciplina jurídica das condutas humanas. Esses questionamentos permeiam o debate sobre as restrições estatais à autonomia e já estavam presentes nas críticas feitas por contemporâneos de John Stuart Mill, sendo especialmente esclarecedor analisar o contraponto apresentado por James Fitzjames Stephen.

2.2 A crítica de James Fitzjames Stephen à neutralidade

James Fitzjames Stephen critica os argumentos de Mill ao afirmar que eles são falhos por conterem uma descrição errada das condições referentes ao exercício da liberdade e apresentarem conclusões incompatíveis com o modo como os seres humanos se relacionam em sociedade.

A apreensão equivocada das circunstâncias associadas ao exercício da liberdade é exemplificada pela incorreta compreensão de Mill a respeito da natureza humana. Stephen sustenta que nossas qualidades são consequência de uma moralidade positiva, que congrega um conjunto de pressões sobre o indivíduo para que ele possa desenvolver-se

---

[135] "If a person possesses any tolerable amount of common sense an experience, his own mode of laying out his existence is the best, not because it is the best in itself, but because it is his own mode". (MILL, John Stuart. *On liberty with the subjection of women and chapters on socialism*, p. 67.)

[136] ARNESON, Richard. Mill versus Paternalism, p. 480.

e viver em comunidade. O sujeito livre não seria o agente criativo e empreendedor, tal como suposto por Mill, mas alguém propenso a vícios e ações imorais.[137] A moralidade positiva, os costumes e a religião são os fatores que amoldam os seres humanos e que têm um poder coercitivo maior do que o desempenhado pelas leis do Estado. Dessa forma, o espaço em que o indivíduo pode exercer sua liberdade é, em verdade, aquele formado pelo conjunto de opções resultantes das influências exercidas pela moralidade, religião, costumes e instituições sociais e políticas, não sendo possível entender a liberdade como um direito ou pretensão cujo conteúdo anteceda a conformação dada por esses fatores.

Para esclarecer esse ponto, Stephen observa que a moralidade, a religião, os costumes, as instituições sociais e políticas seriam os parâmetros – tal como a tubulação é para o fluxo de água – que ao mesmo tempo dão sentido e limitam a liberdade.[138]

A combatida valorização da liberdade acarretaria uma errada avaliação sobre o critério a ser usado para a disciplina jurídica das condutas humanas e para o papel que a moralidade desempenharia na definição de normas jurídicas. Ao contrário de Mill que defendia que as restrições à liberdade somente seriam justificadas como um desdobramento do princípio da autoproteção e, consequentemente, não caberia ao Estado exercer qualquer tipo de limitação sobre as condutas que não causassem danos a terceiros, Stephen considera serem raras ações ou omissões cujos resultados tenham repercussão exclusiva sobre as pessoas que as adotaram.[139] Segundo ele, a máxima de Mill somente faria sentido em um cenário ideal em que os sujeitos ocupassem as posições as quais eles desejassem, situação em que seria possível imaginar que as condutas de uma pessoa não teriam interferência sobre as outras, ainda que não houvesse a identificação de um dano direto a um direito.[140] A análise das leis penais ou civis demonstraria que o Direito acolhe vários elementos de uma moralidade positiva ou de uma religião preponderante, fazendo com que a coerção estatal – além de ser usada para a manutenção das formas de governo e instituições sociais existentes – seja empregada para a preservação da moralidade e de

---

[137] STEPHEN, James Fitzjames. *Liberty, equality, fraternity*. Stuart D. Warner (ed.). Indianapolis: Liberty Fund, 1993, p. 10.
[138] STEPHEN, James Fitzjames. *Liberty, equality, fraternity*, p. 14,15,119.
[139] STEPHEN, James Fitzjames. *Liberty, equality, fraternity*, p. 92.
[140] STEPHEN, James Fitzjames. *Liberty, equality, fraternity*, p. 17.

princípios religiosos, como forma de realizar os propósitos legítimos de combate ao vício e promoção da virtude.[141] Ademais, a incorporação de uma moralidade positiva pelo Direito seria uma maneira de proteger a pessoa contra a severidade da vingança particular, bem como contra a força que a opinião pública e a pressão da comunidade podem ter quando os danos que elas provocam sobre a vida de uma pessoa são ignorados pelas leis.[142]

A crítica de Stephen estende-se à ressalva que Mill fez ao exercício da coerção sobre crianças e bárbaros para protegê-los de condutas que eles possam praticar e causem um mal para si. Nessas hipóteses, Mill alega que a falta de experiência e a ausência de maturidade impediriam que essas pessoas pudessem, em bases livres e iguais, discutir sobre a forma como devem agir. Entretanto, Stephen afirma desconhecer país em que essa atividade discursiva tenha suplantado a necessidade do uso da coerção ou que ela tenha sido suficiente para fazer com que as pessoas passassem a se comportar de acordo com o que foi assim decidido.[143] A desconfiança quanto à capacidade de discussão ser um indício da possibilidade de se conhecer como decidir o melhor para si seria confirmada pela constatação de que muitas pessoas são egoístas, frívolas e ociosas, o que tornaria pouco provável que as discussões de que elas participassem pudessem melhorá-las em algum aspecto.[144]

A aceitação de que o Direito deva ser a extensão, em algum grau, da moralidade positiva de uma sociedade não autoriza o seu uso para qualquer tipo de interferência endossada pela opinião pública. Nesse ponto, Stephen defende que a privacidade seja um espaço imune à intromissão do Estado, para preservação da intimidade e das relações pessoais mais prezadas. A eventual incerteza a respeito do significado de privacidade seria resolvida recorrendo-se à ideia de que, se a reprovação de um ato pessoal e íntimo somente puder ser feita com apelo à "indecência", essa ação provavelmente seria um aspecto da privacidade individual, insuscetível à restrição por leis ou pessoas que dela não participem.[145]

A defesa da privacidade como limite à intervenção estatal seria um dos elementos que mitigam a impressão de moralismo que se tem

---

[141] STEPHEN, James Fitzjames. *Liberty, equality, fraternity*, p. 12,96.
[142] STEPHEN, James Fitzjames. *Liberty, equality, fraternity*, p. 10.
[143] STEPHEN, James Fitzjames. *Liberty, equality, fraternity*, p. 20.
[144] STEPHEN, James Fitzjames. *Liberty, equality, fraternity*, p. 23.
[145] STEPHEN, James Fitzjames. *Liberty, equality, fraternity*, p. 106.

a partir de uma primeira leitura dos argumentos de Stephen,[146] o que não é suficiente para eliminar a adesão dele à linha de pensamento conservadora do liberalismo inglês no século XIX.[147] Contudo, o antagonismo de Stephen a Mill veiculou algumas das principais discussões que serão reproduzidas nos debates futuros acerca dos limites da intervenção estatal para cerceamento da liberdade, especialmente quando a conduta restringida tiver uma repercussão aparentemente limitada ao bem-estar do sujeito que a praticou.

As diferentes interpretações sobre como aspectos da natureza humana influenciam o comportamento das pessoas, ou sobre a possibilidade de os indivíduos, quando livres e iguais, decidirem e agirem de acordo com o que seja melhor para si, a ponto de tornarem desnecessária a ameaça de coerção estatal, são aspectos que despertam o interesse da filosofia política, mas que não serão ora examinados. A contribuição que o embate entre Mill e Stephen dá ao presente estudo está mais relacionada aos seus posicionamentos sobre a possibilidade de ideias socialmente compartilhadas a respeito de um melhor modelo de vida a ser individualmente perseguido pelas pessoas – enunciado em manifestações da "opinião pública" ou da "moralidade positiva" – interferirem na forma como o Direito deve permitir ou proibir os comportamentos humanos. A resposta a essa questão é essencial para se conhecer como o Estado pode ser neutro na regulação das condutas das pessoas e, por conseguinte, irá colaborar para a defesa das teses defendidas nesta pesquisa. Entretanto, a complexidade das sociedades contemporâneas aumentou, em igual proporção, os desafios para a obtenção de uma solução a esse questionamento cuja essência foi reproduzida em nova discussão que colocou em polos opostos H.L.A. Hart e Patrick Devlin.[148]

---

[146] POSNER, Richard A. The romance of force: James Fitzjames Stephen on criminal law. *Ohio State Journal of Criminal Law*, 10, 2012, p. 268.

[147] STAPLETON, Julia. James Fitzjames Stephen: liberalism, patriotism and english liberty. *Victorian Studies*, 41, 1998, p. 245,247.

[148] A referência ao binômio Mill/Hart e Stephen/Devlin como símbolo do debate entre posições contrárias e favoráveis ao emprego do Direito como instrumento para imposição e proteção de padrões morais de conduta é frequente, valendo destacar, entre outros, Gerald Dworkin. DWORKIN, Gerald. Devlin was right: law and enforcement of morality. *William & Mary Law Review* 40, 1999, p. 927. CARON, Yves. The legal enforcement of morals and the so-called Hart-Devlin controversy. *McGill Law Journal* 15, 1969, p. 27-28.

2.3 Patrick Devlin e a incorporação da moralidade pelo Direito

Em 1957, aproximadamente um século após a publicação de "Sobre a liberdade", os argumentos de Mill acerca dos limites que o ordenamento jurídico deve enfrentar na disciplina das condutas humanas foram retomados com a divulgação do Relatório sobre delitos relacionados à homossexualidade e à prostituição na Inglaterra. O documento, comumente designado como Relatório Wolfenden, em referência ao nome do presidente da comissão que o redigiu, foi o resultado de um estudo elaborado por requisição do governo para rever a legislação que definia, como delitos, práticas homossexuais masculinas, atividades associadas à prostituição feminina e à sua solicitação para fins imorais, bem como o tratamento dado pelo Judiciário às pessoas condenadas por essas infrações.[149] Elaborado por um grupo com distintas orientações políticas, o texto final menciona que a pesquisa das razões por que esses atos são punidos implica perguntar quais condutas devem ser consideradas criminosas. A resposta a essa questão envolveria a preservação da ordem pública, a proteção das pessoas contra o que lhes seja ofensivo ou lhes cause dano, assim como a criação de barreiras contra a exploração e a corrupção dos seres humanos, principalmente quando vulneráveis devido às suas condições físicas, mentais e econômicas.[150] O comitê afirmou que "não seria a função do Direito intervir nas vidas privadas dos cidadãos, ou procurar impor qualquer padrão particular de comportamento, além do que seja necessário para realizar os propósitos antes mencionados".[151]

Em suas conclusões, a comissão posicionou-se contra a tipificação do comportamento homossexual consentido entre homens adultos em um ambiente privado, e favorável à exclusão do elemento "perturbação" do delito de prostituição em local público.[152] A principal fundamentação

---

[149] *Report of the commitee on homosexual offences and prostitution presented to parliament by the secretary of state for home department and secretary of state for Scotland*. London, 1957, p. 7.

[150] *Report of the commitee on homosexual offences and prostitution presented to parliament by the secretary of state for home department and secretary of state for Scotland*, p. 9,10.

[151] "It is not, in our view, the function of the law to intervene in the private lives of citizens, or to seek to enforce any particular pattern of behaviour, further than is necessary to carry out the purposes we have outlined." (*Report of the commitee on homosexual offences and prostitution presented to parliament by the secretary of state for home department and secretary of state for Scotland*, p. 10.)

[152] *Report of the commitee on homosexual offences and prostitution presented to parliament by the secretary of state for home department and secretary of state for Scotland*, p. 115,116.

para a defesa dessas propostas pressupunha que deveria haver um espaço da moralidade privada que não coincidiria com o Direito, ante a necessidade de preservação da liberdade individual de escolha e ação. O Relatório Wolfenden não pretendia que essa ideia fosse vista como uma ratificação ou um encorajamento de atos imorais. Seu intuito era oferecer um argumento para atribuir à pessoa uma maior responsabilidade na prática de seus atos e na condução da sua vida, o que poderia ser obtido sem que fosse necessária a ameaça da legislação penal nesse sentido.[153]

Durante os trabalhos dessa comissão, Patrick Devlin – membro do Judiciário inglês – foi ouvido em audiência na qual se mostrou favorável à mudança da legislação criminal referente a práticas homossexuais, por argumentos diferentes daqueles adotados pelo Relatório Wolfenden. O acolhimento de uma fundamentação diversa significava uma discordância com as justificativas apresentadas pela comissão, a qual foi articulada a partir das respostas dadas aos seguintes questionamentos: (i) a moralidade é uma questão pública ou restrita a uma avaliação particular? (ii) a sociedade tem o direito de aprovar leis que ratifiquem seus julgamentos morais? e (iii) o Direito deve ser usado em todos os casos em que há uma reprovação moral e, se não, com base em quais princípios se poderia distinguir as hipóteses em que essa coincidência poderia ocorrer?[154]

As respostas de Devlin partiam da premissa de que a sociedade representa uma comunidade de pessoas ligadas por ideias políticas, morais e éticas compartilhadas. Os laços formados por essas ideias são o que mantém a comunidade unida, sendo a moralidade um dos elementos que promovem essa coesão.[155] O aspecto coletivo associado à moralidade – assim entendida como as noções sobre como os membros de uma comunidade deveriam se comportar e dirigir suas vidas – exclui a possibilidade de concebê-la como um conjunto de princípios de caráter privado, a menos que o termo "moralidade privada" seja empregado para referir-se à forma como o indivíduo procura se comportar na solução de questões morais pessoais.[156]

---

[153] *Report of the commitee on homosexual offences and prostitution presented to parliament by the secretary of state for home department and secretary of state for Scotland*, p. 24.
[154] DEVLIN, Patrick. *The enforcement of morals*, p. 7,8.
[155] DEVLIN, Patrick. *The enforcement of morals*, p. 10,61.
[156] DEVLIN, Patrick. *The enforcement of morals*, p. 9.

O segundo desdobramento do pressuposto de que a moralidade é um elemento essencial à conservação da sociedade é a resposta afirmativa à existência de um direito de aprovar leis que veiculem os julgamentos morais que sejam reputados necessários para que a comunidade continue a existir. A moralidade não seria um bem que se distinguiria de outros que a sociedade considere indispensável à sua manutenção, logo não haveria razão legítima para impedir que ela fosse salvaguardada contra comportamentos que a ameaçassem.[157]

Entretanto, foi a resposta ao terceiro questionamento que conferiu maior originalidade ao argumento de Devlin. Para ele, não seria viável a definição prévia de limites teóricos ou exceções para demarcar um domínio exclusivo da moralidade, estranho ao Direito. Essa impossibilidade decorreria da necessidade de a sociedade dispor de todos os mecanismos aptos à preservação de sua existência que, por estar associada à conservação de uma moralidade, não poderiam ser antecipadamente excluídos sem conhecimento de todas as situações que possam ameaçá-la.[158] Contudo, essa conclusão não foi por si suficiente para saber como os julgamentos morais deveriam ser afirmados e incorporados ao ordenamento jurídico. Para tanto, Devlin apontou que os julgamentos morais da sociedade não deveriam ser igualados à expressão da vontade da maioria dos cidadãos ou ao resultado de uma avaliação racional. A moralidade seria uma questão fática, tal como uma "moralidade prática", descoberta a partir da experiência contínua e acumulada – conscientemente ou não – que passa a integrar a noção de bom senso existente em uma comunidade.[159] Inspirado pela função ocupada pelo Júri no sistema judicial inglês, ele destaca

---

[157] DEVLIN, Patrick. *The enforcement of morals*, p. 11.
[158] DEVLIN, Patrick. *The enforcement of morals*, p. 13,14.
[159] DEVLIN, Patrick. *The enforcement of morals*, p. 15,17,23. Em *The enforcement of morals*, Devlin reuniu os textos de suas palestras proferidas entre 1959 e 1964, o que, por vezes, compromete a coerência entre seus argumentos. Um dos aspectos aparentemente problemáticos é o modo como a moralidade deve ser identificada: em 1963, ao tratar da legislação sobre casamento (*Morals and the law of marriage*), Devlin parece rever seu posicionamento ao associar a moralidade a um princípio majoritário, uma vez que ela seria revelada de acordo com "as ideias sobre certo e errado que prevalecem numa sociedade" (p. 61). Contudo, no mesmo texto, ele afirma que "em uma sociedade livre, não é cogitado que o Estado tenha a liberdade de proibir uma prática simplesmente porque a vasta maioria da sociedade a desaprove" (p. 77), o que volta a ser reiterado em passagens posteriores do livro (p. 90), especialmente ao enfatizar que a tarefa do legislador não equivale à de um recenseador ou à do responsável pela síntese de respostas dadas a questões morais apresentadas numa pesquisa pública de opinião (p. 95).

que a moralidade corresponderia ao julgamento que um homem médio, correto e razoável (*right-minded man*) poderia fazer sobre o certo e o errado.

A correlação entre moralidade e preservação dos laços comunitários não evitava a existência de conflitos entre interesses públicos e privados, o que recomendaria que a política legislativa fosse, em diferentes níveis,[160] deferente à possibilidade de julgamentos concretos realizarem de forma mais adequada um equilíbrio entre esses interesses, a fim de promover o nível máximo de tolerância da liberdade individual consistente com a preservação da integridade da sociedade.[161] Embora a privacidade mereça ser protegida, ela não se sobrepõe ao poder de o legislador aprovar leis que punam imoralidades praticadas na esfera privada, ainda que seus participantes tenham consentido com ela e terceiros não sofram qualquer espécie de dano. Nesse ponto, a avaliação a ser feita deve ter um aspecto pragmático, pautado pela constatação de que a moralidade abrange um domínio mais vasto do que aquele ocupado pelo Direito, o qual, especialmente na esfera penal, deve preocupar-se mais com "o mínimo" do que "com o máximo".[162]

Devlin acrescenta, à crítica feita por Stpehen a Mill, que o Direito não deve usar o possível dano causado a terceiros como único parâmetro para a regulação de condutas. A crítica ao paternalismo pretendida por Mill ignoraria o dano que as pessoas podem causar à sociedade em razão de suas fraquezas e vícios, o que constituiria um aspecto dos deveres que os sujeitos têm em relação à comunidade onde vivem. A partir dessa perspectiva, as restrições à liberdade que o Estado pretenda promover para o incentivo a um comportamento virtuoso e moralmente correto teria como principal finalidade evitar um dano à sociedade gerado pela corrupção de sua moralidade ou pela repercussão nociva de atos imorais.[163] O eventual cerceamento à liberdade não seria um obstáculo, porque ela não seria um fim em si mesma. Portanto, a sua fruição seria incapaz de gerar os benefícios imaginados por Mill numa

---

[160] Segundo Devlin, a incorporação da moralidade no Direito apareceria em graus distintos na legislação sobre responsabilidade civil, contratos, família, crimes e contravenções. (DEVLIN, Patrick. *The enforcement of morals*, p. 42.)

[161] DEVLIN, Patrick. *The enforcement of morals*, p. 16.

[162] "The last and the biggest thing to be remembered is that the law is concerned with the minimum and not with the maximum; there is much in the Sermon on the Mount that would be out of place in the Ten Commandments." (DEVLIN, Patrick. *The enforcement of morals*, p. 19.)

[163] DEVLIN, Patrick. *The enforcement of morals*, p. 111.

sociedade onde as pessoas fossem livres para comportar-se de modo original e criativo quando elas sabidamente agissem para a consecução de fins moralmente reprováveis.[164]

Os argumentos apresentados por Devlin são importantes para a análise da moralidade como um elemento fático essencial à preservação da sociedade, expresso no conjunto de ideias compartilhadas pela pessoa razoável, assim vista como o sujeito que seja permeável aos sentimentos de sua comunidade, mas que seja capaz de avaliá-los sem recair em exigências de racionalidade. A moralidade social seria o fundamento para a legislação aprovada em um regime democrático, não cabendo ao legislador a tentativa de corrigir essa moralidade a partir de parâmetros que não sejam acatados pelos princípios morais vigentes. O contexto do trabalho acadêmico de Devlin, influenciado pelo papel que a história e a tradição tiveram no direito consuetudinário e no desenvolvimento das instituições políticas e sociais inglesas, não impede que os seus argumentos se somem ao estudo sobre a neutralidade do Direito e, por conseguinte, sobre o papel que a moralidade deva ter na elaboração e aplicação das normas jurídicas. Entretanto, as justificativas apresentadas por ele não foram objeto de aceitação unânime por seus contemporâneos e sofreram crítica direta de H.L.A Hart, que tomou posição distinta no debate gerado pela publicação do Relatório Wolfenden. A importância do contraponto feito e a atualidade das teses formuladas por Hart requerem um exame mais detido, o que será feito na seção seguinte.

2.4   H.L.A. Hart e a crítica ao moralismo legal

H.L.A. Hart observa que a pesquisa sobre como a moralidade influencia o Direito pode provocar diferentes perguntas a respeito da existência de uma relação histórica, de causalidade, analítica ou mesmo de formas ou possibilidades de crítica pela moral. Todavia, no embate com Devlin, a questão mais importante é a que pretende saber se o fato de uma determinada conduta ser considerada imoral, por certos padrões comuns, é suficiente para torná-la punível pelo Direito.[165]

---

[164] DEVLIN, Patrick. *The enforcement of morals*, p. 105-109.
[165] HART, H.L.A. *Law, liberty, and morality*. Stanford: Stanford University Press, 1963, p. 4. Vale observar que H.L.A Hart procurou em *The concept of law* – cuja primeira edição foi publicada em 1961, portanto, antes de *Law, liberty, and morality* – discutir se o vínculo com a moral seria um requisito para a validade das leis, assunto que seria retomado trinta e dois anos depois, no pós-escrito ao livro, para enfatizar que essa relação pode ser contingente, e não necessária. (HART, H.L.A. *The concept of law*. 3. ed. Oxford: Oxford University Press, 2012, p. 211,268.)

Para Hart, a resposta a essa pergunta exige a verificação de algum fundamento válido para que a moralidade fosse imposta por meio do Direito. Embora ele observe que existem justificativas para o exercício da coerção legal que não visam à inibição de danos a terceiros,[166] a tese de que a incorporação legal da moralidade seja essencial à sua proteção é rejeitada mediante duas críticas principais.

A primeira procura refutar a alegação de que o Direito é empregado para preservação da moralidade, considerada como um elemento essencial à conservação da comunidade. O problema apontado por Hart refere-se às duas premissas articuladas para defesa desse argumento, a saber, o uso do Direito para a preservação da moralidade e a moralidade como elemento necessário à existência da comunidade. Caso aceito que a moralidade deva guardar uma correlação com as convicções adotadas por uma comunidade a respeito dos relacionamentos interpessoais de seus integrantes e dos valores que devem reger as concepções de vida dos membros desse grupo, seria pouco plausível afirmar que um ordenamento jurídico devesse ratificar posicionamentos majoritários que eventualmente endossassem a tortura ou a perseguição a minorias raciais ou religiosas apenas porque a coletividade os apoia.[167] A dificuldade em defender a preservação da moralidade, se ela é um mecanismo utilizado para a manutenção de uma sociedade com práticas discriminatórias e contrárias à defesa da liberdade, faz crer que nessas situações a moralidade somente possa ser resguardada caso ela seja um bem relevante em si.[168]

O segundo argumento de Hart é uma refutação empírica à tese de que a preservação da moralidade é um requisito para a existência da sociedade. A par do questionamento sobre a validade da preservação de um grupo social cujos valores e práticas sejam contrários à liberdade e possam levar à degradação humana,[169] Hart destaca que as teses de Stephen e Devlin não têm consistência empírica, uma vez que países não deixaram de existir porque houve uma mudança nos seus padrões

---

[166] HART, H.L.A. *Law, liberty, and morality*, p. 5.
[167] HART, H.L.A. *Law, liberty, and morality*, p. 19.
[168] Sobre as justificativas para que haja a imposição legal de padrões morais, Hart distingue a tese moderada, em que os padrões morais seriam os vínculos que mantêm as pessoas socialmente unidas, e a extremada, segundo a qual a defesa dos padrões morais seria uma condição suficiente para a sua incorporação jurídica. Embora reconheça a dificuldade de ser feita uma diferenciação estrita, Hart classifica Stephen como adepto da tese extremada, e Devlin como adepto da tese moderada. (HART, H.L.A. *Law, liberty, and morality*, p. 48.)
[169] HART, H.L.A. *Law, liberty, and morality*, p. 73.

morais.¹⁷⁰ Essa disparidade poderia ser observada quando constatado que a modificação desses padrões não está relacionada a uma deficiente proteção legal, mas a uma discussão livre e crítica, muitas vezes fomentada – especialmente no campo dos comportamentos sexuais – por novas descobertas da antropologia e da psicologia, bem como por observações feitas a partir das experiências de outros países ou de conclusões tomadas considerando-se as consequências perversas da repressão criminal ou do caráter inofensivo de comportamentos antes tidos como moralmente reprováveis.¹⁷¹ A fragilidade da tese combatida também seria evidenciada porque a associação feita entre moralidade social e preservação da comunidade implicaria uma coincidência entre ambos os conceitos, o que, ao extremo, levaria à conclusão de que a preservação da moralidade social seria um fim em si mesma. A confusão dessas duas ideias responderia negativamente à pergunta inicialmente formulada por Hart ao procurar saber se haveria uma justificativa para que a coerção legal fosse empregada para a imposição da moralidade social, pois uma versão coerente da tese de Stephen e Devlin exigiria como solução a afirmação de um "conservadorismo moral" em que a moralidade social deveria ser defendida para a sua própria preservação contra qualquer mudança.¹⁷²

As inconsistências internas aos argumentos combatidos por Hart não o impediram de buscar uma justificação alternativa à incorporação de padrões morais pelo Direito. Para ele, a indagação sobre o "direito" de uma sociedade impor sua moralidade por meio de leis ou a permissibilidade moral desse propósito envolveria a análise das instituições de uma sociedade baseada em fatos e princípios gerais que comporiam uma "moralidade crítica", a qual se diferenciaria de uma "moralidade positiva", caracterizada como aquela "realmente aceita e compartilhada por um dado grupo social".¹⁷³ Embora Hart não explique

---

[170] Hart compara a alteração dos padrões da moralidade social a uma mudança constitucional pacífica que, além de não comprometer a existência de um Estado, pode ser vista como um avanço. (HART, H.L.A. *Law, liberty, and morality*, p. 52.)

[171] HART, H.L.A. *Law, liberty, and morality*, p. 68.

[172] HART, H.L.A. *Law, liberty, and morality*, p. 72. A crítica de Hart foi objeto de comentário explícito feito por Devlin, para quem não seria qualquer desvio da moralidade que poderia pôr em risco a existência da sociedade. Usando as regras de um jogo como exemplo, Devlin alega que ele somente existe se há regras, mas que não faria sentido perguntar se o jogo é "idêntico" às regras. Porém, se elas fossem alteradas, seria preciso verificar o quanto elas foram modificadas para se saber se o jogo permanece o mesmo, ou se um novo passou a existir. (DEVLIN, Patrick. *The enforcement of morals*, p. 13.)

[173] HART, H.L.A. *Law, liberty, and morality*, p. 20.

a origem da "moralidade crítica" e os princípios que a integram, ele recorre ao termo para refutar a possibilidade de as leis serem um mero reflexo das preferências morais contingentes da maioria dos cidadãos, as quais não poderiam ser contrárias ao princípio crítico, "central à toda moralidade, de que a miséria humana e a restrição da liberdade são males", motivo por que o uso da coerção legal para a imposição da moralidade deve ser justificado.[174]

A moralidade social seria igualmente importante pelas diferentes funções desempenhadas pelos seus valores formais e materiais. Os primeiros teriam origem no fato de ela ser um dos instrumentos para o estabelecimento de uma cooperação entre os membros da comunidade, essencial ao êxito da vida humana. Os valores formais da moralidade importariam uma perspectiva imparcial presente no modo como as pessoas deveriam avaliar as suas condutas e as dos demais membros da sociedade, o que consequentemente exigiria que as expectativas individuais fossem consideradas em conjunto com as apresentadas de forma concorrente por outras pessoas, a fim de ajustá-las de acordo com a autodisciplina e a capacidade de adaptação demandada em um sistema que deve conviver com reivindicações recíprocas e, muitas vezes, divergentes.[175] A oposição entre os valores formais e materiais – identificados com as condutas morais socialmente aprovadas em determinado momento – teria impacto no posicionamento a ser tomado acerca da incorporação de valores morais pelo Direito, uma vez que Hart considerava que o uso do ordenamento jurídico para a proteção de um "conservadorismo moral" poderia ameaçar os valores formais da moralidade, o que ocorreria se houvesse um comprometimento da imparcialidade de julgamentos ou um agravamento da intolerância capaz de restringir injustificadamente a liberdade.[176]

À necessidade de fundamentos para a restrição da liberdade com o intuito de promoção da moralidade, Hart soma dois elementos: o

---

[174] HART, H.L.A. *Law, liberty, and morality*, p. 82. Em *The concept of law*, Hart apresenta os primeiros sinais dessa distinção ao identificar duas possíveis vertentes a serem seguidas por uma crítica moral ao Direito: "Does morality, with which law must conform if it is to be good, mean the accepted morality of the group whose law it is, even though this may rest on superstition or may withhold its benefits and protection from slaves or subject classes? Or does morality mean standards which are enlightened in the sense that they rest on rational beliefs as to matter of fact, and accept all human beings as entitled to equal consideration and respect?" (HART, H.L.A. *The concept of law*, p. 205.)

[175] HART, H.L.A. *Law, liberty, and morality*, p. 71.

[176] HART, H.L.A. *Law, liberty, and morality*, p. 72,73.

primeiro, relacionado ao conteúdo das condutas suscetíveis de punição, e o segundo, ligado à legitimidade democrática do processo legislativo.

O estudo das condutas puníveis por contrastarem com a moralidade social merece atenção, tendo-se em vista que a sanção estatal é, ao mesmo tempo, o veículo para a aplicação de penas e um instrumento de ameaça àqueles que pretendam praticar atos ilícitos. A expectativa de repreensão estatal seria um recurso adequado para inibir atos ou omissões que causem dano a outras pessoas, porém seria medida excessiva nas situações em que o sujeito se veja privado do exercício de sua liberdade de experimentar e descobrir o que seja valioso para si e para a sociedade.[177] Excluídas as hipóteses dos crimes que Hart considera como "comuns", os delitos que envolvem a moralidade sexual implicariam a contenção de um impulso psicológico incontrolável pelo indivíduo, cuja inibição causa um desequilíbrio emocional, prejudica a sua felicidade e o desenvolvimento de sua personalidade.[178]

Sob outra perspectiva, a análise das condutas puníveis retoma o argumento de Devlin quanto à proibição de o consentimento ser empregado como causa excludente de ilicitude em determinados crimes, como o homicídio. Embora ele tenha explicado tais casos recorrendo ao papel desempenhado pela moralidade no Direito, Hart afirma que essas hipóteses são exemplos de paternalismo, empregado para a proteção do sujeito contra si próprio, o que seria uma "política perfeitamente coerente" nesse contexto.[179] A ausência de incongruência com posicionamento de Mill se daria pela distinção feita entre argumentos contrários à intervenção estatal para a promoção da felicidade ou do bem do indivíduo e aqueles usados para adequar a conduta do sujeito à opinião dos outros sobre o que deva ser considerado correto; os quais poderiam ser convertidos, respectivamente, em alegações contra o paternalismo e contra a imposição de uma moralidade positiva.

Ao levantar esses pontos, Hart critica o uso indistinto das duas objeções citadas, porque duvida da capacidade racional de o sujeito tomar decisões equilibradas, imune a preconceitos e interferências

---

[177] HART, H.L.A. *Law, liberty, and morality*, p. 21,22.
[178] HART, H.L.A. *Law, liberty, and morality*, p. 22.
[179] "Lord Devlin says of the attitude of the criminal law to the victim's consent that if the late existed for the protection of the individual there would be no reason why he should avail himself of it if he did not want it. But paternalism – the protection of people against themselves – is a perfectly coherent policy. Indeed, it seems very strange in mid-twentieth to insist upon this, for the wane of laissez-faire since Mill's day is one of the commonplaces of social history, and instances of paternalism now abound in our law, criminal and civil." (HART, H.L.A. *Law, liberty, and morality*, p. 31,32.)

psicológicas externas, que façam do consentimento a expressão de um juízo sobre qual decisão melhor promoverá o seu bem,[180] ainda que não se detenha na especificação das circunstâncias em que o paternalismo seria a melhor alternativa nesse sentido.

A preocupação de Hart quanto à interferência dos padrões da moralidade social no ordenamento jurídico é mais detidamente examinada quando ele alerta sobre os riscos de tornar o regime democrático refém de um "populismo moral", entendido como o direito que a maioria dos cidadãos teria de impor um modo de vida a ser seguido por toda a coletividade.[181] O êxito do "populismo moral" seria possível caso a aceitação do princípio majoritário nas deliberações democráticas levasse à conclusão de que todas as decisões políticas tomadas dessa forma seriam corretas e insuscetíveis à crítica. A advertência de Hart é feita mediante a observação de que o "populismo moral" encontra repercussão nos Estados Unidos, onde se imaginava que a enunciação de direitos numa constituição escrita poderia ser uma instância de defesa contra as decisões tomadas pela maioria, e na Inglaterra, onde os parlamentares eram tradicionalmente considerados como representantes e não delegados de seus eleitores.[182]

O posicionamento de Hart dá um passo adicional em relação à máxima de Mill, particularmente no que tange à crítica feita às restrições estatais à liberdade individual. Nesse aspecto, Hart pretendeu dividir a máxima de Mill em duas linhas de argumentação, com diferentes níveis de aceitação. Num primeiro sentido, a intervenção estatal não seria reprovada se ela pretende promover o bem-estar do sujeito, especialmente nas situações em que ele se veja incapaz de decidir o que é melhor para si independentemente de um conjunto de pressões externas, que afetem a capacidade de exercício de sua autonomia. Por outro lado, Hart reitera a crítica de Mill ao ver com cautela a possibilidade de o Direito ser empregado para reiterar uma moralidade positiva, o que pode ser especialmente arriscado se os padrões de conduta a serem endossados ameaçam o exercício da liberdade e as condições de respeito mútuo que devem viger entre os cidadãos, tal

---

[180] HART, H.L.A. *Law, liberty, and morality*, p. 31-33.
[181] "The central mistake is a failure to distinguish the acceptable principle that political power is best entrusted to the majority from the unacceptable claim that what the majority do with that power is beyond criticism and must never be resisted. No one can be a democrat who does not accept the first of these, but no democrat need accept the second". (HART, H.L.A. *Law, liberty, and morality*, p. 79.)
[182] HART, H.L.A. *Law, liberty, and morality*, p. 80,81.

como explicitado pelas condições formais da moralidade. Contudo, Hart não explica por que o incentivo a uma vida virtuosa não poderia ser visto como recurso para melhorar o bem-estar do sujeito, o que parece restringir sua defesa do paternalismo aos elementos que estejam imediatamente associados às condições físicas das pessoas.[183]

Decerto, a pertinência das suas observações não elimina algumas deficiências encontradas na forma como alguns de seus argumentos foram expostos. Hart não deixa claro porque afirma que algumas condutas contrárias à moralidade – como a crueldade contra animais e a bigamia[184] – devem permanecer sendo puníveis, não esclarecendo em qual medida o "incômodo" sentido pela coletividade poderia ser o critério diferenciador para a tipificação de determinados comportamentos praticados em público ou no domínio privado. De igual modo, a exigência de uma justificação para que a moralidade seja incorporada pelo Direito não revela qual seria o parâmetro de controle para a fundamentação que venha a ser empregada na defesa do uso da coerção legal para a preservação de padrões de conduta moralmente aceitos pela maior parte dos integrantes da comunidade. A advertência de que instrumentos institucionais – a positivação de direitos na constituição norte-americana e a democracia representativa na tradição inglesa – não foram suficientes para sopesar os riscos de decisões tomadas pela maioria dos cidadãos serem contrárias ao exigido pelas condições formais da moralidade demonstrava os riscos da prevalência do "populismo moral" nas deliberações políticas e a sua consequente influência no ordenamento jurídico. Entretanto, essa constatação não foi acompanhada por uma proposta de controle dessas decisões, o que confirmaria a dificuldade de amoldar as suas sugestões à situação política existente à época em que "Direito, liberdade e moralidade" fora publicado.[185]

Embora Hart se valha de um elemento pragmático em sua fundamentação, ao destacar que os malefícios advindos da condenação não compensariam os benefícios supostos na tipificação de certos comportamentos sexuais considerados perversos, principalmente porque a tipificação causaria uma restrição excessiva no desenvolvimento da

---

[183] DEVLIN, Patrick. *The enforcement of morals*, p. 135.
[184] HART, H.L.A. *Law, liberty, and morality*, p. 34,41.
[185] O desacordo entre a proposta dos reformadores adeptos de Mill e a realidade inglesa à época fez com que Patrick Devlin caracterizasse o posicionamento deles como *"wishful thinking"*. (DEVLIN, Patrick. *The enforcement of morals*, p. 126.)

sexualidade individual, há uma dificuldade explícita nessa linha de defesa. Para identificá-la, basta considerar que, se a frustração de desejos considerados essenciais à felicidade individual for uma justificativa suficiente para infirmar a legislação penal que lhe imponha limites, não haveria fundamento para punir o sujeito cujas preferências sexuais somente sejam mediante a prática de atos lascivos com cadáveres (necrofilia), por exemplo. Embora não se presuma que Hart endossasse essa conclusão, a ausência de justificativas para afastá-la impede que a sua fundamentação possa ser generalizada para casos análogos aos por ele apresentados.

Porém, essas observações não suprimem a importância das críticas lançadas por Hart a muitos dos argumentos apresentados por Stephen e Devlin. De fato, elas constituem o ponto de partida para que a doutrina refletisse sobre a incorporação da moralidade pelo ordenamento jurídico a partir de uma pretensão de neutralidade, que parte do discurso liberal concebe como inerente ao Estado de Direito. Os contrapontos destacados nas seções anteriores apresentaram perspectivas teóricas sobre a incorporação da moralidade pelo Direito, entretanto não se voltaram à questão relacionada ao fato de a democracia e a proteção de direitos individuais serem por si suficientes para interditar a possibilidade de uma maioria ser impedida de fazer com que seus padrões morais de conduta passem a ser compulsoriamente seguidos por todos os integrantes da comunidade através de leis majoritariamente aprovadas. A atualidade das controvérsias associadas a esse tema provoca a necessidade de uma análise mais detalhada, o que será realizado na próxima seção do presente capítulo.

2.5   A neutralidade e seus limites

A exposição das diferentes perspectivas sobre a necessária incorporação de padrões morais de conduta pelo Direito foi feita para examinar a primeira tese apresentada, na qual se alega que o exercício da autonomia não pode ser restringido para a preservação de padrões de moralidade da maioria de uma sociedade política se não houver a provocação voluntária de um dano à integridade física e moral de outrem. Os extremos ocupados pelas ideias centrais de Mill/Hart e Stephen/Devlin permitiriam, a princípio, questionar se a pessoa, integrante de uma coletividade, pode praticar uma conduta cuja repercussão estivesse exclusivamente limitada à sua esfera de interesses, ou que houvesse a possibilidade de uma ação ou omissão individual não causar qualquer perturbação moral a terceiros que, embora não concorressem para com ela, pudessem se sentir incomodados por integrarem uma sociedade na qual essas condutas fossem permitidas ou não proibidas. A apreciação mais radical que essas duas objeções poderiam causar é essencialmente rejeitada por Stephen e Devlin, os quais reconhecem que a ocorrência de um dano não deve estar marcada por qualquer espécie de suscetibilidade emocional sentida por terceiros, não cabendo ao Direito sancionar a decepção ou a frustração que se limite a relacionamentos pessoais ou tenha um escopo reduzido conforme as contingências já esperadas pela capacidade de as pessoas reverem suas preferências e seus projetos. A privacidade – ainda que dentro de um âmbito restrito – seria um elemento adicional a essa perspectiva, uma vez que eles reconhecem que não cabe ao Estado a investigação da vida íntima de homens e mulheres além do que seja conhecido por terceiros ou por eles revelado em suas interações sociais.

Stephen e Devlin também refutaram, com dois argumentos pragmáticos, a alegação de que o Direito deva necessariamente coincidir com a moralidade vigente em uma comunidade. Primeiramente, o ordenamento jurídico enfrentaria uma dificuldade, explicada pelo fato de a reprovação social de condutas imorais abranger um conteúdo muito vasto, que dificilmente poderia ser integralmente coberto pelo legislador. Por outro lado, tal como afirmado por Devlin ao criticar o Relatório Wolfenden, em muitos casos a sanção estatal a condutas imorais seria ineficiente, porque causaria ao agente um constrangimento cujo mal se sobreporia à expectativa frustrada de prevenção. Nesse segundo caso, a pena imposta seria incapaz de ajustar o comportamento do sujeito à moralidade, causaria um elevado prejuízo ao seu bem-estar e, ao mesmo tempo, seria inidônea para inibir que novos agentes se engajassem na prática da conduta considerada imoral.

Entretanto, a aceitação desses limites é ainda insuficiente para que se saiba se as leis devem incorporar padrões vigentes de moralidade aceitos pela maioria dos integrantes da comunidade. A formulação desse questionamento não pretende negar que o Direito de cada sociedade política irá refletir as expectativas, as aspirações e as questões que de forma mais urgente exijam uma disciplina jurídica, motivo por que o estudo da neutralidade não pretende dissociar o Direito dos objetivos políticos e morais que inspiram a sua criação.[186] Na Introdução deste

---

[186] "Recognizing the empirical contingency of the relationship between legal institutions and the pursuit of moral goals may show that law itself is non-neutral, but who could

trabalho, a complexidade dessa discussão já havia sido cogitada, o que me levou a adotar como pressuposto a alegação de que o Estado de Direito, em regimes democráticos, deve respeitar diferentes concepções morais, religiosas, políticas, afetivas e sexuais que não ponham em risco a vigência da democracia e o conjunto de liberdades e direitos básicos previstos na Constituição e em tratados internacionais. A aceitação desse pressuposto baseou-se no fato de que as sociedades contemporâneas têm composições heterogêneas, cujas distinções são frequentemente vistas como elementos a serem protegidos para a preservação do pluralismo, o que exigiria a reprovação de ações que pretendam excluir os posicionamentos da minoria, apenas por eles serem contrários às opções contingentes sobre os melhores modelos de vida adotados pela maioria dos integrantes de uma sociedade.[187]

Contudo, esse pressuposto não acarreta, como conclusão lógica, que o Estado de Direito liberal, num regime democrático, deva ser neutro em relação à moralidade vigente na sociedade. Para tanto, basta destacar que, além da promoção do pluralismo, a neutralidade pode ser defendida como instrumento para evitar-se a futilidade de alguns projetos perfeccionistas, recurso para não se incorrer em ações estatais incompetentes, estratégia para a promoção da paz civil ou meio indispensável à livre escolha necessária à dignidade humana.[188] Diante da diversidade das possíveis questões relacionadas a esse tema, não pretendo analisar as justificativas por que o Estado de Direito deve visar à neutralidade e tampouco discutirei se a neutralidade é uma aspiração logicamente coerente com as premissas liberais. Ao procurar saber se são admissíveis restrições estatais à autonomia para garantir o bem-estar do indivíduo, os questionamentos relacionados à neutralidade buscam respostas para saber se seria possível manter um regime democrático sem que os cidadãos se valham do princípio majoritário para compulsoriamente impor seus valores morais e – se assim não for – em que medida a inclusão desses valores poderia ser controlada para a preservação da autonomia do sujeito.

---

ever seriously have thought otherwise?" (SCHAUER, Frederick. Neutrality and Judicial Review. *Law and Philosophy*, 22, 2003, p. 239.)

[187] A aceitação do pluralismo não se explica apenas por uma composição social heterogênea, mas também pela existência de um limite à possibilidade de discussões ou argumentos que recorram à racionalidade serem empregados na obtenção de um consenso sobre questões relacionadas a divergentes tradições de pensamento ético e perspectivas abrangentes de moralidade. (COHEN, Joshua. Democracy and Liberty. In: ELSTER, Jon (ed.). *Deliberative democracy*. Cambridge: Cambridge University Press, 1998, p. 188,189.)

[188] KOPPELMAN, Andrew. The fluidity of neutrality. *The Review of Politics*, 66 (2004), p. 638.

A existência dessa controvérsia – como antes destacado por Hart – aponta que a aprovação majoritária é insuficiente para a resolução de disputas jurídicas relacionadas à moralidade. Essa conclusão é oposta a uma lógica que partiria da premissa de que o princípio majoritário é o meio mais adequado para assegurar a igual participação dos cidadãos no processo de deliberação política. Nas hipóteses em que o legislador pretendesse disciplinar uma controvérsia que envolvesse uma disputa moral, seria difícil a obtenção de uma solução unânime. Nessa perspectiva, o critério, que melhor preservaria a igualdade formal de todos os cidadãos, exigiria que a legislação correspondesse à posição adotada pela maioria, o que faria com que a observância do processo legislativo previsto fosse a condição suficiente para a validade da norma aprovada para a solução da disputa moral. A coerência desse argumento seria infirmada caso se considere que há disputas que não devem ser resolvidas pelo princípio majoritário ou que há resultados cujo prejuízo à minoria acaba por negar-lhe a premissa inicial de igualdade que impulsionou a utilização do princípio majoritário no processo de deliberação política.

Embora os contornos dessas controvérsias já estivessem presentes nas oposições apresentadas nas seções anteriores deste capítulo, elas ainda não tinham identificado a preservação de direitos fundamentais da minoria como dado indispensável ao regime democrático ou como elemento essencial a um conjunto de direitos que fossem necessários à independência moral das pessoas. Esses dois argumentos possuem muitos pontos coincidentes. Entretanto, uma melhor perspectiva analítica é obtida se a neutralidade for ora examinada como um recurso indispensável à preservação do regime democrático em sociedade heterogêneas, reservando-se um capítulo exclusivo a discussões sobre o conjunto de decisões que, por constituírem um núcleo essencial da identidade dos indivíduos, não poderia ser subtraído deles, ainda que se alegue que as restrições impostas são feitas para o seu benefício.

2.5.1 Neutralidade e a defesa do liberalismo político por John Rawls

John Rawls propôs compreender a existência do dissenso moral razoável como um desdobramento da multiplicidade de planos de vida disponíveis às pessoas. A partir de uma complexa proposta teórica, ele considerava ser possível obter um consenso sobre princípios de justiça e direitos básicos que teriam posição prioritária em relação a diferentes planos a respeito da distribuição de bens e preferências racionalmente eleitas pelos indivíduos.[189] A possibilidade de os sujeitos revisarem seus propósitos e desejos, bem como a necessidade de garantir a todos uma igualdade de direitos e liberdades definiriam um patamar a partir do qual os sujeitos poderiam escolher seus planos de vida de acordo com seus talentos e preferências, conformando-os aos seus projetos de felicidade. Embora a necessidade de ajustar esses planos de vida às possibilidades permitidas para a manutenção do convívio social fosse uma premissa já destacada em suas primeiras análises sobre o tema,[190] Rawls elaborou melhor sua posição ao observar os riscos de concepções preponderantes sobre o bem interferirem no processo político a ponto de afetarem o consenso em torno das ideias de justiça.

O liberalismo político é apresentado, então, como recurso para responder à dúvida sobre como seria possível manter uma sociedade estável e justa de homens livres e iguais, que não compartilham posicionamentos religiosos, filosóficos e morais.[191] As disputas que essas divergências poderiam provocar seriam quase irreconciliáveis, caso elas fossem vertidas em doutrinas abrangentes que pretendessem indicar as concepções do que seja valioso na vida humana, os ideais de caráter, amizade, relações familiares e associativas, informando como deve ser a conduta e a vida das pessoas.[192] Para lidar com esse problema, Rawls defende que a interferência das preferências individuais nos posicionamentos políticos adotados pelos cidadãos deveria ser conciliada com o necessário respeito a um pluralismo razoável e à preservação da condição de igual e livre cidadania. Portanto, uma única doutrina abrangente não poderia fundamentar o conteúdo das razões públicas – capazes de ser razoavelmente endossadas por todos os cidadãos – a serem dadas para decisões políticas fundamentais.[193]

---

[189] RAWLS, John. *A theory of justice*. Cambridge: The Belknap Press of Harvard University Press, 2001, p. 3,4, 365.

[190] "(...) The principles of justice and their realization in social forms define the bounds within our deliberations take place. The essential unity of the self is already provided by the conception of right. Moreover, in a well-ordered society this unity is the same for all; everyone's conception of the good as given by his rational plan is a subplan of the larger comprehensive plan that regulates the community as a social union of social unions. The many associations of varying sizes and aims, being adjusted to one another by the public conception of justice, simplify decision by offering definite ideals and forms of life that have been developed and tested by innumerable individuals, sometimes for generations." (RAWLS, John. *A theory of justice*, p. 494.)

[191] RAWLS, John. *Political liberalism*. Expanded edition. New York: Columbia University Press, 2005, p. xviii.

[192] RAWLS, John. *Political liberalism*, p. 13.

[193] RAWLS, John. *Political liberalism*, p. 134,135.

Segundo Rawls, a condição de estabilidade política seria obtida através do consenso sobreposto, gerado simultaneamente pelo ambiente criado pela vivência em meio a instituições justas – o que fomentaria o respeito a elas e um senso de justiça – bem como pela existência de pontos de congruência entre as diferentes doutrinas abrangentes razoáveis.[194] Embora esse consenso alinhe-se à prioridade do "justo" sobre o "bem", a dificuldade de uma divisão estanque entre essas duas ideias é admitida, tendo-se em vista que as concepções de justiça que um indivíduo tenha são influenciadas pelos seus valores morais e os modelos corretos de vida que ele privilegie. Desse modo, Rawls reconhece que noções sobre o bem podem ser incluídas como ideias políticas e fazer parte de uma concepção política razoável de justiça se observados dois requisitos: i) a aceitação, ou a possibilidade de aceitação, por todos os cidadãos em condições de igualdade e liberdade; e ii) a desnecessidade de aceitação de qualquer doutrina abrangente de forma completa ou parcial.[195]

Os limites impostos ao consenso sobreposto e as exigências dos princípios de justiça não são neutros, uma vez que a rejeição de doutrinas abrangentes e a aceitação de uma concordância implícita com as premissas essenciais ao funcionamento das instituições políticas revelaria a preferência por valores morais que estariam além da confirmação de uma mera neutralidade procedimental.[196] Contudo, Rawls distingue a neutralidade procedimental daquela que deveria pautar o funcionamento das instituições básicas e às políticas públicas que lhes sejam relacionadas. Nesse sentido, a neutralidade não poderia ser uma mera indiferença às diferentes concepções de bem que os cidadãos tenham, pois não caberia ao Estado assegurar igual oportunidade para que as pessoas pudessem concretizar preferências que

---

[194] RAWLS, John. *Political liberalism*, p. 140. As doutrinas abrangentes razoáveis teriam três características principais: i) elas importariam um exercício de uma razão teorética, por pretenderem abranger questões religiosas, morais e filosóficas da vida humana de um modo mais ou menos consistente e coerente; ii) o privilégio que cada uma delas dará a certo conjunto de valores, e a forma de sopesá-los fará com que elas sejam também um exercício de razão prática; e iii) o pertencimento a uma tradição de pensamento e doutrina, ainda que haja a possibilidade de revisão e mudança (p. 59). Esses traços foram objeto de crítica feita por Martha Nussbaum ao considerar que doutrinas anticientíficas e muitas orientações religiosas não atendem aos critérios teóricos definidos por Rawls, embora elas sejam parte constitutiva do modo como a maioria dos cidadãos define seus planos de vida e valores morais. (NUSSBAUM, Martha C. Perfectionist liberalism and political liberalism. *Philosophy & Public Affairs*, 39 (2011), p. 25,26.
[195] RAWLS, John. *Political liberalism*, p. 176.
[196] RAWLS, John. *Political liberalism*, p. 192.

se opusessem à prioridade dos princípios da justiça. A neutralidade tampouco seria alcançada se o Estado deixasse de promover qualquer tipo de política que pudesse fazer com que as pessoas pudessem ficar inclinadas a aceitar uma concepção de bem em detrimento de outras, sem criar outras políticas que pudessem se sobrepor a esse efeito ou de alguma forma compensá-lo, dada a impossibilidade fática de se ter um controle sobre a reação dos indivíduos a essas ações.[197]

A rejeição dessas alternativas estimula uma nova diferenciação entre a neutralidade de objetivos e a de efeito ou influência. O Estado não poderia ter a permissão de praticar políticas que favorecessem uma doutrina abrangente em prejuízo de outra, a menos que observados os pressupostos necessários para a obtenção do consenso sobreposto. A constatação de que a neutralidade de efeito ou impacto seria impraticável se soma à afirmação de que a concepção de justiça defendida pelo liberalismo político incentiva certas virtudes morais – favoráveis à cooperação social, à civilidade, à tolerância, à confiança mútua, à razoabilidade e ao senso de equidade –, as quais não seriam adotadas em prol de um argumento perfeccionista, mas como maneira de ratificar as ideias já compartilhadas a respeito do ideal de "um bom cidadão de um Estado democrático".[198]

Os aspectos centrais do argumento de Rawls, para a defesa de um consenso mínimo entre os cidadãos para a manutenção e a estabilidade de uma sociedade pluralista num regime democrático, são encontrados em diferentes versões entre os autores que afirmam a importância da observância dos princípios liberais.[199] Porém, a alegação de um acordo mínimo sobre regras básicas de convivência social e sobre os direitos necessários para que seja assegurado o exercício livre e igual da cidadania não assegura que o Direito será neutro tão somente quanto aos efeitos que suas normas terão entre diferentes concepções de vida boa, como também na neutralidade das justificativas que serão admitidas para privilegiar algumas em detrimento de outras, ainda que encontrem apoio em razoáveis doutrinas abrangentes.

---

[197] RAWLS, John. *Political liberalism*, p. 192,193.
[198] RAWLS, John. *Political liberalism*, p. 194,195.
[199] Antes da publicação de *Political liberalism* por John Rawls, Charles Larmore já havia apontado que o ideal da neutralidade seria a melhor alternativa para a variedade de concepções de vida boa existentes numa sociedade plural, alegando que as normas do diálogo racional constituiriam uma base neutra para a discussão entre os defensores delas. (LARMORE, Charles. *Patterns of moral complexity*. Cambridge: Cambridge University Press, 1987, p. 43,54.)

2.5.2 Perspectivas críticas da neutralidade

Wocjciech Sadurski assinala que a existência de um acordo em torno de princípios políticos fundamentais, tal como alegado por Rawls, decorreria da falácia de se inferir proposições empíricas a partir de proposições lógicas. Para embasar essa afirmação, ele se recorre a pesquisas estatísticas realizadas nos Estados Unidos na década de 60 do século XX, nas quais os entrevistados quase consensualmente afirmaram que "a democracia é a melhor forma de governo", "representantes do povo deveriam ser eleitos pelo voto da maioria", "cada cidadão deveria ter igual oportunidade de influenciar a política do governo", "a minoria deveria ser livre para criticar decisões majoritárias" e "as pessoas integrantes da minoria deveriam ser livres para obter o apoio favorável da maioria às suas opiniões".[200] Contudo, ao serem indagados sobre consequências mais concretas desses princípios, a discordância entre os entrevistados foi quase completa. A maioria respondeu, por exemplo, que somente pessoas bem informadas deveriam votar, um comunista não poderia ser candidato a prefeito ou mesmo tomar posse no cargo, caso eleito.[201]

Embora seja possível crer que a repetição das mesmas perguntas, em um país democrático, possa levar a diferentes resultados no século XXI, não é factível esperar que a aceitação de princípios gerais democráticos ou a genérica afirmação de respeito aos direitos das minorias garantirá igual consenso em relação às consequências concretas imediatas dessas ideias. O aspecto problemático dessa disparidade está além de uma mera discordância razoável esperada em sociedades plurais, pois é resultado da efetiva negação dos elementos constitutivos da democracia. O dissenso não seria aquele esperado quando discutidas políticas públicas alternativas para a concretização de direitos fundamentais ou para a consecução dos objetivos do Estado, mas entre a manifestação concreta das conclusões que deveriam ser logicamente obtidas a partir dos princípios básicos da democracia, as quais não podem ser rejeitadas sem implicar a negativa das premissas em tese aceitas para a obtenção do consenso mínimo numa sociedade pluralista. É nesse sentido que Sadurski sustenta que "a aceitação genérica do

---

[200] SADURSKI, Wojciech. *Moral pluralism and legal neutrality*. Dordrecht: Kluwer Academic Publishers, 1990, p. 55.

[201] SADURSKI, Wojciech. *Moral pluralism and legal neutrality*, p. 55.

princípio democrático se torna uma mera declaração verbal, tão vaga a ponto de não ter valor".[202]

Então, a neutralidade deveria ser um propósito a ser abandonado? Sadurski responde negativamente a essa questão. Para tanto, ele sustenta que a neutralidade ainda é a melhor estrutura normativa para a resolução clara de questões, que envolvam um dilema moral fundamental, pelo Direito numa sociedade onde não haja consenso em torno dessas disputas.[203] Com efeito, a defesa da neutralidade exige que seja reconhecido que essa ideia é em si não neutra,[204] uma vez que o recurso à neutralidade é o resultado de uma decisão a favor da alternativa liberal que pressupõe que o Estado deve assegurar o exercício da cidadania de modo igual e livre entre todos os integrantes de uma sociedade pluralista. Na pertinente observação de Will Kymlicka, o argumento a favor da neutralidade estatal pressupõe uma não neutralidade social,[205] caracterizada por um convívio coletivo no qual as pessoas possam exercer suas preferências a respeito de diferentes concepções de vida, acatando e rejeitando aquelas que não se conformam às suas escolhas. A opção pelo liberalismo político acarreta a aceitação de um conjunto de valores morais que deverão estar presentes no Direito e nas políticas que venham a ser adotadas pelo Poder Público.[206] Essa premissa torna inviável a definição de neutralidade como proposta de indiferença em relação ao impacto que as ações estatais deverão ter em relação a diferentes concepções de vida, bem como limita a afirmação de que a neutralidade deva pressupor a inexistência de uma hierarquia entre as justificações que sejam apresentadas no processo de deliberação política.

Além do apoio que Rawls dá às virtudes morais que incentivem a cooperação social, a civilidade, a tolerância, a confiança mútua, a razoabilidade e o senso de equidade, Mill e Hart forneceram

---

[202] SADURSKI, Wojciech. *Moral pluralism and legal neutrality*, p. 55.
[203] SADURSKI, Wojciech. *Moral pluralism and legal neutrality*, p. 3.
[204] SADURSKI, Wojciech. *Moral pluralism and legal neutrality*, p. 3.
[205] KYMLICKA, Will. Liberal individualism and liberal neutrality. *Ethics*, 9 (1989), p. 896.
[206] O reconhecimento de que a neutralidade é um meio para perseguição de certos valores morais pelo liberalismo também é feito por Stephen A. Gardbaum (GARDBAUM, Stephen A. Why the liberal state can promote moral ideas after all. *Harvard Law Review*, 104, 1991, p. 1371). Stpehen Macedo observa que o liberalismo e as suas consequências não são neutros, pois a perspectiva liberal exclui as concepções de vida boa que impliquem a violação de direitos liberais, bem como pressupõe a existência de instituições políticas e práticas que lhes dão suporte. (MACEDO, Stephen, *Liberal virtues:* citizenship, virtue and community in liberal constitutionalism. Oxford: Clarendon Press, 1990, p. 256-263.)

vários exemplos nos quais o ordenamento jurídico deveria acolher certas preferências que pudessem ser consideradas paternalistas ou moralistas. Embora o princípio do dano a terceiro seja a baliza usada pelo argumento liberal clássico para definir o escopo da intervenção estatal, persiste uma indefinição ao se tentar encontrar um fundamento para explicar qual a justificativa para que o Estado puna ou proíba ações que não causem um dano a uma vítima identificada (desafio do argumento moralista) e tampouco causem um dano limitado a outra pessoa que não aquela que praticou a conduta (desafio do argumento paternalista).[207] A utilização das noções de incômodo ou de meras suscetibilidades emocionais em contraponto a dano, bem como de intimidade e privacidade em oposição a ato ou conhecimento público não foi suficiente para traçar uma nítida linha demarcatória a ser observada pelo Estado na restrição do exercício da autonomia. Essa imprecisão demonstra que o conceito de dano é normativo[208] e, por conseguinte, estará sujeito a diferentes compreensões que a sociedade política venha a ter sobre o conteúdo das condutas que devam ser proibidas ou permitidas em determinado tempo e lugar.

Essas constatações têm impulsionado teóricos afins aos princípios liberais a reverem a extensão do conceito de neutralidade para conciliá-lo com a interferência da moralidade e do paternalismo no Direito.

Amy Guttman e Dennis Thompson sustentam que propostas moralistas e paternalistas deveriam ser consideradas numa perspectiva deliberativa se elas forem consistentes com a integridade da pessoa e expressarem importantes valores morais que possam ser mutuamente aceitos, ao menos com alternativa ao princípio de proibição de dano a outrem tal como elaborado por Mill.[209] Os requisitos para a adoção de uma proposta moralista demandariam o atendimento de duas condições: imoralidade (a prática proibida ou regulada deve ser contrária a valores ou princípios que não possam ser rejeitados de maneira razoável, acarretar uma importante finalidade pública e gerar uma intervenção estatal que não cause um dano social maior) e respeito à liberdade básica (a restrição deve ser consistente com a preservação das liberdades básicas da pessoa ou preservá-las de forma melhor

---

[207] GUTMANN, Amy. THOMPSON, Dennis. *Democracy and disagreement*. Cambridge: The Belknap Press of Harvard University Press, 1996, p. 237.

[208] DWORKIN, Gerald. Devlin was right: law and enforcement of morality, p. 930.

[209] GUTMANN, Amy. THOMPSON, Dennis. *Democracy and disagreement*, p. 237.

do que ocorreria se houvesse a omissão estatal).[210] O acatamento da proposta paternalista deveria observar três condições: comprovação de que as condutas a serem restringidas não atenderiam ao interesse do indivíduo e de que ele estaria melhor se observasse a intervenção estatal; demonstração de que a conduta do sujeito pode ser legitimamente regulada ou proibida pelo Direito, promovendo o seu bem-estar em hipóteses nas quais ele poderia chegar a julgamentos falhos ou cederia a uma fraqueza de vontade; e que a regulação ou a proibição sugerida não causaria um mal maior do que aquele que é prevenido.[211]

Joshua Cohen alega que a neutralidade numa democracia não deve depender de uma justificação particular, porém isso não implica aceitar que haja uma indiferença em relação ao conteúdo das concepções divergentes, e que a prevalência de uma delas se dê como resultado da força persuasiva de seus partidários ou da intensidade em que eles manifestam suas preferências.[212] Ao observar que a oposição à incorporação da moralidade pelo Direito é frequentemente descrita como em conflito entre a democracia e outro valor como a liberdade ou a autonomia, Cohen afirma que é possível haver a rejeição de certas concepções de vida sem que as pessoas que as sigam sejam consideradas cidadãos que desfrutem de um *status* inferior na sociedade política, tal como ocorreria em relação aos adeptos de determinada religião que não vissem sua perspectiva a respeito da homossexualidade contemplada pelo legislador.[213] A aplicação da perspectiva acatada pela maioria a respeito da moralidade não seria genericamente rejeitada, sendo preciso avaliar o conteúdo da conduta regulada e a justificação apresentada para aferir a admissibilidade da restrição estatal. Desse modo, questões que exijam uma necessária decisão coletiva – como se dá no âmbito das políticas de segurança – deveriam observar o princípio majoritário, ao passo que aquelas que não exigiriam essa regulação jurídica – como ocorreria com a moralidade sexual – não deveriam estar sujeitas às decisões tomadas pela maioria, porque elas estão inseridas no âmbito da liberdade moral, a qual não pode ser cerceada por uma decisão coletiva.[214] A importância dessa diferença se explicaria porque, em uma sociedade pluralista, é preciso que haja uma distinção gradual

---

[210] GUTMANN, Amy. THOMPSON, Dennis. *Democracy and disagreement*, p. 155.
[211] GUTMANN, Amy. THOMPSON, Dennis. *Democracy and disagreement*, p. 263,264.
[212] COHEN, Joshua. Democracy and Liberty, p. 205.
[213] COHEN, Joshua. Democracy and Liberty, p. 214,215.
[214] COHEN, Joshua. Democracy and Liberty, p. 221.

entre o que compõe a identidade dos sujeitos como cidadãos e como pessoas; enquanto a primeira é socialmente compartilhada, a segunda é reservada a cada indivíduo, que deve melhor decidir sobre quais são os fins mais elevados a serem perseguidos por ele.[215]

Uma advertência adicional deve ser feita para que a neutralidade não seja invariavelmente confundida com uma inação estatal juridicamente aprovada, e que a defesa da proteção da privacidade não se torne um subterfúgio para uma indiferença a práticas discriminatórias.[216] Sob o primeiro aspecto, Cass R. Sunstein observa que uma distribuição de bens e direitos é resultado de uma organização jurídica que a propiciou, sendo difícil verificar as situações em que tal distribuição seja pré-política ou exógena ao sistema legal existente. As propostas que visem à modificação dessa alocação não são, em essência, uma infração à autonomia e à liberdade, pois o respeito às preferências existentes não é independente do contexto e da origem em que elas foram formadas ou das consequências que delas podem advir.[217] Em uma segunda perspectiva, a proteção da igualdade veda que características moralmente irrelevantes – principalmente raça e sexo – sejam transpostas como "fontes sistemáticas de desvantagem social", assim consideradas aquelas que atingem, de forma esperada e padronizada, importantes esferas da vida social, como o acesso à educação, influência política, proteção contra a violência e a pobreza.[218]

A crítica à neutralidade não acarreta o seu abandono, porém uma compreensão efetiva do seu significado pressupõe que as escolhas legislativas são informadas por um julgamento baseado em valores, não sendo possível que o recurso à neutralidade seja, por si, uma resposta às discussões sobre a organização da vida humana em sociedade. Cass R. Sunstein, então, propõe que a neutralidade se exprima no respeito a quatro exigências: i) consistência interna de decisões, de sorte que elas sejam baseadas em razões que possam ser estendidas e encontradas em casos análogos; ii) apresentação de razões públicas nas discussões relacionadas ao ordenamento jurídico, à distribuição de recursos e à definição de restrições; iii) impessoalidade seguida

---

[215] COHEN, Joshua. Democracy and Liberty, p. 223.
[216] SUNSTEIN, Cass R. Neutrality in constitutional law (with special reference to pornography, abortion, and surrogacy). *Columbia Law Review*, 92 (1992), p. 52.
[217] SUNSTEIN, Cass R. Neutrality in constitutional law (with special reference to pornography, abortion, and surrogacy), p. 9
[218] SUNSTEIN, Cass R. Neutrality in constitutional law (with special reference to pornography, abortion, and surrogacy), p. 15.

pelas autoridades responsáveis pela tomada de decisões, incluindo uma "divisão institucional do trabalho" entre Judiciário, Legislativo e Executivo; e iv) os fundamentos de uma decisão devem ser pertinentes para a classificação ou distinção por meio dela feita.[219]

Conquanto o reconhecimento de padrões ideais de conduta moral pareça ser uma ideia ultrapassada para aqueles que sustentam que o abandono da reprovação de certos comportamentos, como o adultério, o casamento inter-racial ou entre pessoas de mesmo sexo, seria um demonstrativo de uma progressiva neutralidade jurídica em muitos países, ainda é frequente encontrar exemplos de normas jurídicas com forte conteúdo de moralidade. No Brasil, o Código Penal tipifica as condutas de bigamia (art. 235), violação de sepultura (art. 210), vilipêndio a cadáver (art. 211), prática de ato obsceno em lugar público, aberto ou exposto ao público (art. 233) bem como a fabricação, importação, exportação, aquisição ou guarda, para fim de comércio ou exposição pública, de escrito, desenho, pintura, estampa ou qualquer objeto obsceno (art. 234). Eventuais alegações de que o bem jurídico protegido por esses crimes sejam os direitos do cônjuge (bigamia), a reputação da família da pessoa morta (violação de sepultura e vilipêndio a cadáver) ou o dever de evitar que menores sejam expostos a representações de lascívia inadequadas às etapas do processo educativo e de formação de personalidade (crimes de ultraje ao pudor) não resistem a uma refutação simples, ao final da qual se constata que os crimes estariam configurados ainda que houvesse o consentimento do cônjuge traído, a pessoa morta não tivesse parentes e não houvesse menores no ambiente onde tivesse ocorrido a prática do ato obsceno.[220]

Muitas das críticas à neutralidade – como a feita por Joseph Raz – não se afastam dos ideais liberais, mas adicionam um argumento consequencialista à discussão, razão por que elas serão analisadas em capítulo próprio dedicado à defesa das restrições à autonomia para a promoção do perfeccionismo.

---

[219] SUNSTEIN, Cass R. Neutrality in constitutional law (with special reference to pornography, abortion, and surrogacy), p. 50-52.
[220] Charles Fried argumenta que a proteção contra a indecência pública visa ao resguardo da privacidade das pessoas, que devem ser capazes de escolher o momento, o local e modo nos quais elas querem ter seus instintos sexuais provocados. (FRIED, Charles. *Modern liberty*, p. 132.)

2.6 Conclusões

No término desse capítulo, é possível afirmar que a restrição à liberdade e à autonomia não consegue ser justificada apenas como instrumento para proibição de danos a terceiros, limite que sequer era admitido por Mill ou Hart. O intuito de autoproteção, que torna a sanção jurídica um meio para impedir ou reprimir a prática de um dano, é uma importante referência para que o Direito não se torne uma prática coercitiva empregada para reforço de preferências contingentes da opinião pública, pondo em risco a individualidade das pessoas. Contudo, a aceitação desse argumento não exaure o escopo do Direito, porque a escolha das condutas que deverão ser juridicamente disciplinadas como permitidas, proibidas ou obrigatórias observa também as exigências que são próprias às situações e demandas peculiares a cada sociedade política. As concepções de "dano" têm sua abrangência demarcada por diferentes contextos sociais, o que reitera que o seu conceito contém um aspecto normativo que excede à mera descrição fática do que pode ser considerado uma lesão física, patrimonial ou um desrespeito a um direito da personalidade.

O estudo da moralidade não pretende excluí-la do Direito, tampouco ignorar a influência que as preferências morais têm na definição das condutas permitidas ou proibidas por um ordenamento jurídico. O reconhecimento dessa interferência soma-se às dificuldades empíricas para a defesa da neutralidade no Direito quando se tenta apurar a consistência das exceções apresentadas pelos seus defensores, particularmente quando observado que o liberalismo pressupõe o privilégio de certos valores morais, necessários à preservação de uma sociedade pluralista. Todavia, as ressalvas feitas à neutralidade não pretendem sustentar uma completa indiferença às concepções de vida presentes em uma sociedade política, mas reconhecer que argumentos morais e perfeccionistas poderão ser incorporados ao Direito quando forem apropriadamente apresentados para a promoção dos valores que mantêm a vigência de um conjunto de opções plurais de vida, que se ajustem ao necessário respeito às condições de igualdade e liberdade no exercício da cidadania.

A enunciação desses parâmetros pode soar excessivamente genérica. Contudo, ela adiciona a possibilidade de direitos fundamentais serem empregados como parâmetros de controle das decisões da maioria que pretenda tornar compulsórios os seus padrões ideais de conduta. Desse modo, muitas das reivindicações apresentadas no âmbito político, antes entendidas unicamente como preferências de diferentes grupos, podem ser formuladas como uma disputa em torno de direitos fundamentais, a partir da qual se pretenda definir o limite constitucionalmente aceito para a restrição da liberdade e da autonomia dos indivíduos. As vantagens oferecidas pelo controle jurídico-constitucional dessas divergências não são suficientes para que se obtenha uma precisa linha divisória entre os espaços da moralidade e do Direito, mas são uma baliza que pode propiciar um julgamento mais bem fundamentado quando comparadas a análises que pretendam pesquisar qual deveria ser o comportamento do homem médio, correto e razoável, ou o parâmetro de avaliação compartilhado pela maioria dos integrantes da coletividade.

A persistência na incerteza de definição precisa desses limites, ainda que em âmbito mais estrito, permite afirmar que, ao menos quanto à impossibilidade de se obter uma clara distinção entre os espaços da moralidade positiva e do Direito, Devlin tinha razão.

A rejeição de uma nítida distinção entre as fronteiras da moralidade positiva e do Direito não implica o descarte da neutralidade como princípio a ser seguido no Estado de Direito. A correta observação de Sadurski de que a neutralidade oferece a melhor estrutura normativa para uma resolução mais objetiva e transparente de disputas jurídicas soma-se à proposta de Sunstein, segundo o qual a neutralidade impõe um dever de consistência interna, de fundamentação por justificativas plausíveis publicamente e de impessoalidade. Seguidos esses requisitos, a admissão de argumentos morais e perfeccionistas no direito positivo pode ocorrer se ela não comprometer as condições para fruição da liberdade e da igualdade, em meio a uma sociedade onde haja um pluralismo de valores. Porém, a neutralidade continua a ser um ponto de resistência para interferências na esfera ética do sujeito, que abarca o conjunto de decisões mais importantes na conformação de sua identidade e na concepção de vida que pretende seguir. Nos próximos capítulos, pretendo melhor definir esses aspectos, o que não impede que, por ora, seja reiterada a defesa da neutralidade, principalmente para vedar o uso do Direito para promoção de padrões de condutas contrárias à igual proteção dos direitos fundamentais a todos as pessoas.

CAPÍTULO 3

RESTRIÇÕES À AUTONOMIA E A CAPACIDADE DE MELHOR DECIDIR

A Organização Mundial da Saúde considera que o uso de tabaco é a causa da morte de aproximadamente 6 milhões de pessoas por ano, das quais mais de 5 milhões são decorrentes do seu consumo direto, enquanto aproximadamente 600.000 são resultantes da exposição secundária à fumaça gerada pelo seu uso. É estimado que mais da metade dos atuais consumidores do tabaco irá morrer de doenças a ele relacionadas, sendo possível dizer que uma pessoa morre a cada sessenta segundos devido ao seu uso, o que corresponderia a 1 em cada 10 mortes de adultos.[221]

A obesidade é também apontada como um dos principais fatores responsáveis por doenças fatais evitáveis. Desde 1980, a população mundial obesa dobrou o seu número, o que é explicado pelo aumento do consumo de alimentos ricos em calorias e gordura, bem como pelo decréscimo da prática de atividade física, frequentemente associado a um padrão de vida sedentário e à carência de políticas de apoio à saúde pública, agricultura, transporte, planejamento urbano, meio ambiente e educação. A Organização Mundial da Saúde considera que o excesso de peso e a obesidade, a qual atinge 10% da população mundial, são as causas de doenças que provocam a morte de 3,4 milhões de pessoas anualmente, um número superior ao das mortes deflagradas pela subnutrição. Doenças cardíacas, diabetes, degenerações musculares e ósseas, assim como certos tipos de câncer (endométrio, seios e cólon)

---

[221] Disponível em: http://www.who.int/mediacentre/factsheets/fs339/en/. Acesso em: 25 out. 2014.

podem ser cientificamente relacionados ao sobrepeso e à obesidade, que são fontes de preocupação maior quando se observa seus efeitos entre crianças, jovens e populações mais pobres.[222]

O consumo do tabaco, de alimentos com alto teor de gordura e calorias se soma ao uso de álcool, drogas entorpecentes e muitas outras substâncias nocivas à saúde como causas de doenças que, embora evitáveis, são responsáveis por um elevado número de mortes todos os anos. Todavia, não só em relação aos cuidados com sua saúde, homens e mulheres comportam-se de maneira contrária ao que poderia ser considerado como o ideal de realização do seu bem-estar. Repetidamente, consumidores optam por combustíveis mais poluentes, aparelhos com uso menos eficiente de energia ou por comportamentos injustificadamente arriscados. Muitos desses atos correspondem ao cenário encontrado nas sociedades contemporâneas, em que a opção pelo excesso é uma escolha livre e cada vez mais comum.[223] Porém, a frequência deles não é suficiente para suprimir a dificuldade de obtenção de uma resposta coerente com a expectativa de racionalidade, que se imagina presente na conduta dos seres humanos. Se homens e mulheres são potencialmente capazes de avaliar os custos e benefícios envolvidos nas escolhas que fazem, por que eles tomam decisões que objetivamente comprometem seu bem-estar e põem em risco suas vidas?

3.1 Os limites da teoria da escolha racional

O oferecimento de uma resposta consistente a essa pergunta tem sido objeto de pesquisas que têm se valido de conhecimentos da neurociência, psicologia e economia para compreender o que move a conduta humana e como o conhecimento desses fatores pode ser um instrumento para que as pessoas evitem ser manipuladas e possam decidir de acordo com os fins últimos por elas eleitos para realização do seu bem-estar. A contradição entre as condutas humanas observadas e o comportamento racional esperado é mais bem compreendida se for considerado que, teoricamente, a racionalidade é normalmente vista como um atributo relacionado à obediência de regras formais que, em essência, pressupõem a consistência de escolhas em meio a

---

[222] Disponível em: http://www.who.int/mediacentre/factsheets/fs311/en/. Acesso em: 25 out. 2014.
[223] LE GRAND, Julian. The giants of excess: a challenge to the nation's health. *Journal of the Royal Statistical Society*, 171 (2008), p. 844.

diferentes combinações. Essa consistência é resultado das relações entre as finalidades e objetivos que a pessoa pretende perseguir e os meios disponíveis para a execução desses propósitos, de sorte que a organização lógica entre essas escolhas, a partir do bem-estar relacionado a cada uma delas, é o critério definidor da racionalidade das decisões, sem que se considere o conteúdo das crenças ou preferências como dado relevante para qualificar uma escolha como racional.

Os padrões da escolha racional, parcialmente abordados no Capítulo 1, são caracterizados por três elementos: i) invariabilidade descritiva: as preferências entre diferentes opções não deveriam depender da forma como elas são representadas ou apresentadas, isto é, as pessoas deveriam manter suas escolhas entre as alternativas expostas, ainda que fosse mudado o modo como elas são levadas ao conhecimento do sujeito responsável pela decisão; ii) invariabilidade do procedimento: métodos equivalentes de decisão deveriam revelar uma igual ordem de preferências, pois a ordenação consistente das preferências das pessoas deveria ser um parâmetro indutor de iguais resultados, ainda que empregados distintos procedimentos para a tomada de decisão; e iii) independência do contexto, o que estaria associado à ausência de interferência das circunstâncias nas quais a decisão é tomada, de sorte que o sujeito que revela preferir "x" a "y" continuaria a decidir dessa forma se "z" estiver disponível, ou não, para escolha, dado que a presença de "z" não fornece nenhuma nova informação sobre "x" ou "y".[224]

Os elementos apontados como característicos da escolha racional fazem sentido se o modo como os seres humanos decidem for descrito como um processo formal em que a decisão é o resultado do ajuste feito entre um conjunto de preferências da pessoa às opções disponíveis. Reveladas as preferências, e conhecidas as alternativas, seria possível prever escolhas consistentes, que seriam confirmadas em diferentes contextos, independentemente do modo como as opções são apresentadas ou de como a tomada de decisão é feita, uma vez que se espera que os sujeitos responsáveis pelas decisões irão manter uma consistência interna, capaz de confirmar uma hierarquia de preferências e uma expectativa de bem-estar a elas relacionadas.[225]

---

[224] TVERSKY, Amos. Contrasting rational and psychological principles of choice. In: ZECKHAUSER, Richard J.; KEENEY, Ralph L.; SEBENIUS, James K. (eds.) *Wise choices*: decisions, games and negotiations. Boston: Harvard Business School Press, 1996, p. 6.

[225] SEN, Amartya. Rational fools: a critique of behavioral foundations of economic theory. *Philosophy & Public Affairs*, 6 (1977), p. 323.

Embora a teoria da escolha racional[226] seja, ao mesmo tempo, uma teoria normativa e uma estratégia de explicação, por prever a conduta esperada dos seres humanos e descrever a forma como o comportamento deles poderia ser entendido,[227] decisões concretas usualmente infirmam o resultado que seria objetivamente previsto se o padrão de racionalidade fosse o guia efetivo das escolhas de homens e mulheres. Alguns dos críticos da teoria da escolha racional apontam que ela é excessivamente reducionista, pois desconsidera que as escolhas podem se basear em fundamentos que não sejam meras preferências ou o resultado concreto de opções que propiciem um maior nível de satisfação subjetiva ou bem-estar do responsável pela decisão. Por outro lado, ela seria muito abrangente ante a impossibilidade de todas as escolhas humanas serem descritas por meio de um processo objetivo no qual as opções possam receber pesos distintos de acordo com uma relação de preferência preexistente.[228] Sobre a perspectiva reducionista, Amartya Sen destaca que o ser humano é um animal social, não exclusivamente voltado à perseguição de seus interesses egoísticos, o que impediria que o seu comportamento fosse baseado numa "sistemática comparação de alternativas".[229] Para Sen, a preocupação com o outro interferiria no processo de escolha com base na "empatia"

---

[226] A teoria da escolha racional comporta variações em torno das concepções de fins e meios que balizam a avaliação sobre a decisão tomada pelos agentes. Numa gradação crescente quanto à rigidez desses critérios, Russel B. Korobkin e Thomas S. Ullen classificam essas variações como: i) definicional (*definitional*): racionalidade como uma adequação de meios aos fins, sem que haja uma teoria normativa sobre fins ou meios, de sorte que o comportamento racional é simplesmente a "forma como as pessoas agem"; ii) utilidade esperada: as preferências ou objetivos das pessoas não são especificados, mas os meios (ou ao menos alguns deles) são definidos, uma vez que eles devem atender aos critérios de comensurabilidade, transitividade, invariância, cancelamento (abandono da pior opção) e dominância; iii) interesse pessoal: vale-se dos critérios da versão da utilidade esperada, mas adiciona previsões sobre os objetivos e preferências do agente; e iv) maximização de riquezas: as previsões sobre objetivos e preferências se tornam mais específicas, o que se exemplifica na versão segundo a qual as pessoas sempre buscam aumentar seu patrimônio ao decidirem. (KOROBKIN, Russel B.; ULLEN, Thomas S. Law and behavioral science: removing the rationality assumption from law and economics. *California Law Review*, 88, 2000, p. 1061.)

[227] ELSTER, Jon. *Solomonic judgments:* studies in the limitation of rationality. Cambridge: Cambridge University Press, Editions de la Maison des Sciences de l'Homme, 1992 , p. 3.

[228] Daniel Kahneman aponta que a consistência não consegue ser coerentemente aplicada em todas as hipóteses que pretendem ser abrangidas pela teoria da escolha racional, a qual é considerada como surpreendentemente permissiva em alguns aspectos, mas surpreendentemente poderosa em outros. (KAHNEMAN, Daniel. New Challenges to The Rationality Assumption. *Legal Theory*, 3, 1997, p. 123.)

[229] SEN, Amartya. Behaviour and the concept of preference. *Economica*, 40, 1973, p. 258.

– situação em que a preocupação com os demais afeta diretamente o bem-estar do sujeito – e nos laços de "compromisso" – presente nas hipóteses em que a conduta de um terceiro não afeta diretamente o sujeito, mas ainda assim o impele a interrompê-la por entender que ela é errada[230] – o que exigiria que o processo de escolha fosse ampliado para abranger traços próprios ao comportamento humano.

Em outra perspectiva, a teoria da escolha racional seria demasiadamente pretensiosa, pois os seres humanos rotineiramente se deparam com situações em que não existe uma única escolha ótima a ser feita, tampouco poderiam ser genericamente desconsideradas as dificuldades experimentadas para pôr em prática a decisão tomada, formar as crenças que lhe dão suporte ou mesmo examinar e coletar as provas que devem embasá-las. A presunção de que as pessoas poderão confirmar, nas escolhas que fazem, suas preferências consolidadas a partir do retrospecto de suas experiências e da projeção feita a respeito de seus desejos para o futuro, torna-se frágil quando visto que as avaliações sobre o passado não conseguem ser suficientemente completas, e o planejamento sobre o futuro esbarra na ausência de estabilidade de muitas preferências das pessoas.[231] Um dos aspectos da pretensão excessiva da teoria da escolha racional é identificado por Daniel Kahneman ao apontar que comumente há uma oposição entre a utilidade – ou bem-estar – experimentada e a utilidade da decisão, o que seria indicativo de que a utilidade da decisão, associada ao peso das suas consequências, pode ser distinta da utilidade experimentada – ligada a uma perspectiva de satisfação e prazer, que pode ser instantânea ou retrospectivamente avaliada –, a qual tende a ser ignorada por economistas contemporâneos e teóricos da decisão ante a suposta dificuldade de se mensurar estados subjetivos, como a felicidade e a raiva.[232]

---

[230] SEN, Amartya. Rational fools: a critique of behavioral foundations of economic theory, p. 326.

[231] Daniel Kahneman destaca que: "A história de um indivíduo no tempo pode ser descrita como uma sucessão de *selves* separados, que podem ter preferências incompatíveis e podem tomar decisões que afetam *selves* subsequentes". (Tradução livre) (KAHNEMAN, Daniel. New challenges to the rationality assumption, p. 120.) Richard A. Posner afirma que os múltiplos *selves* podem ser observados sucessivamente no tempo, ou como uma dificuldade de controle de expectativas futuras, própria a oscilações entre um comportamento mais infantil e um mais maduro. (POSNER, Richard A. Are we one or multiple selves? Implications for law and public policy. *Legal Theory*, 3, 1997, p. 25.)

[232] Para maiores detalhes, confira-se: KAHNEMAN, Daniel; WAKKER, Peter P.; SARIN, Rakesh. Back to Bentham? Explorations of experienced utility. *The Quarterly Journal of Economics*, 112, 1997, p. 375.

As dificuldades encontradas na definição do escopo da teoria da escolha racional são enfatizadas ao se constatar que a indeterminação e falhas na realização concreta dos resultados esperados reforçam a desconfiança de que ela seja um instrumento capaz de predizer o comportamento das pessoas. A busca do bem-estar, por um sistema lógico construído como um silogismo formal, muitas vezes esbarra no modo como os seres humanos efetivamente agem e concebem suas vidas, a revelar que eles são mais do que meras "máquinas de felicidade".[233]

Parte dos críticos da teoria da escolha racional destaca que as inconsistências encontradas se devem à constituição biológica humana, que teria sistemas neurais específicos para a satisfação do prazer e do bem-estar, do querer e do aprendizado, sendo este o responsável pela associação das informações armazenadas em outros sistemas, de sorte que a pessoa escolheria aprender o que ela verdadeiramente quer.[234]

Este é apenas um dos desdobramentos das pesquisas sobre o comportamento humano e a interferência de causas neurobiológicas na formação das decisões das pessoas, sendo possível presumir que futuras descobertas científicas conseguirão estabelecer relações mais precisas entre esses fatores. Embora a correção das explicações de tais pesquisas não seja analisada neste livro, é importante observar que elas pretendem estabelecer em que grau a conduta humana pode ser o resultado da compreensão de uma situação fática, a partir de um conjunto de preferências e inclinações que os indivíduos possuam. Como recurso heurístico, seria possível dizer que o comportamento humano é a combinação de ação, desejos – ora usado como sinônimo

---

[233] "Human beings are more than happiness machines". ELSTER, Jon. *Solomonic judgments*, p. 5.

[234] CAMERER, Colin F. Wanting, liking and learning: neuroscience and paternalism. *The University of Chicago Law Review*, 73, 2006, p. 87. Cass Sunstein faz referência a pesquisas que teriam demonstrado que o cérebro humano teria regiões mais ativas para diferentes reações: a amígdala teria maior atividade em reações automáticas, com maior conteúdo emotivo e intuitivo, enquanto o córtex pré-frontal ficaria mais ativo em situações que exijam maior deliberação e reflexão. Sunstein observa que neurocientistas teriam constatado que a atividade mais intensa do córtex pré-fontal ventromedial seria um dado relevante para distinguir pessoas que tendem a adotar um comportamento mais impulsivo, uma vez que pessoas mais pacientes têm uma maior atividade dessa área quando pensam sobre si no presente e no planejamento do seu futuro, ao passo que as mais impacientes não teriam essa área ativa ao pensarem sobre si no futuro. (SUNSTEIN, Cass R. *Why Nudge?*, p. 27-28). Daniel Kahneman faz referência aos Sistemas 1 e 2 para descrever, respectivamente, um modelo de pensamento intuitivo e rápido, com menor controle voluntário, e um modelo de pensamento com maior complexidade e nível de atenção, sem a identificação de áreas cerebrais específicas. (KAHNEMAN, Daniel. *Thinking, fast and slow*. New York: Farrar, Straus and Giroux, 2011, p. 29.)

de preferências – e crenças, devendo a ação ser o resultado concreto das preferências dos sujeitos conformadas pelas crenças que têm a respeito de como melhor realizá-las.[235] A teoria da escolha racional exigiria que esses três elementos tenham uma consistência interna e que nossas ações e crenças estejam baseadas em dados fáticos, apurados com uma maior abrangência e analisados com mais detida profundidade, de acordo com o nível de importância da decisão a ser tomada e com as nossas crenças anteriores sobre os custos para reunir essas provas e atribuir-lhes relevância. A conjugação de ação, crenças e desejos faz com que a conduta racional seja o produto de três operações: coletar o conjunto certo de fatos e informações, considerando-se certos desejos e crenças anteriores; formar a mais bem fundamentada crença, tendo-se em vista o conjunto de fatos e informações reunidas; e encontrar a melhor ação a ser adotada diante dos desejos e crenças existentes.[236]

3.2 Irracionalidade e indeterminação

Ao longo dessas três operações, a teoria da escolha racional apresenta deficiências que podem ser associadas à indeterminação – quando não encontrada uma única opção ótima para certa ação, crença e conjunto de fatos e informações – ou à irracionalidade, vista como a incapacidade de empreender a ação, formar a crença ou coletar a quantidade de fatos e informações necessárias.[237]

A indeterminação da escolha ótima ocorre se uma das preferências concorrentes não consegue preponderar sobre as demais, como no exemplo em que uma pessoa gostaria de ser médico ou músico profissional, com iguais chances de êxito e satisfação pessoal em ambas as profissões. De igual modo, a indeterminação pode ser observada na ação a ser tomada, considerando-se os dados e as informações conhecidos pelo sujeito, o que envolve situações em que a procrastinação pode se mostrar tão proveitosa quanto a atuação imediata, ou em que o conjunto de opções disponíveis e a impossibilidade de mensurar o êxito das alternativas postas impedem a identificação da melhor alternativa a ser seguida, valendo como exemplo as opções entre investimentos em que não se saiba estimar a rentabilidade futura com segurança, ou

---

[235] ELSTER, Jon. *Solomonic judgments*, p. 4.
[236] ELSTER, Jon. *Solomonic judgments*, p. 4.
[237] ELSTER, Jon. *Solomonic judgments*, p. 5.

entre diferentes opções de tratamento médico cujas chances de êxito ainda são desconhecidas. A acuidade das informações e dados reunidos para a definição da conduta a ser seguida também concorre como fator de indeterminação, especialmente se o conhecimento desses elementos acarreta custo que, ao final, exceda o benefício que esse ganho adicional possa trazer; nessa hipótese, pode-se cogitar o número de exames clínicos e o dispêndio de recursos neles envolvidos para se obter um diagnóstico cada vez mais preciso, ou mesmo a quantidade de estudos a serem feitos para adoção de determinada política pública em área de atendimento prioritário, como a assistência à saúde e a educação fundamental.

Em contrapartida, a irracionalidade é caracterizada pela falha na definição da escolha ótima, passível de identificação quando a conduta praticada é aquela que corresponde à avaliação que melhor conjuga desejos e crenças a partir dos fatos e informações disponíveis para o sujeito.[238] Com base nos três elementos da conduta humana (ação, crença e desejos/preferências), a irracionalidade poderia ser descrita como um descompasso simultâneo ou isolado entre qualquer um deles, o que implicaria um resultado estranho àquele que uma avaliação objetiva e impessoal indicaria se conhecidas as crenças, as preferências e as informações disponíveis para a formação da convicção da pessoa.

A contradição entre o que a pessoa efetivamente faz ou omite e a conduta que dela se esperaria compunha o conceito de *akrasia*, objeto de estudo na Antiguidade Clássica, que etimologicamente corresponderia a "falta de controle sobre si mesmo". A conduta divergente daquela que melhor atenderia às preferências do sujeito é frequentemente apontada como uma manifestação de "fraqueza de vontade", o que ocorreria se o sujeito, (i) num julgamento *prima facie*, considera que X é uma melhor opção que Y; e (ii), tendo que fazer uma única escolha entre X e Y, escolheria X; (iii) porém, na situação concreta, Y é a opção escolhida. As explicações para que a alternativa Y seja escolhida em detrimento de X são variadas. Porém, na maior parte das ocasiões em que o resultado concreto se opõe à conclusão do silogismo, que embasa o raciocínio lógico, há uma divergência entre preferências de curto e longo prazo (ou metapreferências), existente se a pessoa pretende realizar seus impulsos ou interesses imediatos.

---

[238] Jon Elster inclui a hiperracionalidade, definida como a "deficiência de reconhecer a falha da teoria da escolha racional para obter únicos preceitos e prognósticos", ou como "a crença irracional na onipotência da razão". (ELSTER, Jon. *Solomonic judgments*, p. 17.)

A satisfação dessas preferências de curto prazo é muitas vezes associada à realização de vontades, paixões e desejos de satisfação imediata que podem bloquear a compreensão das consequências da conduta, como ocorre na hipótese em que o motorista não deveria ingerir bebidas alcóolicas, porém, deixa-se levar pelo impulso de consumi-las em uma festa, imaginando que elas não afetarão a sua aptidão para dirigir. Sob outra perspectiva, esses desejos imediatos podem distorcer o modo como as pessoas formam suas convicções sobre uma determinada situação fática, criando falsas crenças sobre as consequências possíveis da conduta (casos de *wishful thinking*, vistos como um pensamento otimista infundado, ou de *self-deception*, entendido como uma frustração antecipada, a despeito de informações e provas contrárias a essa convicção).[239]

Em algumas hipóteses, a incapacidade de o sujeito lidar com a impossibilidade de ter suas preferências realizadas ou enfrentar consequências indesejadas de uma situação fática tida como inescapável impulsiona um processo de "redução de dissonância cognitiva", voltado a uma nova definição de preferências e crenças com o propósito de mitigar a insatisfação causada pela impossibilidade de realizar as preferências e os desejos inicialmente concebidos.[240] Os exemplos de "redução de dissonância cognitiva"[241] abrangem comportamentos como o da raposa que, na fábula de Esopo, considera estragadas as uvas que não conseguiu pegar, o do tabagista que, ao não conseguir livrar-se da compulsão por fumar, alega que não há provas suficientes de que o cigarro esteja associado a uma maior incidência de câncer de pulmão, ou do operário, empregado em uma indústria com elevado grau de risco, que subestima a incidência de acidentes e opta pelo não uso de equipamentos de proteção.[242]

A decisão a favor da pior opção pode, também, decorrer da mudança pontual dos parâmetros de julgamento utilizados pela pessoa

---

[239] ELSTER, Jon. *Ulysses unbound:* studies in rationality, precommitment and constraints. Cambridge: Cambridge University Press, 2000, p. 8,9.

[240] ELSTER, Jon. *Solomonic judgments*, p. 20.

[241] A teoria da dissonância cognitiva foi desenvolvida, principalmente, por Leon Festinger, a partir da premissa de que as pessoas buscam manter uma consonância entre suas convicções, as quais incluem seus conhecimentos, opiniões e crenças. O desajuste entre essas convicções traria uma situação psicologicamente desconfortável que impeliria a pessoa a reduzir a dissonância e readquirir uma consistência entre elas. Cf. FESTINGER, Leon. *A theory of cognitive dissonance*. Stanford: Stanford University Press, 1962, p. 3.

[242] ELSTER, Jon. *Solomonic judgments*, p. 22. O exemplo é dado por Elster como uma hipótese em que a intervenção do Estado mostra-se necessária.

para mensurar as consequências de seus atos e omissões. A situação de "miopia" é usualmente vista como atribuição de um maior bem-estar à realização de um desejo imediato, ainda que a avaliação imparcial e objetiva das opções possa indicar que a alternativa abandonada traria um maior bem-estar ao sujeito. A "miopia" pode decorrer de impulsos ou paixões momentâneos, ou das peculiaridades próprias aos seres humanos no planejamento de sua vida ao longo do tempo, hipótese em que procrastinação, prudência, disciplina e bem-estar ganham pesos distintos em razão de múltiplos fatores, sem que se possa, até o presente momento, conferir a explicações culturais, biológicas, sociais e psicológicas a capacidade de oferecer uma justificativa única para o desencontro entre a conduta humana e a resposta que a racionalidade espera dele. As chances de se encontrar a criança que prefere comer um doce agora a aguardar uma hora para poder comer dois talvez sejam as mesmas de encontrar um casal de namorados apaixonados, que prefeririam passar uma hora juntos de forma imediata a esperar uma semana para se verem por um dia. Dilemas semelhantes existem, com menor apelo afetivo, quando as pessoas devem decidir sobre opções de planos de previdência, aquisição de imóveis e o cuidado com a saúde. Muitas são as vezes em que o presente não é apenas o passado do futuro.

A indeterminação e as falhas da teoria da escolha racional se somam à constatação de que um número significativo de decisões se baseia em preconceitos e intuições, que não resistem a uma fundamentação objetiva e lógica. Entretanto, as contradições e os impasses encontrados na tentativa de se definir uma explicação consistente e uma teoria normativa sobre o comportamento humano não implicam o abandono da teoria da escolha racional como instrumento para compreensão de nossas decisões.

A descoberta das deficiências encontradas deve ser uma etapa do aprofundamento de estudos que possam melhor apontar as condições sob as quais as pessoas irão se comportar para melhor satisfazer suas preferências e crenças. Além dos desvios imputados às deficiências próprias à ação humana, o maior risco de presumir que a teoria da escolha racional possa ser suficiente para assegurar o melhor resultado entre nossas escolhas está na possibilidade de essa suposição ser empregada como artifício de manipulação. Estudiosos do comportamento humano vêm consolidando a convicção de que a forma como diferentes opções são apresentadas (*framing*) é um dado significativo na formação de preferências pontuais, no tempo e no espaço, a indicar que uma ordenação consistente de nossas preferências seria uma premissa muito exigente e pouco adequada à possibilidade de os seres humanos reverem constantemente seus projetos de vida ou mesmo postergarem a realização de alguns de seus objetivos em prol de prazeres mais imediatos e menos onerosos.

Os riscos da manipulação e as deficiências da teoria da escolha racional nos remetem à indagação central da tese, sob outra perspectiva: cientes dos limites de racionalidade da pessoa, cabe ao Estado intervir nas decisões que indivíduos, de forma autônoma, tomam a respeito de si mesmos? O capítulo anterior pretendeu oferecer uma resposta baseada no conteúdo da decisão, quando nele se identifica um contraste com a moralidade predominante. Neste, o propósito é questionar os limites que dão suporte à premissa de que a pessoa, por meio de uma avaliação racional, é o agente mais apto para tomar uma decisão cujos efeitos recaiam sobre ela. A argumentação já apresentada permite compreender que a escolha racional pauta a maioria das decisões que compõem o cotidiano dos seres humanos. Contudo, nas situações em que o julgamento imparcial e objetivo – pressuposto na teoria da escolha racional – não possa oferecer uma resposta determinada ou em que se obtenha uma conclusão falha, por uma deficiência na compreensão dos fatos, na formação das crenças e no modo de dar prioridade às preferências, abre-se espaço para a intervenção do Estado, principalmente se as deficiências forem utilizadas como instrumentos de manipulação e se o erro das escolhas provocar danos de grande impacto.

A dúvida sobre a aptidão de as pessoas tomarem as melhores decisões e a possibilidade de o Estado atuar para guiá-las ou substituir essas opções provocam questionamentos sobre a legitimidade dessa intervenção e quais limites ela deva ter. As preocupações se justificam pela experiência histórica que, em passado recente, permitiu que o Estado, em nome de um maior conhecimento, se colocasse no lugar dos indivíduos e eliminasse o cerne de sua autonomia, argumentando-se mesmo – como fez a Suprema Corte norte-americana no amplamente criticado julgado *Buck v. Bell* – que a sociedade não deveria mais suportar novas gerações de imbecis.[243] Embora a tentativa de conciliar

---

[243] No julgamento *Buck v. Bell* [274 U.S 200, (1927)], Carrie Buck era uma interna de uma instituição para portadores de doenças mentais que não queria sofrer processo de esterilização, determinada segundo legislação do Estado da Virgínia para pessoas portadoras de doenças mentais. Sua mãe sofria de distúrbios mentais, e Carrie já esteve grávida durante o seu período de internação. Ela afirmava que esse tipo de operação (ligação das trompas de Falópio) era contrária ao devido processo legal e à igual proteção

a interferência do Estado e a preservação da autonomia das pessoas possa ter diferentes enfoques, a tese pretende analisar a argumentação desenvolvida a partir do trabalho de Cass Sunstein e Richard Thaler em torno do conceito de "paternalismo libertário". A partir das críticas feitas a essa ideia, sob a perspectiva daqueles que defendem uma maior ação intervencionista do Estado ou dos que apontam o caráter excessivo das medidas contempladas pelo "paternalismo libertário", objetivo definir quais diretrizes podem ser seguidas para a ação estatal quando os seres humanos fogem aos padrões esperados da racionalidade no processo de tomada de suas decisões.

3.3 O "paternalismo libertário"

A suspeita de que a teoria da escolha racional ofereça uma descrição insuficiente de como as pessoas agem e decidem questões importantes em suas vidas tornou-se maior desde as últimas décadas do século XX. Um número crescente de estudos acadêmicos tem formulado críticas à transposição de teorias econômicas sobre a pessoa, como agente racional, que atua para maximizar seu bem-estar, como parâmetro de regulação de atividades relacionadas ao consumo e a questões que envolvam um conteúdo técnico-científico pouco conhecido

---

perante as leis. A legislação baseava-se no propósito de melhor proteger os interesses do doente e da sociedade, que não teria que lidar com os custos relacionados a uma prole que tivesse o mesmo tipo de deficiência. O voto condutor, favorável à esterilização, foi proferido pelo celebrado Juiz Holmes, valendo a transcrição da seguinte passagem:
"(...)We have seen more than once that the public welfare may call upon the best citizens for their lives. It would be strange if it could not call upon those who already sap the strength of the State for these lesser sacrifices, often not felt to be such by those concerned, in order to prevent our being swamped with incompetence. It is better for all the world if, instead of waiting to execute degenerate offspring for crime or to let them starve for their imbecility, society can prevent those who are manifestly unfit from continuing their kind. The principle that sustains compulsory vaccination is broad enough to cover cutting the Fallopian tubes. Jacobson v. Massachusetts, 197 U.S 11. Three generations of imbeciles are enough."
O acórdão da Suprema Corte em *Buck v. Bell* é considerado um dos piores de toda a sua história, com a "linguagem mais ofensiva e insensível" já encontrada em seus anais, de acordo com Erwin Chemerinsky (*The case against supreme court*. New York: Penguin, 2014, p. 4). As circunstâncias do caso, como a ausência de prova efetiva da incapacidade mental de Carrie Buck, o fato de a sua gestação ter decorrido de um estupro cometido por parente da família que tinha a sua guarda e a negligência de seu advogado – que tinha especial interesse na defesa de leis eugênicas – são detalhados por Paul A. Lombardo, que aponta *Buck v. Bell* como um marco no "endosso de procedimentos médicos intrusivos como ferramentas a serem usadas para fins estatais". (LOMBARDO, Paul A. Three generations, no imbeciles: new light on *Buck v. Bell*. *New York University Law Review*, 60, 1985, p. 33.)

por leigos.²⁴⁴ A defesa da ação estatal, para compensação dessas deficiências, foi apresentada em diferentes versões como uma resposta a esses problemas, sendo tais perspectivas diferenciadas pelo grau de intensidade dessa atuação, pelas medidas a serem implantadas e pelo âmbito das escolhas a serem analisadas.

O temor de que o espaço aberto para a intervenção estatal pudesse se tornar excessivo e a necessidade de preservação das situações, nas quais os parâmetros formais da escolha racional fossem consistentes com o resultado concreto das condutas individuais, favoreceram a consolidação de propostas favoráveis a uma atuação corretiva e pontual do Estado, que não suprimisse por completo a autonomia pressuposta nas ações humanas. Com esse propósito, Colin Camerer, Samuel Issacharoff, George Loewenstein, Ted O'Donoghue e Matthew Rabin formularam o conceito de "paternalismo assimétrico" a fim de beneficiar os agentes que cometem erros em suas escolhas, sem prejudicar aqueles que não incorrem neles, promovendo-se intervenções estatais que seriam pouco perceptíveis para o agente racional e vantajosas para quem toma decisões "subótimas".²⁴⁵ O escopo do "paternalismo assimétrico" é restringido pela importância dos custos de implantação envolvidos e pela defesa da intervenção estatal apenas se constatado o desequilíbrio no processo de tomada de decisões entre agentes racionais e os "limitadamente" racionais.²⁴⁶ Além disso, os

---

²⁴⁴ Cf, entre outros, KRONMAN, Anthony T. Paternalism and the law of contracts. *The Yale Law Journal*, 92, 1983, p. 763-798. KOROBKIN, Russel B.; ULLEN, Thomas S. Law and behavioral science: removing the rationality assumption from law and economics, p. 1471-1550.

²⁴⁵ A expressão matemática da proposta seria: $(p * B) - [(1-p) * C] - I + \Delta \pi > 0$. Na equação, B representa o benefício final para agentes racionalmente limitados, p é fração desses agentes na população e C representa o custo final para os agentes racionais. Os custos envolvidos na implementação da política intervencionista são representados por I, ao passo que a repercussão dela no lucro das empresas é expresso pela variação de $\Delta \pi$. Segundo os autores referidos, a uma política específica corresponde uma medida de paternalismo assimétrico se os benefícios (B) para as pessoas racionalmente limitadas (p) acarreta prejuízo pequeno ou nenhum aos agentes completamente racionais. Na situação extrema, em que C = 0 e B > 0, a política paternalista só trará benefícios para os agentes. Ademais, os autores reconhecem que o paternalismo assimétrico não busca alcançar um equilíbrio de Pareto ótimo, particularmente se considerada a admissão de prejuízo para as empresas que sofreram a repercussão negativa das políticas. CAMERER, Colin; ISSACHAROFF, Samuel; LOEWENSTEIN, George; O'DONOGHUE, Ted; RABIN, Matthew. Regulation for conservatives: behavioral economics and the case for 'assymetric paternalism'. *University of Pennsylvania Law Review*, 151, 2003, p. 1219,1220.

²⁴⁶ CAMERER, Colin; ISSACHAROFF, Samuel; LOEWENSTEIN, George; O'DONOGHUE, Ted; RABIN, Matthew. Regulation for conservatives: behavioral economics and the case for 'assymetric paternalism', p. 1219,1220.

autores externam sua preocupação acerca da criação de restrições, que sejam indevidamente suportadas por pessoas que ajam racionalmente, bem como pela cautela nos resultados revelados pelas pesquisas sobre o comportamento humano na economia, as quais, por estarem em um estágio recente de desenvolvimento, fornecem dados cuja generalização seria dificilmente acurada.[247]

O propósito de oferecer uma proposta que conciliasse a intervenção estatal paternalista com uma restrição mínima do grau de autonomia das pessoas também impulsionou Cass Sunstein e Richard Thaler na concepção do "paternalismo libertário",[248] descrito como um "antipaternalismo".[249] A reunião de dois termos aparentemente contrastantes nessa expressão busca aliar o direito de as pessoas, em geral, agirem de forma mais livre possível na realização de suas preferências e seus desejos, com a preocupação de que o comportamento delas torne suas vidas mais longas, saudáveis e melhores, de acordo com os julgamentos que elas façam por si mesmas, considerando-se que muitas vezes os agentes decidem de modo ruim porque não têm uma total atenção, informações completas, ilimitadas competências cognitivas ou um autocontrole pleno. O aspecto "libertário" é realçado, porque tais medidas não visam ao impedimento, à supressão ou mesmo à atribuição de um custo excessivo a escolhas consideradas ruins, mas à criação de um contexto onde a pessoa seja levada (*nudge*) de modo relativamente previsível a tomar decisões que melhorem sua vida,[250] o que se ajustaria a uma concepção fraca (*soft*) de paternalismo.[251]

---

[247] CAMERER, Colin; ISSACHAROFF, Samuel; LOEWENSTEIN, George; O'DONOGHUE, Ted; RABIN, Matthew. Regulation for conservatives: behavioral economics and the case for 'assymetric paternalism', p. 1214.

[248] A crítica à teoria da escolha racional como descrição da conduta das pessoas e a preocupação quanto aos equívocos causados pela sua aplicação como parâmetro para a atividade legal e regulatória do Estado já estavam presentes em trabalho publicado por Cass R. Sunstein e Richard H. Thaler em conjunto com Christine Jolls (A behavioral approach to law and economics. *Stanford Law Review* 50, 1998, p. 1471-1550). Contudo, o conceito de "paternalismo libertário" foi desenvolvido por Cass R. Sunstein e Richard H. Thaler em publicação posterior (Libertarian paternalism is not an oxymoron. *The University of Chicago Law Review*, 70, 2003, p. 1159-1202), sendo detalhado em *Nudge: improving decisions about health, wealth, and happiness* (London: Penguin Books, 2008). A tese não pretende fazer uma evolução dos argumentos de Cass R. Susntein e Richard H. Thaler, motivo por que as referências ao "paternalismo libertário" seguirão as ideias desenvolvidas em *Nudge* e nas publicações subsequentes dos autores.

[249] JOLLS, Christine; SUNSTEIN, Cass R.; THALER, Richard H. A behavioral approach to law and economics, p. 1541.

[250] THALER, Richard H.; SUNSTEIN, Cass R. *Nudge*, p. 5,6.

[251] Cass R. Sunstein aponta que, a despeito das diferentes versões, o paternalismo tem como cerne a premissa de que o Estado acredita que as escolhas das pessoas não promoverão

O "paternalismo libertário" reitera a crítica de que a teoria da escolha racional contém uma descrição deficiente de como as pessoas agem e, principalmente, sustenta que o contexto em que essas escolhas são feitas tem importância decisiva, motivo por que – ainda que haja uma alegada neutralidade no modo como instituições públicas e privadas apresentem as alternativas disponíveis aos sujeitos – o contexto, ou a "arquitetura da escolha" (forma de apresentação das opções), tem um peso decisivo na decisão final. Para Sunstein e Thaler, o pensamento liberal clássico baseou-se numa concepção segundo a qual as pessoas sempre agiriam como agentes racionais, capazes de avaliações objetivas e imparciais. Porém, esses agentes – denominados *econs* – não encontrariam paralelo frequente no comportamento corrente das pessoas – designados por *humans*.[252] As políticas do "paternalismo libertário" seriam indiferentes para os *econs*, mas traeriam impacto positivo para os *humans*, os quais teriam supridas as deficiências da sua capacidade de seleção devido a uma intencional forma de disposição das alternativas abertas à sua escolha.

As ações implicadas no "paternalismo libertário", tal como no "paternalismo assimétrico", devem proporcionar o maior benefício, com o menor prejuízo possível.[253] Do modo mais específico, a "regra de ouro" do "paternalismo libertário" é de que as intervenções propostas são necessárias em hipóteses que envolvam decisões difíceis e pouco comuns, para as quais não haja um conhecimento imediato de sua repercussão, exista uma dificuldade de compreensão de certos aspectos relacionados às opções abertas à escolha, bem como as pessoas tenham uma dificuldade de fazer uma correspondência entre as alternativas existentes e as experiências concretas que elas terão.[254] Em algumas situações, a manutenção de alternativas prejudiciais decorre de um

---

o seu bem-estar e, portanto, ele deve adotar medidas que influenciem ou alterem as decisões das pessoas para o bem delas. Essas medidas podem estar relacionadas às ações das pessoas, aos seus resultados, às crenças e às preferências das pessoas, de sorte que elas podem consistir em: (i) afetar os resultados sem relacionar-se às ações e crenças das pessoas; (ii) afetar as ações das pessoas sem influenciar suas crenças; (iii) atingir as crenças das pessoas para influenciar suas ações; ou (iv) afetar as preferências das pessoas, independentemente de atingir suas crenças, para influenciar suas ações. (*Why Nudge?*, p. 54.)

[252] THALER, Richard H.; SUNSTEIN, Cass R. *Nudge*, p. 8.

[253] Sunstein e Thaler afirmam que, no "paternalismo libertário", o custo imposto aos agentes capazes de tomar decisões sofisticadas, mas próximas do ideal da escolha racional, é mantido muito próximo de zero. (THALER, Richard H.; SUNSTEIN, Cass R. *Nudge*, p. 252.)

[254] THALER, Richard H.; SUNSTEIN, Cass R. *Nudge*, p. 74,79.

funcionamento imperfeito do mercado que, por vezes, se vale das falhas encontradas no comportamento humano como uma via para maior obtenção de lucro. Nos casos em que a intervenção paternalista seja relevante, Thaler e Sunstein defendem a observância de seis princípios para uma boa "arquitetura da escolha":[255]

    i) Incentivos – os incentivos seriam importantes para deixar evidentes os custos envolvidos na escolha, principalmente quando os mecanismos do mercado livre não bastam para indicar qual seria a escolha ótima para o consumidor (p.ex. informação no visor do aparelho de telefone para indicar o valor já dispendido na ligação);

    ii) Entender o "mapeamento" das escolhas – as pessoas tendem a fazer escolhas que aumentem o seu bem-estar por meio de um "mapeamento" das alternativas disponíveis. A obtenção de uma decisão melhor se dá se elas tiverem uma maior aptidão de sopesar e selecionar a opção que lhes seja adequada. As dificuldades para "mapear" costumam surgir na venda ou na prestação de serviços que sejam pouco transparentes ou que tenham informações de difícil compreensão para os consumidores (p.ex. financiamento imobiliário, contratos de serviço de telefonia, planos de assistência à saúde, seguros para automóvel e carro), o que poderia se tornar mais fácil pela divulgação pública, simplificada e comparativa de preços e serviços alternativos;[256]

    iii) Modelos padronizados de escolha – as atividades cotidianas e os utensílios do mundo moderno já operam com um número elevado de ações padronizadas, que abrangem desde o menor consumo de energia por máquinas após certo tempo sem uso até o envio automático de informações para bancos de dados ao se ingressar numa rede social. Essas ações "padronizadas" podem ser modificadas pela manifestação de vontade contrária da pessoa. Todavia, com frequência tais padrões servem como instrumento para que os agentes não percam tempo excessivo na tomada de decisões que envolvam uma

---

[255] THALER, Richard H.; SUNSTEIN, Cass R. *Nudge*, p. 102.
[256] Cass Sustein e Richard Thaler usam o monograma RECAP ("Record, Evaluate, and Compare Alternative Prices") para designar esse conjunto de medidas para tornar públicas e compreensíveis as informações relacionadas a bens e serviços que envolvam a análise de dados complexos para o consumidor comum. (THALER, Richard H.; SUNSTEIN, Cass R. *Nudge*, p. 95).

análise mais completa, o que poderia explicar o uso deles em hipóteses nas quais as alternativas disponíveis envolvam uma avaliação complexa (p.ex. definição do programa curricular a ser adotado pelas escolas no ensino básico). No âmbito da intervenção estatal, essa padronização também pode ocorrer na definição de ofertas dos planos privados de previdência complementar ou assistência à saúde, nos quais um conteúdo mínimo já é previamente definido, variando-se o grau de abrangência do atendimento ou da restituição, conforme escolhas que venham a ser feitas pelo contratante.

iv) Dar respostas – as pessoas tendem a melhorar a forma como decidem, se elas tiverem conhecimento da repercussão de suas escolhas (p.ex. aviso sobre o término de energia de um aparelho ou sobre seu uso de modo inadequado);

v) Presumir que as pessoas errarão – as falhas repetidamente cometidas pelos indivíduos fazem com que sejam adotados mecanismos ou elaborados sistemas que já presumam esses erros (p.ex. funcionamento do automóvel apenas se a tampa para abastecimento de combustível estiver presa, recebimento de dinheiro de caixa eletrônico somente após a retirada do cartão do cliente). Um dos desdobramentos da presunção de erro é identificado nos países onde o sistema de seguridade social contributivo é instituído, diante da expectativa de que as pessoas não irão voluntariamente poupar a quantia necessária para sua subsistência quando não mais puderem trabalhar.

vi) Estruturar escolhas complexas – o número crescente de opções, bem como a variação delas em conteúdo e dimensão tornam as pessoas mais propensas a usar estratégias de simplificação, que raramente permitem que se obtenha um bom resultado, razão por que é sugerida estratégia de escolha por eliminação a partir dos aspectos que sejam mais importantes (p.ex. na escolha de um imóvel, ter uma ordem de características prioritárias, como tamanho, local, proximidade de transporte público etc.), ou a consideração de posições de consumidores anteriores, especialmente se há uma afinidade entre as preferências de quem deve escolher e de quem omitiu as opiniões (p.ex. a rede mundial de computadores é um bom instrumento para pesquisar a opinião de outros consumidores sobre determinado produto ou serviço). Em essência, quanto maior o número de escolhas que as pessoas tenham, maior deve ser a ajuda que lhes é dada.[257]

O emprego das medidas do "paternalismo libertário" é também associado à importância da decisão e à possibilidade de elementos externos ao sujeito influenciarem a obtenção de um resultado que lhe seja desfavorável. Em relação ao primeiro aspecto, Thaler e Sunstein observam que a ajuda dada às pessoas deve ser maior de acordo com a frequência da decisão, tal como ocorre na escolha de um plano privado de previdência, cujos prejuízos somente serão sentidos quando o contribuinte não mais tiver condição de voltar ao mercado de trabalho,[258] ou conforme a sua relevância, o que se observa nos contratos para financiamento imobiliário e educacional, cujos juros e condições de empréstimos podem se transformar numa despesa duradoura e crescente.[259] Sob outra perspectiva, a comparação entre os empréstimos concedidos, nos Estados Unidos, a negros e latinos aponta que os juros e os custos cobrados deles são superiores à média, o que indicaria que as desigualdades socioeconômicas tendem a ser agravadas em contextos de escolhas com níveis crescentes de complexidade.[260]

A impossibilidade de separar a decisão do conjunto de circunstâncias que a envolvem torna a "arquitetura da escolha" uma condição inexorável ao processo de tomada de decisão. Aceita essa premissa, a adoção de medidas de auxílio irá depender da aptidão de a instituição interventora ser efetivamente capaz de ajudar o sujeito a tomar a melhor decisão para si.[261] Para tanto, além de a escolha ser considerada difícil, complexa, incomum, pouco suscetível de ser revista e tornar conhecida a sua repercussão, a intervenção proposta deve preencher dois requisitos:

---

[257] THALER, Richard H.; SUNSTEIN, Cass R. *Nudge*, p. 158.
[258] THALER, Richard H.; SUNSTEIN, Cass R. *Nudge*, p. 119.
[259] THALER, Richard H.; SUNSTEIN, Cass R. *Nudge*, p. 146.
[260] THALER, Richard H.; SUNSTEIN, Cass R. *Nudge*, p. 136. Um demonstrativo da desigualdade apontada é encontrado na ausência de diferenciação observada em compras *online*, nas quais, por exemplo, os negros e mulheres pagam os mesmos valores que homens caucasianos ao adquirir um carro (p. 140).
[261] "It is not possible to avoid choice architecture, and in that sense it is not possible to avoid influencing people." (p. 250) Sunstein e Thaler admitem que, em algumas hipóteses, uma decisão compulsória parece ser melhor, mas que isso pode não ser factível e desencadear mais problemas, embora não explicitem em que contexto tais hipóteses seriam aceitas. (THALER, Richard H.; SUNSTEIN, Cass R. *Nudge*, p. 250).

ser efetuada por uma instituição que detenha maiores conhecimentos sobre as alternativas oferecidas e que a variação entre as preferências e necessidades das pessoas seja pequena ou facilmente identificada.[262]

3.4 Cass Sunstein e propostas de revisão do "paternalismo libertário"

Cass Sunstein procurou desenvolver os argumentos relacionados ao "paternalismo libertário" em trabalhos subsequentes, ocasião em que definiu a Lei da Regulação Comportamental Informada, segundo a qual "diante de falhas comportamentais do mercado, as medidas de auxílio são a melhor resposta, mesmo quando não há dano algum para terceiros",[263] em oposição ao princípio do dano, elaborado por Mill, que, em essência, somente justificaria a intervenção estatal se a conduta dos indivíduos prejudicasse outras pessoas. A adoção das intervenções paternalistas observaria o bem-estar social, de acordo com as avaliações que as pessoas façam a respeito dele. Nesses termos, se os custos são superiores aos benefícios, a intervenção paternalista não seria praticada, deixando-se, porém, aberta a possibilidade de que intervenções mandatórias sejam feitas, se os seus benefícios excederem seus prejuízos.[264]

Em resposta às críticas dirigidas ao "paternalismo libertário", Sunstein nota que as medidas de auxílio não pretendem substituir os fins eleitos pelas pessoas, mas incentivar a escolha de meios que possam favorecer a realização deles, o que aproxima suas políticas da preservação da liberdade de escolha. Adicionalmente, sublinha que a objeção à interferência estatal vale-se da autonomia e da dignidade humana como fundamentos para a preservação da liberdade de escolha, o que seria apenas um recurso heurístico para a defesa do que "realmente importa", isto é, o bem-estar.[265] Embora afirme que as alegações embasadas na autonomia possam ser um "atalho mental" para a argumentação em prol do bem-estar, Sunstein destaca que as "medidas de auxílio" propostas também seriam um elemento para incremento da autonomia, uma vez que elas pouparíam tempo e

---

[262] THALER, Richard H.; SUNSTEIN, Cass R. *Nudge*, p. 251.
[263] SUNSTEIN, Cass R. *Why nudge?*, p. 17.
[264] SUNSTEIN, Cass R. *Why nudge?*, p. 18,39.
[265] SUNSTEIN, Cass R. *Why nudge?*, p. 21.

recursos das pessoas para que elas se dedicassem a escolhas e decisões mais urgentes e importantes.[266] Sob outra perspectiva, as críticas feitas à possibilidade de a intervenção estatal piorar o bem-estar das pessoas carecem de suporte empírico, não sendo correto afirmar que as medidas promovidas pelo Estado seriam prejudiciais ao bem-estar a partir de conjecturas abstratas sobre os perigos trazidos à liberdade de escolha.

Ao rever seu posicionamento, Cass Sunstein observa que a distinção entre paternalismo fraco e forte, baseada na interferência da ação estatal sobre os meios e fins eleitos pelas pessoas, é insuficiente para descrever os efeitos provocados por essa intervenção. O comportamento humano, guiado pela aversão ao risco de perda, faria com que as pessoas mudassem alguns de seus fins para evitar o prejuízo associado a meios não recomendados. O modo como é apresentada a rejeição a determinados meios pode revelar a reprovação de alguns fins pelo Estado, o que é particularmente notável na seletividade das características destacadas dos bens e serviços que venham a ser objeto de uma política pública de informação,[267] o que também pode indicar, além da mera publicidade de elementos desconhecidos pelo consumidor, um intuito de influenciar as escolhas que as pessoas façam. A dificuldade de manter-se uma diferença visível entre paternalismo fraco e forte é mais evidente nas hipóteses em que as medidas de auxílio estejam dirigidas aos males associados à procrastinação e à inconsistência das escolhas ao longo do tempo. Nesses casos, a manutenção de uma diferenciação baseada em meios e fins exige que os propósitos perseguidos pelas pessoas sejam formulados de maneira bastante específica, sob o risco de uma concepção muito ampla ser capaz de relacionar as intervenções estatais a um paternalismo de meios, e uma muito limitada associá-las a um paternalismo de fins.[268]

---

[266] SUNSTEIN, Cass R. *Why nudge?*, p. 20,21.
[267] SUNSTEIN, Cass R. *Why nudge?*, p. 68,85. Para ilustrar esse ponto, Sunstein faz referência a ações governamentais que apontem a eficiência no uso de combustíveis por automóveis. Embora automóveis mais econômicos gerem uma maior economia para consumidores e uma menor emissão de gases poluentes, haveria outros elementos, considerados importantes pelos consumidores, que não são objeto de uma propaganda pública.
[268] Os fins de uma pessoa podem ser descritos como "viver bem" ou "não ingerir bebida alcóolica nas próximas 24 horas". Na hipótese mais ampla, é mais vago saber como o objetivo de "viver bem" pode ser realizado, motivo por que as intervenções estatais podem ser descritas como interferências sobre os meios para a realização desse propósito. Na descrição mais restrita, quase todas as formas de paternalismo, segundo Sunstein, seriam voltadas aos fins. (SUNSTEIN, Cass R. *Why nudge?*, p. 70.)

A proposta para superar as dificuldades encontradas na distinção entre paternalismo forte e fraco, como fundamento para apoiar medidas estatais de intervenção, deve incluir o questionamento sobre o que aumentaria o bem-estar agregado das pessoas no tempo. Segundo Sunstein, o bem-estar agregado é uma concepção mais ampla do que a de utilidade e inclui outros elementos da vida que não se reduzem à "felicidade", numa perspectiva hedonista.[269] Sendo o bem-estar agregado o real fim perseguido pelos seres humanos, é necessário verificar se uma medida de auxílio é capaz de promovê-lo, ao tornar a vida das pessoas melhores – segundo as avaliações que elas mesmas façam –, desde que vise à correção de uma "falha comportamental de mercado" e seja "plausivelmente justificada".[270] Um exemplo de política aprovada nesse teste seria a proposta do Departamento de Saúde da Cidade de Nova York para proibir a venda de refrigerantes – em restaurantes, bares, estádios e praças de alimentação – em recipientes com volume superior a aproximadamente 492ml (correspondentes a 16 onças líquidas). Nesse caso, existe uma falha comportamental de mercado (as pessoas tendem a consumir os produtos na quantidade em que eles são apresentados; porções grandes contribuem para a obesidade).[271] Todavia, ainda é possível consumir grandes quantidades de refrigerante, bastando comprar um maior número de recipientes menores. Embora essa fosse uma política classificada como de

---

[269] SUNSTEIN, Cass R. *Why nudge?*, p. 72.

[270] "If an effort to overcome unjustified procrastination promotes people's welfare on balance, by making their lives go better (by their own lights), it responds to a behavioral market failure and hence is plausibly justified, at least on welfare grounds." (SUNSTEIN, Cass R. *Why nudge?*, p. 70,71.)

[271] No estado do Espírito Santo, a Lei nº 10.369, de 22 de maio de 2015, foi promulgada para evitar o consumo excessivo e prejudicial de sal de cozinha mediante a proibição, imposta aos estabelecimentos comerciais que vendam alimentos preparados para consumo imediato, de expor recipientes ou sachês que contenham cloreto de sódio (sal de cozinha) em mesas e balcões (art. 1º), podendo esses recipientes e sachês ser entregues quando solicitados pelo cliente (art. 1º, parágrafo único). Essa regra corresponde a uma medida aprovada pelas diretrizes do paternalismo libertário, porque o consumo de sal de cozinha não é proibido, tendo sido apenas erigidos obstáculos para que fosse evitado seu uso excessivo, mais comum se é fácil o acesso ao produto. Contudo, o Tribunal de Justiça do Espírito Santo declarou a inconstitucionalidade da lei, pois, segundo o voto condutor, "não obstante seja louvável a finalidade almejada pela norma, qual seja a tutela do direito à saúde, tem-se que os meios empregados para tanto (impedir a disponibilidade de cloreto de sódio nas mesas de estabelecimentos) se apresentam destituídos de razoabilidade, mormente quando presentes caminhos muito mais amenos para atingir tal desiderato, como por exemplo, investimento em ações informativas que esclareçam os malefícios do referido produto, por meio de abordagem a consumidores e utilização de veículos de comunicação". (TJES, Ação Direta de Inconstitucionalidade nº 0037560-21.2016.8.08.0000, Pleno, relator Desembargador Ney Batista Coutinho, DJ 05/06/2017)

paternalismo fraco, ela não estaria restrita a uma restrição de meios para a promoção de uma vida mais saudável, uma vez que algumas pessoas poderiam ter como objetivo o prazer proporcionado em ingerir as bebidas que lhes agradem na quantidade que desejam.

A afirmação de que o bem-estar é uma justificativa para defesa da ação paternalista dá margem, ao menos, a cinco objeções: i) o "argumento epistêmico", empregado por Mill para defender que o indivíduo é quem melhor pode julgar o que é melhor para si, por ter condições de melhor aferir o que atende ao seu bem-estar, implicaria que as tentativas estatais de substituir essas decisões acarretariam maiores erros quando comparadas àquelas tomadas pelas pessoas; ii) o processo de competição, pressuposto no funcionamento ideal do mercado, conjuga a dispersão do conhecimento humano com a existência de diferentes preferências, o que produz resultados mais apropriados à satisfação das necessidades e dos desejos individuais, sendo tal possibilidade cerceada se houver a interferência estatal paternalista; iii) o aprendizado, ao longo da vida humana, baseia-se na avaliação subjetiva de erros e acertos, consequência das diferentes experiências pelas quais a pessoa passa no livre desenvolvimento de sua personalidade, motivo por que a tentativa de privar as pessoas dessas decisões , ainda que seja para preservá-las, pode limitar o espectro de aprendizado que elas poderiam ter na conformação de sua individualidade, mantendo-as "infantilizadas",[272] bem como impedir o desenvolvimento das competências necessárias para avaliar a melhor decisão a ser tomada em outras ocasiões; iv) a heterogeneidade de comportamentos e modos de vida contém um valor que seria perdido se a intervenção paternalista pretendesse incentivar a perseguição de um padrão, que pode ser, ao mesmo tempo, a satisfação de desejos de alguns e causa de sofrimento para outros; e v) a intervenção paternalista pode ser contrária à solução que proporcione maior bem-estar se os agentes estatais forem movidos por interesses particulares, como derivação da teoria da *public choice*,[273] principalmente quando haja a influência de grandes grupos econômicos, ou mesmo por distorções próprias

---

[272] SUNSTEIN, Cass R. *Why nudge?*, p. 95.

[273] A teoria da *public choice*, em essência, aplica métodos de análise da teoria econômica para explicação do comportamento de agentes políticos e do setor governamental. Para uma análise mais detida, cf. BUCHANAN, James M.; TULLOCK, Gordon. *The calculus of consent*: logical foundations of constitutional democracy. Indianapolis: Liberty Fund, 1999.

aos preconceitos e erros encontrados usualmente no comportamento humano, o que pode ser acentuado pela organização em uma estrutura burocrática e pelo temor de sanções.[274]

A resposta a essas objeções é em parte encontrada nos fundamentos que inspiraram o paternalismo libertário. De fato, a proposta não se opõe ao cerne da ideia de que a pessoa seja o agente mais capaz de tomar as decisões que lhe tragam maior bem-estar. Entretanto, uma avaliação realista terá como resultado a constatação de que somente um pequeno número de escolhas está sob a responsabilidade do indivíduo. As restrições de conteúdo, temporais, espaciais e de forma amoldam as alternativas disponíveis, sendo raras as hipóteses em que tais limitações não se imponham como atributos indissociáveis ao processo decisório. A supressão desse cenário poderia conferir ao sujeito a incumbência da tomada de um número vasto de decisões, o que exigiria um diuturno exame de informações e das probabilidades dos resultados de cada uma das alternativas possíveis – como, por exemplo, a segurança de meios de transporte, do consumo de alimentos ou uso de equipamentos –, o que demandaria uma grande quantidade de tempo e energia pessoal, tornando a vida cotidiana extenuante e pouco satisfatória.

De igual modo, os benefícios inerentes à competição não pretendem ser ignorados pelo "paternalismo libertário". As medidas de incentivo defendidas são um mecanismo de correção das deficiências do mercado, evidenciadas quando as pessoas adotam comportamentos que não correspondem à descrição objetiva cogitada na teoria da escolha racional ou nas hipóteses em que essas falhas cognitivas sejam utilizadas em detrimento do bem-estar dos consumidores. A publicidade dos riscos relacionados ao consumo de determinados bens e na contratação de certos serviços deve ser vista como um instrumento para que as pessoas tenham um maior conjunto de dados ao tomar suas decisões, não se impedindo que interferências mais drásticas sejam necessárias quando evidente o efeito nocivo de algumas das opções disponíveis. Nessas situações, Sunstein não identifica uma restrição nociva à heterogeneidade, uma vez que o bem-estar agregado não implica a admissão de todos os comportamentos possíveis, sendo por vezes recomendável uma aferição mais pontual da intervenção

---

[274] Cass Sunstein refere-se a essa situação como um tipo de propensão antecipatória de disponibilidade (*anticipatory availability bias*) na qual a previsão de resultado ruim ou de ser sancionado pode ser um elemento negativo nas decisões a serem tomadas. (SUNSTEIN, Cass R. *Why nudge?*, p. 101.)

estatal, na forma de um "paternalismo personalizado",[275] que permita que as pessoas possam atingir os fins que elas considerem realmente importantes sem que haja uma supressão exagerada das alternativas antes disponíveis.

As chances de os agentes administrativos desviarem-se da finalidade de suas funções e serem influenciados por interesses privados na elaboração das medidas paternalistas de incentivo existem, entretanto não conseguem, no plano abstrato, ser suficientes para impedir a intervenção estatal. Em apoio a essa conclusão, Sunstein observa que o processo legislativo, especialmente em questões relacionadas ao meio-ambiente, ao direito econômico e ao direito do consumidor, é capaz de envolver a contraposição de interesses, cujos grupos rivais podem mobilizar um elevado volume de recursos financeiros para influenciar o favorecimento de suas respectivas pretensões. A despeito disso, não seria apropriado afirmar que os direitos dos consumidores foram desconsiderados, ou que a resolução desses conflitos, nos planos administrativo, judicial, e legislativo tenha unicamente contemplado os interesses dos grupos de pressão mais bem estruturados.[276] Além disso, os membros do corpo burocrático administrativo devem, na maior parte dos casos, pautar suas decisões em motivação técnica e objetiva, dentro de parâmetros já definidos pelo Direito. O controle desses atos ocorre nos limites da repartição de funções definidas em cada regime constitucional,[277] sendo possível cogitar que o bom funcionamento das

---

[275] SUNSTEIN, Cass R. *Why nudge?*, p. 115.
[276] SUNSTEIN, Cass R. *Why nudge?*, p. 115.
[277] O Congresso Nacional brasileiro, por meio do Decreto-Legislativo nº 273/2014, no exercício da competência prevista no art. 49, incisos V e XI, da Constituição da República de 1988, sustou a Resolução – RDC nº 52, de 6 de outubro de 2011, da Agência Nacional de Vigilância Sanitária (ANVISA), que dispunha sobre a proibição do uso das substâncias anfepramona, fem-proporex e mazindol, seus sais e isômeros, bem como intermediários e medidas de controle da prescrição e dispensação de medicamentos que contenham a substância sibutramina, seus sais e isômeros, bem como intermediários. A polêmica questão relacionada ao uso de anorexígenos (substâncias para indução de anorexia, usadas para perda de peso) foi objeto de nova regulamentação pela ANVISA, que não mais proibiu a venda de algumas das substâncias vedadas na Resolução – RDC nº 52/2011, passando a exigir, no novo regramento (Resolução – RDC nº 50, de 25 de setembro de 2014), que a comercialização dessas substâncias – incluindo a sibutramina – ocorresse mediante retenção de receita médica, assinatura do termo de responsabilidade do prescritor e do termo de consentimento pós-informação pelo usuário.
Nos Estados Unidos, a produção, o transporte e a venda de bebidas alcoólicas foram proibidos pela 18ª Emenda à Constituição, a fim de atender às pressões que consideravam a embriaguez, causada pelo consumo excessivo, um risco ao país. A dificuldade para fiscalização da medida e o efeito nocivo de estímulo à criminalidade organizada

instituições políticas e do regime democrático, com eleições periódicas, permitirá que os cidadãos possam externar a reprovação das políticas de incentivo adotadas.

A refutação empírica às críticas feitas oferece uma resposta menos eficiente se considerarmos que a autonomia seja formalmente um fim em si mesma, hipótese em que qualquer tentativa de restrição a uma escolha autônoma já caracterizaria uma infração ao seu livre exercício. Para enfrentar essa objeção, Sunstein considera que a autonomia pode ser definida de forma fina ou espessa. Na primeira concepção, os sujeitos prezam a liberdade de escolha inerente à autonomia, porém admitem a possibilidade de restringi-la se tal limitação propiciar um maior bem-estar. Na segunda versão, o exercício da autonomia é intrinsecamente valioso, porque associado à dignidade própria a todos os seres humanos, o que infirma a possibilidade de restrição, ainda que esta possa trazer um maior bem-estar.[278] O cerne desse debate será aprofundado no capítulo 5, no qual pretendo examinar em que medida o Direito pode aceitar que o exercício da autonomia pressuponha o direito de fazer escolhas erradas. Porém, a apresentação desse ponto é ora feita porque Sunstein tenta responder a essa questão recorrendo a pesquisas empíricas para corroborar sua perspectiva utilitária. Segundo Sunstein, resultados estatísticos demonstrariam que a autonomia seria um valor menos apreciado pelas pessoas quando comparado a outros, motivo por que muitas medidas de incentivo, inspiradas pelo "paternalismo libertário", seriam aprovadas, principalmente nas situações em que os sujeitos reconhecem suas dificuldades de autocontrole e suas tendências a cometerem erros, especialmente em escolhas complexas e pouco frequentes.[279] A redução do número de escolhas triviais, propiciada por modelos padronizados, faria com que as pessoas usassem seu tempo para se concentrarem em decisões mais importantes, o que ampliaria a autonomia delas.[280]

A concepção mais rigorosa (espessa) de autonomia é criticada, também por fundamentos empíricos, ao se admitir que a vida na sociedade contemporânea é indissociável a uma "arquitetura da escolha",

---

motivaram a aprovação da 21ª Emenda, que revogou a "Proibição" ("*Prohibition*") antes veiculada pela 18ª Emenda.
[278] SUNSTEIN, Cass R. *Why nudge?*, p. 124-127.
[279] SUNSTEIN, Cass R. *Why nudge?*, p. 129.
[280] SUNSTEIN, Cass R. *The ethics of influence:* government in the age of behavioral science. New York: Cambridge University Press, 2016, p. 65.

o que tornaria pouco proveitoso negar a possibilidade do exercício da autonomia a par de políticas que favoreçam a realização do bem-estar das pessoas. O reconhecimento de que as decisões tomadas pelos seres humanos sofrem a influência do contexto em que elas ocorrem permite um maior controle dessas interferências e, por conseguinte, evita que as pessoas sejam prejudicadas por eventual manipulação. A ignorância desses aspectos traria uma repercussão especialmente negativa às pessoas mais carentes da população, pois as camadas mais ricas têm mais recursos para transferir a responsabilidade sobre suas decisões, ao passo que o peso de decisões erradas é maior para os mais pobres, que, além de conviverem sob um pungente conjunto de pressões, dispõem de uma quantidade menor de meios para suportar os prejuízos materiais de equívocos resultantes dessas escolhas.[281]

As justificações para a adoção das medidas de incentivo do "paternalismo libertário" somam-se às preocupações associadas à (i) transparência, (ii) ao risco de manipulação e (iii) à importância das emoções para a vida humana. A visibilidade dos atos daria transparência às ações intervencionistas, o que permitiria um escrutínio público delas. Entretanto, a proposta de interferência prioritária sobre meios, característica ao paternalismo em sentido fraco, poderia sugerir medidas voltadas a situações específicas, apresentadas em linguagem pouco clara, o que não é imprescindível para o êxito dessas políticas, que usualmente são bastante explícitas quando tentam provocar uma reflexão mais consciente das decisões que as pessoas devem tomar. Nas hipóteses em que as medidas de incentivo operem na definição de padrões de escolha e, consequentemente, sejam menos evidentes, os recursos que favoreçam a transparência do seu processo de elaboração são mais fortemente recomendáveis, principalmente por expedientes, como a audiência pública, a fim de que haja uma investigação anterior à implantação dessas ações e um menor risco de manipulação. A publicidade desse processo é relevante para esclarecimento dos motivos e fundamentos que impulsionam as medidas paternalistas, o que constitui etapa necessária para que a promoção do bem-estar das pessoas não seja um subterfúgio para a consecução de preferências religiosas, culturais e políticas que não se ajustem ao ideal de neutralidade. A efetiva ocorrência de tal desvio tornaria a ação intervencionista inválida não

---

[281] "Rich people swim in clear water, and they don't have to think about it; indeed, they might not even notice it. Those who are well off need not take burdensome steps to ensure that that their water, food, and streets are safe." (SUNSTEIN, Cass R. *Why nudge?*, p. 132.)

somente por eventual infração à autonomia, mas principalmente pela busca da realização indireta de fins de modo contrário ao disposto nos regimes constitucionais liberais.

A manipulação, concebida como declaração ou ação que "não engaja ou apela suficientemente à capacidade da pessoa para uma escolha reflexiva e deliberativa",[282] seria uma característica pervasiva à vida humana em diferentes níveis e formas. O reconhecimento da repercussão negativa da manipulação é relacionado ao seu emprego mais nocivo, quando há um desrespeito à autonomia e à dignidade do indivíduo. Porém, se a promoção do bem-estar do indivíduo for o critério de aprovação das medidas de intervenção, a manipulação é tolerada se feita por um agente "benigno e bem-informado"[283] e se ela não alienar o sujeito de sua capacidade de deliberação. Medidas manipulativas praticadas por regimes autoritários, voltadas à perpetuação deles, ou concebidas para satisfação do interesse exclusivo dos seus elaboradores são inaceitáveis, tanto mais se o nível de manipulação for alto, o que tende a ocorrer se empregadas mentiras que vão além da mera apresentação mais favorável de uma das alternativas disponíveis à escolha.[284]

A compreensão de que o "paternalismo libertário" pretende corrigir distorções cognitivas que impeçam as pessoas de tomar as melhores decisões, em meio a uma análise objetiva e imparcial, pode parecer irrealista, ou mesmo indesejável, após uma reflexão sobre os motivos por que os seres humanos acreditam que suas vidas valem a pena. As pessoas entregam-se às suas paixões, amam desconhecendo os riscos a que se expõem e desfrutam de prazeres momentâneos sem que as consequências dessas escolhas sejam elementos decisivos nessas opções. O consumo de bebidas alcoólicas, de alimentos muito calóricos ou com quantidade elevada de açúcar, a contração de empréstimos para a manutenção de elevados gastos em bens de consumo, a ausência de preocupação em poupar ou assegurar-se contra sinistros, a escolha por uma vida oposta aos padrões recomendados para a manutenção de um corpo saudável podem ser componentes de uma firme opção pela

---

[282] SUNSTEIN, Cass R. *The ethics of influence*: government in the age of behavioral science, p. 114

[283] SUNSTEIN, Cass R. *The ethics of influence*: government in the age of behavioral science, p. 108.

[284] SUNSTEIN, Cass R. *The ethics of influence*: government in the age of behavioral science, p. 107,108.

satisfação no momento presente, em detrimento de uma expectativa de maior estabilidade no futuro. O entendimento de que o ser humano, em diferentes graus, realiza seu bem-estar ao fruir das emoções que essas escolhas propiciam nos convida a uma reflexão mais atenta à ressalva identificada por Sunstein. Uma vida isenta da influência das emoções é, para a maioria das pessoas, um menoscabo. A obtenção de uma resposta clara à oposição que seja feita entre presente e futuro é improvável e, por conseguinte, põe em xeque a possibilidade de escolhas imparciais e objetivas serem feitas sem que se ignore o poder de as emoções definirem os motivos dessas decisões.[285]

O "paternalismo libertário", como síntese de um conjunto de reflexões efetuadas a partir da análise do comportamento humano e da organização da sociedade ocidental contemporânea, envolve ideias que passaram a ter grande peso nas justificativas que podem ser legitimamente apresentadas pelo Estado para a consecução de políticas paternalistas em diferentes graus de intensidade. A força dos argumentos usados em sua defesa não impediu que críticas fossem feitas, explorando, em polos antagônicos, a intervenção estatal insuficiente, ou excessiva, atribuída ao "paternalismo libertário". Nas duas seções seguintes, essas versões terão seus principais pontos apresentados.

3.5 O "paternalismo coercivo"

A demonstração de que o comportamento humano se distancia muitas vezes dos resultados abstratamente esperados pela escolha racional reforça a percepção de que frequentemente decidimos de forma errada. O julgamento negativo dessas opções presume que haja fins últimos perseguidos pelas pessoas, os quais deixariam de ser concretizados por decisões que deixem de realizá-los, à luz dos fatos ora conhecidos pelos indivíduos ou em contraste com as crenças e os objetivos que componham o quadro das suas metapreferências. Para os defensores do "paternalismo libertário" e do "paternalismo assimétrico", essa discrepância entre o comportamento esperado e o efetivamente realizado é o resultado de um déficit cognitivo, capaz de ser suprido por medidas de incentivo e exposição de informações consideradas relevantes para a obtenção da escolha ótima. Contudo,

---

[285] SUNSTEIN, Cass R. *Why nudge?*, p. 156.

para alguns críticos, essa resposta é insuficiente e muito pouco eficaz. Se sabemos quais são os fins últimos perseguidos pelas pessoas, e que elas têm uma elevada tendência a cometer equívocos, por que não impedir que elas tomem decisões erradas, que poderão torná-las infelizes ou mesmo terão um efeito destrutivo em suas vidas?

A resposta que aponta a defesa da autonomia como elemento de resistência ao paternalismo é rejeitada por Sarah Conly, que não a considera um valor capaz de se sobrepor a intervenções que sejam feitas para compensar a incapacidade de as pessoas decidirem ou evitarem que sofram as consequências negativas dessas escolhas. A premissa de que as pessoas são capazes de decidir o melhor para si, suportando as consequências boas ou ruins desses atos, baseia-se numa construção filosófica iluminista, dissociada de resultados comprovados por pesquisas nas áreas de psicologia e pela economia comportamental. A preservação da autonomia, ante esses dados científicos, implicaria a aceitação de que, para proteção da igualdade e do respeito mútuo, as pessoas devem sofrer os efeitos negativos de suas decisões, o que, segundo Conly, é uma deturpação das justificativas dadas pelos opositores do paternalismo. Para ela, a promoção da igualdade e do respeito mútuo será atingida se ajudarmos uns aos outros a evitar erros e, por conseguinte, realizar nossos objetivos últimos[286] de ter "vidas longas e saudáveis",[287] que, num regime democrático, serão alcançados mediante uma legislação que não somente proteja a pessoa contra os danos infligidos por outros, mas também do mal que ela pode causar em seu prejuízo, forçando-a a fazer o que seja o melhor para si.[288] A aplicação de medidas de incentivo, tal como o faz o "paternalismo libertário", é reprovada, porque, por um lado, ao manipular inconscientemente as pessoas para que elas tomem decisões melhores, há uma infração à alegação de que essas políticas respeitam a capacidade de os indivíduos fazerem escolhas racionais, e, de outro, tais ações são ineficientes, uma vez que as pessoas mantêm as chances de fazer escolhas ruins.[289]

---

[286] CONLY, Sarah. *Against autonomy: justifying coercive paternalism*. Cambridge: Cambridge University Press, 2014, p. 3.

[287] "Coercive paternalism takes certain decisions out of hands. It does in order to help us do what we want to do, which is to lead longer and happier lives." (CONLY, Sarah. *Against autonomy*, p. 33.)

[288] CONLY, Sarah. *Against autonomy*, p. 4.

[289] CONLY, Sarah. *Against autonomy*, p. 8.

Os pressupostos do "paternalismo coercitivo" resultam de uma postura radical de ceticismo, observada nas afirmações de que a adoção de políticas paternalistas não supõe um desrespeito à capacidade racional dos seres humanos, pois, em muitos casos, ela é inexistente, sendo inútil considerar que a introspecção e o cuidado possam levar a uma decisão melhor.[290] A objetividade na análise dos aspectos relevantes para a tomada de uma decisão é mais facilmente obtida se ela é efetuada pelo Estado, que ocupa posição distante dos anseios de conformidade social e de adequação a tradições enfrentados pelos indivíduos em suas comunidades. A legislação paternalista teria um efeito pedagógico, pois educaria as pessoas a tomarem boas decisões e as incentivaria a desenvolver competências intelectuais, por prevenir que incorressem em erros evitáveis.[291]

Para tanto, é aceito o emprego de políticas de paternalismo forte em seus aspectos extremos: forçar os indivíduos a agir ou deixar de agir, bem como impor condutas às pessoas, que elas, por si, não escolheriam seguir.[292] A adoção de tais medidas por políticas gerais evitaria o risco de erros de individualização, para acomodação de situações particulares, e o sentimento de tratamento desigual entre as pessoas.[293] A admissão da coerção para que as pessoas alcancem seus fins últimos, segundo Conly, não acarreta o totalitarismo, pois a maior parte das decisões remanesce sendo dos indivíduos, ou o perfeccionismo, pois o paternalismo não pretende defender um conjunto específico de valores. Ademais, tomar decisões não é sempre subjetivamente recompensador, e um maior número de opções pode ser pior do que um conjunto mais restrito de alternativas.[294] A possibilidade de o paternalismo afetar a percepção das pessoas sobre si mesmas também é afastada, pois o sentimento de

---

[290] CONLY, Sarah. *Against autonomy*, p. 7,9, 29.
[291] CONLY, Sarah. *Against autonomy*, p. 72. Sarah Conly considera que os riscos de "infantilização", inerente a uma excessiva dependência de outros e de uma inaptidão para tomar decisões para si mesmo, não são maiores do que os ganhos obtidos pelas políticas paternalistas. Nesse sentido, ela afirma que, em muitos casos, não aprendemos com nossos erros e, nas situações em que conseguimos aprender com a experiência, é possível que esse conhecimento seja obtido tarde demais (p. 67).
[292] CONLY, Sarah. *Against autonomy*, p. 45.
[293] CONLY, Sarah. *Against autonomy*, p. 65.
[294] O argumento contrário à correlação entre aumento de número de opções e exercício mais amplo da liberdade também é apresentado por J. D. Trout, ao destacar que o incremento de alternativas dificulta a tomada de decisão, gera uma paralisia e aumenta o sentimento de responsabilidade pelo erro eventualmente cometido. (TROUT, J. D. Paternalism and cognitive bias. *Law and philosophy*, 24, 2005, p. 416-417.)

autoestima, que já é construído em meio a um cenário de restrições, não teria uma correlação objetiva com as nossas competências.[295]

Os limites das políticas paternalistas são construídos por uma avaliação de custos e benefícios, considerando-se a seriedade e a repercussão negativa de decisões erradas, os sentimentos das pessoas que serão submetidas a essas ações[296] e a capacidade institucional de o Estado tomar uma decisão correta.[297] Como exemplos, Conly aponta que o paternalismo não poderia fundamentar a seleção da profissão que uma pessoa deveria seguir, porque não é possível ter certeza de que o sujeito terá êxito em determinada carreira. Nesse ponto, vale mencionar o desempenho medíocre de Albert Einstein no ensino médio e o desapontamento dos professores em relação ao seu futuro.[298] A impossibilidade de apontar-se a melhor decisão também estaria presente nos envolvimentos afetivos, pois além de serem muitos os fatores que podem levar a um relacionamento bem-sucedido, o romance é – especialmente na cultura ocidental contemporânea – uma experiência valiosa, ainda que o resultado final seja um eventual fracasso. Apaixonar-se compõe a narrativa de nossas vidas, e pessoas sentem prazer em vivenciar esse sentimento, mesmo que os apaixonados tenham a sensação de apenas controlar metade de suas vidas.[299]

A exposição, que testa a premissa de que as deficiências cognitivas dos seres humanos seriam fundamento para o paternalismo forte, confere importância ao trabalho de Sarah Conly, porém não elimina inconsistências encontradas na argumentação utilizada, tampouco permitem que suas conclusões sejam consistentes com as concepções predominantes sobre liberdade, autonomia e as funções do Estado em regimes democráticos. A afirmação de que as pessoas almejam, como fim último, ter vidas longas e saudáveis, ainda que seja tida como correta, não implica a possibilidade de definição dos meios como esse objetivo poderá ser alcançado ou que o desejo de ter uma

---

[295] CONLY, Sarah. *Against autonomy*, p. 87.
[296] CONLY, Sarah. *Against autonomy*, p. 10.
[297] "Legislation shouldn't control even most aspects of life. Legislation should irrevocably interfere with their ability to reach their goals, and where legislation can reliably prevent them from making those bad decisions, and where legislation is the least costly thing that can prevent them from making these bad decisions. The majority of decisions we make do not meet these conditions." (CONLY, Sarah. *Against autonomy*, p. 72.)
[298] WHELLER, John Archibald. *Albert Einstein, 1879-1955*. Washington D.C.: National Academy of Sciences, 1980, p. 101.
[299] CONLY, Sarah. *Against autonomy*, p. 184.

vida "mais longa e saudável" sempre irá prevalecer sobre o desejo de ter uma vida com experiências arriscadas ou satisfações pontuais que não tenham a morte como consequência imediata. O fato de diferentes concepções e estilos de vida proporcionar uma maior longevidade pode excluir condutas extremas, porém permite um amplo conjunto de opções sobre as quais remanesce incerteza em relação à extensão de suas consequências negativas. Além disso, como já observado por Cass Sunstein, a intervenção paternalista voltada aos meios para a consecução dos objetivos perseguidos pelos sujeitos dificilmente deixa de conter uma opção por certos fins, o que – a despeito da negativa de Conly – revela a preferência por uma política perfeccionista, ainda que limitada a certos aspectos da vida humana.

A menor relevância dada à autonomia reduz a admissão da intervenção paternalista a uma análise de custos e benefícios que, embora seja atenuada pelo sentimento que as pessoas afetadas têm a respeito das decisões submetidas a essas políticas, não encontra um contraponto numa demarcação traçada por direitos – especialmente a liberdade e o exercício da autonomia – que impediriam que algumas escolhas fossem suscetíveis a tais restrições. De igual modo, a fragilidade com que os limites às políticas paternalistas são descritos seria incapaz de sustentar as ressalvas por ela indicadas. Em certas situações, caso admitidas as premissas de Conly, seria difícil impedir que o Estado, por exemplo, pudesse identificar – tal como o fazem programas adotados por sítios eletrônicos de relacionamentos – o perfil de pessoas que poderiam formar casais mais felizes, ou mesmo aplicar testes vocacionais como etapa do processo seletivo para admissão no ensino universitário.[300] A recusa de tais possibilidades exige uma fundamentação que não é oferecida pelo argumento de Conly, pois um exame exclusivo sobre custos e benefícios tenderia a apontar que tais medidas poderiam ser mais adequadas para a promoção do conjunto de elementos que levem a uma vida mais longa e saudável. Adicionalmente, a defesa mais incisiva do paternalismo não deveria ignorar o aumento da propensão de o Estado implantar políticas públicas restritivas que ampliem excessivamente sua intervenção em

---

[300] David Archard aponta que Sarah Conly não esclarece por que os problemas de irracionalidade que afetam a escolha humana somente seriam encontrados na definição de meios, e não na de fins. Como exemplo, questiona se alguém que acredita que pode ser um excelente escritor pode estar errado a respeito do que ele quer ser ou sobre como ele pode se tornar o que ele quer ser. (ARCHARD, David. Againt autonomy: justifying coercive paternalim by Sarah Conly. *Journal of Applied Philosophy* 30, 2013, p. 398.)

prol do bem-estar dos seus cidadãos, o que constitui, por sua vagueza e abstração, um fundamento aberto a distintas interpretações pouco afins à preservação do regime democrático e do pluralismo.

A argumentação favorável ao "paternalismo coercivo", sem uma descrição precisa de mecanismos suplementares de controle da atuação do Estado, traz uma arriscada ampliação de competências, desprovida de uma análise mais detida das condições históricas, institucionais e políticas que possam revelar em que medida a maior intervenção governamental pode elevar os riscos do advento do totalitarismo.

3.6 Críticas internas ao "paternalismo libertário"

O acerto da descrição dos fatores que impulsionam o "paternalismo libertário" não ignora algumas fragilidades da sua proposta, principalmente se questionada seriamente a possibilidade de o reconhecimento das deficiências cognitivas humanas ser capaz de propiciar a adoção de políticas públicas intervencionistas, que visem ao aumento da autonomia e da liberdade dos indivíduos.[301] Essa eventual inconsistência é uma das críticas que se somam àquelas que identificam contradições internas às premissas adotadas pelos defensores do paternalismo libertário como suficientes para infirmar a validade de suas conclusões ou receber, com maior cautela, as alegações feitas em prol de sua irrestrita adoção. Os argumentos nesse sentido poderiam ser agrupados em análises (i) teóricas, que criticam o compromisso dessas ideias com a perspectiva libertária; (ii) metodológicas, por impugnarem a possibilidade de as descobertas atuais da neurociência e da psicologia comportamental embasarem conclusões favoráveis ao paternalismo; e (iii) político-institucionais, ao criticarem a capacidade de o Estado bem definir e executar medidas voltadas à correção de deficiências cognitivas para promoção do bem-estar das pessoas.

Na perspectiva teórica, o "paternalismo libertário" é um termo contraditório, uma vez que as concepções do libertarianismo não objetivam a promoção do bem-estar, mas a ampliação do exercício da liberdade.[302] Muitas das medidas defendidas pelo "paternalismo libertário" provocam restrições à autonomia, porque ampliam o âmbito de interferência do Estado, mediante o reforço da transferência do

---

[301] BUBB, Ryan; PILDES, Richard H. How behavioral economics trims its sails and why. *Harvard Law Review*, 127, 2014, p. 1595.

[302] NOZICK, Robert. *Anarchy, state, and utopia*. New York: Basic Books, 2013, p. 297.

espaço de exercício do poder da sociedade para o governo,³⁰³ assim como afetam o processo decisório dos sujeitos quando se admite a manipulação como instrumento para afetar o modo como as escolhas podem ser feitas. Os defensores do libertarianismo admitiriam a intervenção estatal, em situações comprovadas de deficiência cognitiva, se tal medida melhorar as competências relacionadas ao processo decisório ou prevenir a tomada de decisões irracionais que restrinjam a liberdade. Para ilustrar a fundamentação libertária divergente, Gregory Mitchell reformula o exemplo de Cass Sunstein e Richard Thaler – segundo o qual uma lanchonete deveria ter seus produtos organizados de tal modo que os mais saudáveis ficassem expostos em lugares mais favoráveis à escolha dos consumidores – para afirmar que tal disposição de mercadorias deveria ser mantida, não para que as pessoas tivessem dietas mais saudáveis, mas para que fosse apresentado um maior número de opções aos consumidores propensos a escolher os alimentos mais calóricos.³⁰⁴

Os fundamentos listados para a defesa do "paternalismo libertário" tampouco permitem a sua completa defesa sob os argumentos liberais. Embora Mill já houvesse observado que o exercício da liberdade pressupõe as informações necessárias para que os sujeitos façam suas escolhas, conhecendo seus possíveis desdobramentos, as principais alegações apresentadas em favor do "paternalismo libertário" não consideram, efetivamente, a possibilidade de medidas menos restritivas – como a hipótese de uma política paternalista ter duração limitada até que as pessoas possam ajustar melhor suas preferências entre as escolhas disponíveis,³⁰⁵ a ampliação da possibilidade de consultas a profissionais especializados, a organização do processo decisório de forma sistemática, separando-se a responsabilidade pela coleta de informações da responsabilidade pela deliberação³⁰⁶ – serem

---

[303] GRÜNE-YANOFF, Till. Old wine in new casks: libertarian paternalism still violates liberal principles. *Social Choice and Welfare*, 38, 2012, p. 636,639.

[304] MITCHELL, Gregory. Libertarian paternalism is an oxymoron. *Northwestern University Law Review*, 99, 2005, p. 1264.

[305] GINSBURG, Tom; MASUR, Jonathan S.; MCADAMS, Richard H. Libertarian paternalism, path dependence, and temporary law. *The University of Chicago Law Review*, 81, 2014, p. 301.

[306] A defesa de medidas menos restritivas feita por Jeffrey Rachilinski considera que os defensores do "paternalismo libertário" privilegiam a análise dos custos da atividade regulatória em detrimento do exame dos custos de outras alternativas à intervenção estatal: "The psychological case for paternalism that now exists in the literature depends only upon a comparison of the costs of a regulatory intervention with the benefits of saving people from their own choices. This real case for paternalism, however, depends

tão eficientes para a correção de deficiências cognitivas e dão pouca relevância aos efeitos negativos associados às medidas de incentivo. Nesse ponto, as críticas ao "paternalismo libertário" dirigem-se ao fato de que muitas das medidas de incentivo propostas cerceiam a autonomia de forma desproporcional, porque seus efeitos práticos impedem a possibilidade de as pessoas terem efetivamente uma escolha diversa daquela apontada como preferencial, e porque um número significativo dessas medidas vale-se da manipulação como subterfúgio para impelir as pessoas a adotarem escolhas consideradas mais favoráveis à promoção do seu bem-estar. A explicação do primeiro aspecto pode ser feita recorrendo-se às mesmas premissas que embasaram a alegação de que a teoria da escolha racional era insuficiente para descrever o modo como os sujeitos efetivamente decidem. De fato, o poder da inércia nas decisões humanas demonstra a forte tendência de adoção da alternativa apresentada como modelo pelo agente responsável pela "arquitetura da escolha". O desempenho dessa atribuição pelo Estado ou pelo responsável pela implantação das medidas paternalistas de incentivo não modifica a forma como os seres humanos decidem e tampouco assegura que uma decisão mais ponderada será obtida, uma vez que os indivíduos continuarão a empregar regras heurísticas e ser influenciados pela inércia. A persistência do mesmo esquema de decisão faz com que o padrão de escolha favorecida pelo Estado, ainda que conte com uma opção de exclusão (*opt-out*), tenha efeito semelhante ao de uma determinação impositiva que dificilmente resulta em uma ampliação do exercício da autonomia.[307]

A preocupação relacionada ao impacto dessas políticas é maior quando constatado que a busca de uma maior eficiência das ações para a correção de deficiências cognitivas frequentemente não busca

---

upon demonstrating that the costs of either learning to adopt a superior approach to a choice or relying on others to make a choice exceeds the cost of paternalistic intervention. (...) In many cases, the costs of learning to make a good choice might outweigh the costs of a paternalistic intervention". (RACHLINSKI, Jeffrey. The uncertain psychological case for paternalism. *Northwestern University Law Review*, 97, 2003, p. 1219.)

[307] BUBB, Ryan; PILDES, Richard H. *How behavioral economics trims its sails and why*, p. 1618. MITCHELL, Gregory. *Libertarian paternalism is an oxymoron*, p. 1250. Em sentido contrário, com a afirmação de que as opções de exclusão sejam, na medida do possível, escondidas, posiciona-se J. D. Trout: "The lesson is clear: if you want people to make accurate assessments, then, once they identify the most reliable strategy, it is best that the option to defect or 'opt out' of the strategy not be made salient. And, when possible, the institutional arrangement should allow the agent to opt out, without significant penalty." (TROUT, J. D. Paternalism and cognitive bias, p. 432.)

o fornecimento de informações necessárias para a supressão dessas falhas, mas pretende delas se valer para a consecução do resultado que promova o bem-estar das pessoas, a partir das suposições feitas pelo agente paternalista a esse respeito. Nessas hipóteses, as medidas de incentivo visam à condução dos sujeitos a um determinado resultado e perigosamente aproximam-se da manipulação, pois deixam de ser um instrumento de convencimento e se tornam um artifício, por vezes subliminar, para imposição de determinada conduta em substituição às preferências subjetivas das pessoas, dado o conhecimento que se tem sobre suas tendências e inclinações psicológicas. Till Grüne-Yanoff enfatiza os riscos da manipulação baseado em três aspectos: os resultados científicos da psicologia comportamental ainda não são totalmente claros a respeito de como essas medidas devem ser implantadas e qual a extensão dos seus efeitos; inexistem critérios objetivos que definam quando as políticas de cunho manipulativo deverão ser aplicadas; e a presunção de que a intervenção manipulativa é mais eficiente se ela não for transparente para as pessoas que a elas se submetem.[308] A possibilidade de a manipulação ser deliberadamente empregada pelo Estado deve ser cuidadosamente examinada, uma vez que, além do respeito à liberdade e à autonomia, o dever de publicidade e de transparência imposto ao administrador público atribui um maior ônus na justificativa de qualquer medida de incentivo a ser desenvolvida com tal conteúdo. Essa cautela é maior ao se considerar que muitas medidas do "paternalismo libertário" têm seu poder persuasivo associado à apresentação desfavorável das opções contrárias. Um desdobramento negativo dessas políticas é o sentimento de desprezo e estigmatização gerado em relação às pessoas que não conseguem agir de acordo com os padrões definidos para o seu bem-estar, muitas vezes refletidos no crescente desconforto social sentido, por exemplo, pelas pessoas obesas ou tabagistas, que não conseguem se ajustar ao modelo vigente de vida saudável, condenadas, portanto, à sua "fraqueza autodestrutiva",[309] não obstante o preconceito que as relacionem a um menor autocontrole, tenacidade ou deficiência de caráter ignore a complexidade da repercussão de patologias físicas e psiquiátricas no controle da vontade humana ou mesmo na convicção

---

[308] GRÜNE-YANOFF, Till. Old wine in new casks, p. 637.
[309] A expressão (*self-destructive weakness*) é de Edward L. Glaeser. (Paternalism and Psychology. *The University of Chicago Law Review*, 73, 2006, p. 152.)

acerca de preferências que divirjam daquelas que favoreçam, a longo prazo, uma vida mais longa e saudável.

A crítica feita aos riscos de manipulação de políticas defendidas pelo "paternalismo libertário" aponta que os resultados das pesquisas de neurociência e psicologia comportamental não endossam, necessariamente, o conteúdo dessas medidas.[310] Essa constatação indica um erro metodológico do "paternalismo libertário", pois a premissa na qual ele se apoia – a existência de deficiências cognitivas inerentes à forma de decisão humana – não implica a conclusão de que as decisões do indivíduo serão contrárias ao seu bem-estar[311] ou de que o Estado deva intervir para a correção de tais escolhas.[312] Jeffrey Rachlinski, em inteligente metáfora, afirma que muitos juristas utilizaram as descobertas da psicologia comportamental tal como um bêbado usa um poste de luz: para apoio e não para iluminação.[313] A discussão sobre o uso deturpado de pesquisas, que revelaram resultados contrários àqueles esperados segundo os critérios estabelecidos pela teoria da escolha racional, baseia-se inicialmente na constatação de que essas conclusões frequentemente foram obtidas em contextos específicos,[314]

---

[310] KAHNEMAN, Daniel; WAKKER, Peter P.; SARIN, Rakesh. Back to Bentham? Explorations of experienced utility, p. 397: "The point of these observations is not to support paternalism, but to reject one of the arguments commonly raised against it. The claim that agents should be left alone because they generally know what is good for them is less secure than is generally assumed in economic discourse. A sounder case for resisting interventions in the decisions of individuals can be made on other grounds, such as the value of freedom and the high risk that coercive power will be abused. Invoking the assumption of rationality in this context merely denies the existence of a real dilemma." BERG, Nathan; GIGERENZER, Gerd. Psychology Implies Paternalism? Bounded Rationality May Reduce The Rationale Risk-Taking. *Social Choice and Welfare*, 28, 2007, p. 340: "Without specifying more institutional detail, committing to specific social-welfare metrics, and imposing auxiliary assumption about social interaction and the problem of aggregation, psychology implies no definitive position on paternalism". RACHLINSKI, Jeffrey. The uncertain psychological case for paternalism, p. 1168: "Nevertheless, the primary lesson that legal scholars have taken from the cognitive psychology of judgment and choice, the notion that people make systematically erroneous choices, is mistaken. At the very least, it has been overlearned and overapplied by legal scholars". CAMERER, Colin. Wanting, liking and learning, p. 93: "At this point, the neuroscientific basis for any practical paternalism is flimsy".

[311] MITCHELL, Gregory. Libertarian paternalism is an oxymoron, p. 1267.

[312] GLAESER, Edward L. Paternalism and psychology, p. 142.

[313] RACHLINSKI, Jeffrey. The uncertain psychological case for paternalism, 1176: "Indeed, most legal scholars probably use psychology 'the way a drunk uses a lamp-post: for support, rather than illumination'".

[314] Sobre a mudança do foco excessivo em dados obtidos a partir de experiências para a adoção de uma metodologia mais eclética nas pesquisas atuais da economia comportamental, cf. CAMERER, Colin; LOEWENSTEIN, George. Behavioral Economics: Past, Present, Future. In: CAMERER, Colin F.; LOEWENSTEIN, George. RABIN, Matthew (eds.). *Advances in behavioral economics*. Princeton: Princeton University Press, 2004, p. 8.

que não reuniriam todas as condições a serem avaliadas para a definição de uma política pública intervencionista. Como consequência, haveria uma dificuldade em se elaborar instrumentos regulatórios, pois as descobertas científicas nesse campo não seriam completamente conclusivas na definição de quais seriam os meios mais apropriados para correção de deficiências cognitivas, como eles repercutiriam nas decisões individuais e, na hipótese de fracasso, como eles deveriam ser modificados.[315]

De forma mais preocupante, a manipulação de informações científicas pode divergir dos fins legítimos de aprofundamento do saber e de oferecimento de melhores condições de vida para os seres humanos. O uso deturpado de financiamentos para pesquisas, o apoio à divulgação de resultados favoráveis a certos setores econômicos e a interferência ilícita na definição de políticas públicas de regulação são cogitações factíveis, principalmente quando exemplos concretos dão evidências de estratégias de manipulação do mercado.

Em 2016, após revisão de artigos científicos e das fontes de custeio de pesquisas, foi possível identificar que empresas que beneficiavam produtos derivados do açúcar foram responsáveis pelo incentivo à propaganda negativa relacionada ao consumo de alimentos com elevado teor de gordura entre 1960 e 1970, com o intuito de diminuir a divulgação de informações que associavam o consumo de açúcar (sacarose) com uma maior propensão de desenvolvimento de cardiopatias. O novo enfoque gerou uma menor preocupação com o uso de açúcar e a ênfase em políticas públicas para o combate ao consumo excessivo de alimentos gordurosos, cujos efeitos nocivos foram enfatizados por pesquisas financiadas por indústrias rivais, o que demonstra que a exposição de suposto embasamento científico para uma medida paternalista não deve ser recebido de forma acrítica.[316]

Por outro lado, é apontado que as decisões, baseadas em tendências individuais e regras heurísticas, não seriam essencialmente contrárias ao bem-estar do sujeito, ainda que desconsideradas as complexidades próprias à modificação de preferências ao longo do

---

[315] BUBB, Ryan; PILDES, Richard H. How Behavioral Economics Trims Its Sails and Why. *Harvard Law Review*, 127, 2014, p. 1597.

[316] As conclusões do estudo basearam-se na análise dos arquivos da Fundação de Pesquisa do Açúcar norte-americana (Sugar Research Foundation – SRF) e na correlação feita com os projetos de pesquisa financiados por ela. Cf. KEARNS, Cristin E.; SCHMIDT, Laura A.; GLATZ, Stanton A. Sugar industry and coronary heart disease research: a historical analysis of internal industry documents. *JAMA Internal Medicine*, 176, 2016, p. 1680-1685.

tempo ou à existência de metapreferências. Nathan Berger e Gerg Gigerenzer argumentam nesse sentido ao considerarem que medidas de incentivo nem sempre alcançam o resultado desejado e dão como exemplo a persistência do consumo de álcool e outras drogas, ainda quando adotada uma maior tributação ou a completa proibição, devido à menor sensibilidade do usuário à variação do preço e a constatação de que o consumo se torna mais arriscado se a disponibilidade do bem é menor.[317] A análise conjunta de outros exemplos indicaria a incorreção da elaboração de "axiomas normativos descontextualizados"[318] para a definição das políticas próprias ao "paternalismo libertário", pois as condições fáticas de cada situação examinada forneceriam dados que melhor indicam os benefícios e os custos que serão incorridos na adoção de uma medida de incentivo, o que, afinal, permitirá que se afira se ela é boa, ou prejudicial, ao indivíduo.

3.7 Crítica político-institucional ao "paternalismo libertário"

A crítica político-institucional fundamenta-se em parte dos argumentos já destacados na oposição ao paternalismo estatal e acrescenta um novo elemento para questionar se a alegada capacidade técnica do corpo funcional da Administração Pública é capaz de superar as dúvidas sobre a imparcialidade dos seus atos. Embora os defensores do "paternalismo libertário", em diferentes níveis de intervenção, não sejam explícitos na definição sobre o que constitui o "bem-estar" do indivíduo, os principais autores partem de presunções, pontuais ou agregadas, sobre quais seriam os objetivos últimos perseguidos pelas pessoas. Referências à "saúde", "felicidade" e "vida longa" são frequentes, o que, entretanto, não afasta a imprecisão dessas concepções especialmente quando se pretende superar as preferências subjetivas reveladas.

As deficiências cognitivas analisadas ao longo deste capítulo indicam que a incongruência entre essas preferências é frequente e especialmente grave, dependendo do conteúdo e da possibilidade

---

[317] BERG, Nathan; GIGERENZER, Gerd. Psychology implies paternalism? Bounded rationality may reduce the rationale risk-taking, p. 355.
[318] No original, *"context-blind normative axioms"*. (BERG, Nathan; GIGERENZER, Gerd. Psychology implies paternalism? Bounded rationality may reduce the rationale risk-taking, p. 355.)

de reversão da decisão equivocada. Contudo, a atribuição do poder interventor ao Estado, ainda que restrito a medidas de incentivo, acarreta o questionamento sobre a sua capacidade de identificar uma medida objetiva de bem-estar e de resistir às interferências de agentes econômicos interessados na continuidade de "arquiteturas de escolhas", em que as pessoas continuem suscetíveis a instrumentos de influência que deturpem sua capacidade de crítica e afetem, inconscientemente, a formação de suas vontades. Os posicionamentos que indicam que os indivíduos têm um maior incentivo ao rever suas escolhas, por sofrerem de forma imediata as consequências negativas delas, são formalmente consistentes, porém ignoram que, em situações específicas, a complexidade das escolhas feitas é de difícil compreensão para leigos, não obstante a quantidade de informações a que são expostos. De igual modo, os ganhos econômicos advindos de práticas manipuladoras podem fomentar a persistência na criação de novas estratégias que se valham das deficiências cognitivas humanas, o que torna mais difícil a possibilidade de o indivíduo ser capaz de se desvencilhar desses obstáculos sem medidas que imponham a obrigação de fornecimento mais amplo das informações que devem embasar a decisão a ser tomada.

O juízo a respeito da constitucionalidade dessas medidas de incentivo torna-se mais complexo no Brasil, pois a Constituição da República de 1988 enuncia a promoção do "bem de todos" (art. 3º, I) como um de seus objetivos fundamentais, confere ao Poder Público a competência de organizar a seguridade social (art. 194, parágrafo único) e atribui ao Estado o dever de proteção ao consumidor (art. 5º, XXXII, art. 170, V) à saúde (art. 196, *caput*), de acesso à educação (art. 205), de fomentar práticas desportivas (art. 217, *caput*), de proteção à família (art. 226), da criança, do adolescente, do jovem (art. 227) e de amparo às pessoas idosas (art. 230). As diferentes possibilidades de conformação do conteúdo desses deveres exigem que o Estado eleja medidas objetivas de bem-estar, as quais poderão ter eventual conteúdo paternalista questionado de acordo com as condições específicas de cada política pública adotada.[319]

---

[319] Vale acrescentar que o texto originário de 1988 previa que a dissolução do casamento civil pelo divórcio deveria aguardar o transcurso de um ano da separação judicial ou de dois anos de separação de fato (art. 226, §6º), o que poderia ser visto como exemplo de uma medida paternalista – não obstante distintas justificativas para tal previsão –, sob o argumento da necessidade de períodos de espera (*cooling-off periods*) para evitar-se a tomada de decisões impulsionadas preponderantemente pela emoção. A regra foi suprimida pela promulgação da Emenda Constitucional nº 66/2010, que passou a permitir o divórcio direto.

A evolução das estruturas administrativas públicas, mediante uma crescente especialização de funções, com o propósito de fornecer fundamentação técnico-científica de seus atos, inibir a frequência de juízos discricionários e conferir uma maior publicidade e transparência, a fim de propiciar a participação popular e um controle externo mais amplo de suas decisões, é um marco importante para o fortalecimento da democracia.[320] Entretanto, as consequências dessas novas concepções na organização administrativa podem constituir um progresso ou resultar em um novo modo de representar comportamentos obsoletos,[321] preconceitos ou relações ilícitas.[322] A pertinência da crítica institucional-administrativa ao paternalismo libertário, tal como ocorre na análise a ser feita sobre a extensão de qualquer intervenção estatal paternalista, deve ser medida pelos dados extraídos dos contextos específicos em que tais medidas venham a ser adotadas, os quais podem apontar uma maior desconfiança quanto à imparcialidade e à isenção do administrador público na proteção do consumidor e do cidadão.

3.8 Conclusões

O avanço dos estudos de neurociência e da psicologia comportamental tem contribuído para o desenvolvimento de uma das mais influentes e populares defesas do paternalismo no século XXI. A apresentação do "paternalismo libertário" como uma conciliação entre céticos e defensores moderados do paternalismo é resultado da conjugação de esforços para compreender as ciências sociais aplicadas com um conteúdo maior de objetividade e assim conferir um fundamento mais sólido para a elaboração de leis e regulamentos do que o oferecido pelos ensinamentos ora contestados da economia neoclássica, bem como representa uma tentativa de convergência entre diferentes correntes

---

[320] HARLOW, Carol. Global administrative law: the quest for principle and values. *The European Journal of International Law*, 17, 2006, p. 193.

[321] A inclinação da *Federal Trade Comission* (FTC) em proteger a "soberania do consumidor" na disciplina dos contratos bancários mostrou-se bastante prejudicial aos devedores mais pobres, idosos e com pouco nível educacional, que têm maior dificuldade em obter empréstimos com juros baixos e se submetem a cláusulas mais gravosas, tal como destaca Matthew A. Edwards. (EDWARDS, Matthew A. The FTC and the new paternalism. *Administrative Law Review*, 60, 2008, p. 364.)

[322] EPSTEIN, Richard A. The perilous position of the rule of law and the administrative state. *Harvard Journal of Law and Public Policy*, 36, 2013, p. 15. STEWART, Richard B. Administrative law in the twenty-first century. *New York University Law Review*, 17, 2003, p. 446.

políticas e ideológicas em torno da proposta de um governo que atue de forma mínima e pontual para preservação da liberdade nas situações em que o mercado seja, por si, incapaz de corrigir as falhas de seu funcionamento ideal.[323] Embora as críticas tenham destacado a dificuldade de conciliar esses objetivos e as limitações analíticas do atual estágio de desenvolvimento de pesquisas de neurociência e psicologia comportamental, os defensores do "paternalismo libertário" acertam ao afirmar que a aposta excessiva no modelo de escolha racional ignora que o contexto em que a decisão é tomada, as oscilações de autocontrole, a baixa capacidade de persistência, as tendências e os preconceitos dos indivíduos são elementos que influenciam o resultado de suas escolhas.

Essa constatação torna-se importante para a aferição da constitucionalidade das restrições à autonomia, pois o respaldo dado pelo liberalismo a medidas que promovam uma maior divulgação das informações necessárias a uma escolha mais abalizada ou evitem que o sujeito tenha seu julgamento deturpado pela manipulação engendrada por outros agentes privados não estaria, a princípio, presente nas hipóteses em que a promoção do bem-estar individual seja a justificativa para a intervenção do Estado.

A análise das condições próprias ao Brasil deve também observar que a probabilidade de as deficiências cognitivas encontradas no processo de escolha tornar as pessoas mais suscetíveis à manipulação é maior em uma sociedade onde o fornecimento de informações não leve a análises mais ponderadas sobre as alternativas disponíveis, devido à baixa capacidade de reflexão crítica sobre elas, principalmente se os indivíduos não tiveram a oportunidade de desenvolver as competências intelectuais associadas ao raciocínio lógico e à capacidade de interpretação. Em razão disso, a avaliação da adequação das políticas públicas de incentivo, concebidas dentro dos parâmetros do paternalismo libertário, deverá considerar que o êxito na realização dos deveres de proteção do Estado pode exigir medidas mais restritivas à autonomia, o que não implica a admissibilidade de políticas públicas de manipulação, avessas à transparência ou que promovam a distorção da realidade com o intuito de fazer com que o sujeito tenda a adotar um comportamento por um motivo distinto daquele resultante da

---

[323] BUBB, Ryan; PILDES, Richard H. How Behavioral Economics Trims Its Sails and Why. *Harvard Law Review*, 127, 2014, p. 1595. Os autores observam que "(...) BLE (Behavioral Law and Economics) is deceptively appealing precisely because its seductive mix of social-scientific realism and minimalist political aspiration" (p. 1677).

avaliação objetiva a respeito dos dados relevantes para o processo decisório. A reprovação da manipulação como estratégia usada por agentes privados se estende ao Poder Público, que não deve invocar o propósito de proteção do bem-estar como fim capaz de justificar meios que se valham da existência de deficiências cognitivas dos indivíduos como estratégias de convencimento.

A análise pontual da constitucionalidade das medidas de incentivo e a defesa delas no Brasil exigem que se afira a efetiva capacidade de a Administração Pública valer-se de conhecimento técnico especializado para a identificação das situações em que a presunção de racionalidade dos indivíduos se mostre falha e prejudicial ao seu bem-estar. A capacidade técnico-científica deverá também embasar a definição das políticas que venham a ser implantadas, com a abertura da possibilidade de revisão por meio da superação dos padrões que subsidiariam a sua elaboração, ou pela manifestação contrária à sua continuidade, decorrente da expressão direta do eleitor ou dos mecanismos institucionais de representação política. A carência de tal balizamento para o ato administrativo regulatório ou interventor afetará a sua presunção de legitimidade, o que se agrava conforme seja menor a expectativa de impessoalidade, decorrente de juízos não fundamentados e de um histórico de corrupção.

A par das características próprias ao Brasil e do modo como elas podem interferir na concepção de políticas públicas paternalistas, tal como concebidas pelos defensores do "paternalismo libertário", é possível estabelecer, de forma geral, que tais medidas devem: i) estar limitadas a situações em que há provas suficientes de que a confiança no processo de escolha racional, como capaz de levar as pessoas à tomada de melhores decisões, mostre-se prejudicial a elas; ii) o erro nessas escolhas cause danos significativos ou sejam irreversíveis, o que tende a ser mais frequente em decisões incomuns e de elevada complexidade; iii) estar suscetíveis a mecanismos de controle, inspirados pelo dever de transparência e publicidade; e iv) ser proporcionais ao risco que se pretende evitar, o que exige que se analise a existência de um fim legítimo a ser perseguido, a necessidade, a adequação e a proporcionalidade em sentido estrito da restrição imposta.

Contudo, as ressalvas enunciadas para a admissibilidade das medidas de incentivo, propugnadas pelo "paternalismo libertário", ainda não são suficientes para delimitar as situações em que elas podem ser justificadas, pois, mesmo na hipótese em que as Constituições disponham sobre os deveres do Estado, remanesce um amplo espaço de conformação suscetível a variadas concepções sobre o que seja o bem-estar do sujeito, como ele deve ser alcançado e protegido. O "paternalismo libertário" procura resolver essa questão a partir da apuração de falhas efetivas no mercado ou dos custos da intervenção proposta, arcados seja pelos sujeitos guiados por tendências, regras heurísticas ou emoções pontuais, seja pelos que, capazes de um maior exercício de autocontrole e força de vontade, devem suportar uma restrição indevida à realização de suas preferências subjetivas. Porém, tais respostas são incompletas, porque não examinam a possibilidade de essas políticas encontrarem limites nos direitos fundamentais.

Essa conclusão não pretende infirmar a validade do diagnóstico feito pelos pesquisadores que defendem o "paternalismo libertário", porém aponta que a validade e os limites constitucionais das medidas propostas exigem uma discussão frequentemente ignorada a respeito da proteção da autonomia e dos direitos fundamentais. O exame mais completo desse argumento será feito no próximo capítulo, quando analisarei a insuficiência do argumento utilitário para a resolução das questões relacionadas à admissibilidade do paternalismo estatal.

CAPÍTULO 4

RESTRIÇÕES À AUTONOMIA, CONSEQUENCIALISMO E PERFECCIONISMO

Em 23 de fevereiro de 1998, o Vice-Reitor da Universidade de Istambul publicou circular para proibir que os estudantes cujas cabeças estivessem cobertas pelo véu islâmico e os que usassem barba – incluindo os estrangeiros – fossem admitidos em palestras, cursos e tutoriais. No mesmo ano, Leyla Şarin, mulçumana, estudante da Faculdade de Medicina da Universidade de Istambul, devido ao uso do véu islâmico, não pôde fazer provas escritas de oncologia e saúde pública, teve sua inscrição negada para a disciplina de traumatologia-ortopédica e sua entrada proibida para uma palestra de neurologia. No ano seguinte, ela abandonou a Faculdade e continuou seus estudos na Universidade de Viena, onde se formou em medicina. Para combater a proibição do uso do véu islâmico nas dependências universitárias, Leyla Şarin interpôs recurso perante a Corte Europeia de Direitos Humanos, no qual afirmou, entre outras alegações, que a restrição infringiu sua liberdade religiosa, tal como disposto no art. 9º da Convenção Europeia de Direitos Humanos.[324]

---

[324] "Art. 9º – Liberdade de pensamento, consciência e de religião. 1. Qualquer pessoa tem direito à liberdade de pensamento, de consciência e de religião, este direito implica a liberdade de mudar de religião ou de crença, assim como a liberdade de manifestar a sua religião ou a sua crença, individual ou coletivamente, em público e em privado, por meio do culto, do ensino, das práticas e da celebração de ritos; 2. A liberdade de manifestar a sua religião ou convicções, individual ou coletivamente, não pode ser objeto de outras restrições senão as que, previstas nas leis, constituírem disposições necessárias, numa sociedade democrática, à segurança pública, à proteção da ordem, da saúde e moral públicas, ou à proteção dos direitos e liberdades de outrem".

A Corte Europeia, por maioria de votos, decidiu que a proibição não constitui uma violação à liberdade de religião e ao direito ao acesso à educação. Na fundamentação da posição majoritária, observou-se que a Turquia é um país com população majoritariamente mulçumana e que, todavia, incluiu, no seu texto constitucional, o compromisso com a defesa do secularismo, a fim de evitar que grupos religiosos mais radicais impusessem suas concepções e viessem a cercear o pluralismo. Ao interpretar o art. 9º, parágrafo 2º, da Convenção Europeia de Direitos Humanos, foi sublinhado que as restrições impostas à liberdade de religião, como "disposições necessárias numa sociedade democrática", devem ser analisadas de acordo com os elementos observados em cada país-membro, com o propósito de assegurar o pluralismo e a liberdade religiosa em respeito à ordem pública, à paz e à coexistência pacífica. O risco de grupos religiosos radicais imporem o uso do véu islâmico a todas as mulheres, caso a proibição inexistisse, foi abordado como justificativa para a vedação, tendo-se em vista as ameaças que o proselitismo poderia fazer sobre os adeptos de outras religiões e sobre as mulheres mulçumanas que optassem por não trajar o véu. As controvérsias relacionadas à liberdade de religião, à efetiva existência de um sentimento de submissão percebido pelas mulheres que usam o véu islâmico e aos efeitos nocivos da proibição para a emancipação de mulheres que deixaram de frequentar o ambiente universitário são tópicos importantes para a análise do julgamento da Corte Europeia de Direitos Humanos. Contudo, no início do presente capítulo, pretendo destacar parte do trecho das razões declinadas na fundamentação do posicionamento majoritário, quais sejam:

> (...) a Corte considera que, ao examinar a questão do véu islâmico no contexto turco, deve-se ter em vista o impacto que o uso de tal símbolo, que é apresentado ou percebido como um dever religioso compulsório, pode ter sobre quem decide não usá-lo. Conforme já notado (...), as questões em jogo incluem a proteção de 'direitos e liberdades de outros' e a 'manutenção da ordem pública' em um país onde a maioria da população, não obstante uma forte adesão aos direitos das mulheres e a um modo de vida secular, professa a fé islâmica. A imposição de limites nessa esfera pode, portanto, ir ao encontro de uma necessidade social premente buscando a realização desses dois propósitos legítimos, principalmente porque, tal como afirmado pelas Cortes turcas (...), esse símbolo religioso tem adquirido um significado político nos últimos anos.[325]

---

[325] *Leyla Şarin v. Turkey* [Grand Chamber], nº 44774/98, European Court of Human Rights, 10.11.2005. (Tradução livre)

Nessa passagem do julgado, a Corte afirmou que o exercício da autonomia, como medida de exercício ativo da liberdade, pode ser restringido para proteção do "direito e liberdade de outros" e manutenção da "ordem pública", mesmo que não identificada lesão concreta a direito de outrem, embora a Convenção Europeia de Direitos Humanos somente admita a restrição à liberdade de religião se o limite imposto constituir uma disposição necessária numa sociedade democrática (art. 9º, parágrafo 1º). A correção de tal fundamentação não será objeto de discussão no presente capítulo. No entanto, o raciocínio exposto permite questionar se argumentos relacionados ao contexto social em que a autonomia é exercida, e ao seu impacto sobre a percepção que os demais membros da sociedade política tenham sobre a sua fruição ideal, devem ter alguma repercussão nas restrições que sejam impostas à autonomia. A relevância dada às condições históricas, políticas e sociais da Turquia teve peso decisivo para considerar a compatibilidade da proibição do uso do véu islâmico com a Convenção Europeia de Direitos Humanos, tal como denotam as razões enunciadas para relacionar a restrição à conservação da "ordem pública".

A Corte Europeia de Direitos Humanos, em pronunciamento anterior, já havia identificado a possibilidade de restrições à autonomia estarem embasadas na necessidade de preservação da sociedade democrática, ainda que não fosse identificado dano concreto que se projetasse além da esfera dos direitos do responsável pela decisão. Em 1987, a polícia inglesa apreendeu fitas de vídeo com filmes de encontros sexuais sadomasoquistas de aproximadamente 44 homens no período de 10 anos. As atividades envolviam o uso de instrumentos para agressão dos órgãos sexuais capazes de causar lesões que provocassem sangramento e ferimentos. As pessoas filmadas consentiram com tais práticas, realizadas com o propósito de obter satisfação sexual pessoal, e podiam usar uma palavra-chave para interromper as agressões, as quais não causaram infecções, danos físicos permanentes ou a necessidade de procurar ajuda médica. Os encontros ocorriam em locais privados, previamente preparados, e os filmes gravados eram somente distribuídos entre os participantes, não tendo sido encontrados indícios de que eles eram vendidos ou vistos por pessoas que não pertenciam ao grupo. Colin Laskey, Roland Jaggard e Anthony Brown foram condenados, entre outros delitos, pelo crime de ajudar e incitar a prática de lesões ilegais e pela prática de atos que causaram lesões corporais.[326]

---

[326] Seção 20, das Ofensas contra a Pessoa, do Ato de 1861 ("Whosoever shall unlawfully wound or inflict any grievous bodily harm upon any other person, either with or without

A Câmara dos Lordes, após enfatizar que a orientação sexual dos réus não interferia na convicção formada, manteve a condenação por maioria, tendo sido destacado pelo Lorde Templeman que:

> Em princípio, há uma diferença entre a violência que é incidental e a violência que é infligida para a indulgência da crueldade. A violência dos encontros sadomasoquistas envolve a indulgência da crueldade por sadistas e a degradação das vítimas. Tal violência é prejudicial para os participantes e imprevisivelmente perigosa. Eu não estou preparado para argumentar em favor da defesa do consentimento em encontros sadomasoquistas que incentivam e glorificam a crueldade (...).
>
> A sociedade tem o direito e a necessidade de se proteger contra um culto de violência. O prazer derivado da inflição da dor é uma coisa abominável. A crueldade não é civilizada.[327]

Os votos dissidentes, na Câmara dos Lordes, apontaram que não havia interesse público em considerar criminosas condutas relacionadas à vida privada dos participantes, que nelas se engajaram com o intuito de obter satisfação sexual, sem propósito lucrativo, bem como que o risco de disseminação de infecções e do vírus HIV não se sustentava

---

any weapon or instrument,... shall be liable... to (imprisionment)... for not more than five years."). Seção 47, do Ato de 1861 ("Whosoever shall be convicted on indictment of any assault occasioning actual bodily harm shall be liable... to imprisionment for not more than five years.")

[327] *Laskey and others v. The United Kingdom* [Court (Chamber)], nº 21627/93, 21628/93, 21974/93, European Court of Human Rights, 19.02.1997. O Lorde Jauncey de Tullichettle acrescentou: "Seja como for, em consideração ao interesse público, seria errado examinar as atividades dos apelantes isoladamente, inexistindo qualquer sugestão de que eles e seus comparsas sejam os únicos praticantes de sadomasoquismo homossexual na Inglaterra e em Gales. Esta Corte, portanto, deve considerar a possibilidade de que essas atividades sejam praticadas por outras pessoas que não sejam tão controladas e responsáveis como os apelantes alegam ser. Sem entrar em detalhes das atividades bastante peculiares que os apelantes praticaram, parece ser um caso de boa sorte, e não de boa decisão, que preveniu a ocorrência de graves lesões. Feridas podem facilmente infecionar se não forem propriamente tratadas, a livre circulação de sangue de uma pessoa que seja HIV-positiva ou que tenha AIDS pode infectar outra, e o agressor, levado pela excitação sexual ou por bebidas ou drogas, pode causar dor e lesão além do nível que o agredido havia consentido. Os senhores Lordes não têm informação se tais situações ocorreram em relação a outros praticantes de sadomasoquismo. Não há dúvida de que foram esses perigos que levaram Lady Mallalieu a restringir suas proposições em relação ao interesse público atual e não ao potencial resultado da atividade. Na minha visão, essa restrição é bastante injustificada. Quando considerado, o interesse público potencial de dano é tão relevante quanto o dano atual. (...) Além disso, a possibilidade de proselitismo e a corrupção de homens jovens é um perigo real, mesmo no caso desses apelantes, e a filmagem de tais atividades sugere que o sigilo possa não ser tão estrito quanto os alegantes alegam ser para os senhores Lordes." (Tradução livre).

em argumentos convincentes, tal como se notava quanto à alegação de possível risco de corrupção de menores. Os acusados recorreram à Corte Europeia de Direitos Humanos, pois entenderam que suas condenações infringiram o art. 8º, da Convenção,[328] que dispõe sobre o direito ao respeito pela vida familiar e à privacidade, sujeito a restrições que sejam necessárias, numa sociedade democrática, para, entre outras razões, a proteção da moral. Em sua decisão, a Corte Europeia ressaltou que a orientação e a atividade sexuais são parte de um aspecto íntimo da vida privada, mas o fato de tais práticas serem realizadas a portas fechadas não atrai necessariamente a proteção prevista pelo art. 8º. No caso analisado, um número relativamente alto de pessoas estaria dedicado a angariar novos participantes, encontrar lugares para tais práticas e registrá-las em fitas de vídeo. Logo, constatada a possibilidade de se ter uma interferência à vida privada, caberia aferir se ela seria "necessária numa sociedade democrática". O Tribunal evitou discussões sobre a possibilidade de a moralidade pública embasar a reprovação das condutas dos recorrentes. Todavia, frisou que os atos praticados se assemelhavam a torturas que, a despeito do consentimento dos participantes, podem ser tipificadas pelo Direito Penal. A Corte, ao referir-se ao acórdão recorrido, observou que o Estado poderia punir as condutas que causam dano atual e aquelas que possam gerar um dano potencial, o que se verificaria na hipótese analisada, nas quais os atos eram "imprevisivelmente perigosos". Desse modo, concluiu que a condenação dos recorrentes era necessária, numa sociedade democrática, para a proteção da saúde, sem, contudo, pronunciar-se sobre o emprego da moralidade como justificativa para a punição.

Entretanto, a tentativa de omitir qualquer pronunciamento sobre a moralidade das condutas não é bem-sucedida, pois a Corte Europeia confirmou a decisão recorrida, embasada em tal fundamento, sem qualquer ressalva significativa, especialmente quando se verifica que o acórdão impugnado declinou fortes razões morais para justificar sua conclusão, bastando, nesse sentido, a referência feita por Lorde Templeman de que: "A sociedade tem o direito e a necessidade de se

---

[328] "Art. 8º – Direito ao respeito pela vida privada e familiar. 1. Qualquer pessoa tem direito ao respeito de sua vida privada e familiar, do seu domicílio e de sua correspondência. 2. Não pode haver ingerência da autoridade pública no exercício deste direito senão quando esta ingerência estiver prevista na lei e constituir uma providência que, numa sociedade democrática, seja necessária para a segurança nacional, para a segurança pública, para o bem – estar econômico do país, a defesa da ordem e a prevenção das infracções penais, a proteção da saúde ou da moral, ou a proteção dos direitos e das liberdades de terceiros."

proteger contra um culto de violência. O prazer derivado da inflição da dor é uma coisa abominável. A crueldade não é civilizada."

Embora as características próprias à competência e ao funcionamento da Corte Europeia de Direitos Humanos façam com que ela tenha uma maior deferência à possibilidade de as diversas jurisdições nacionais conformarem as disposições da Convenção às suas peculiaridades locais, é certo que concepções de "ordem pública" ou "moralidade" são excessivamente amplas e podem permitir, tal como uma interpretação plausível dos julgados citados autorizam, que a preservação de valores socialmente compartilhados sejam empregados para restringir a autonomia, mesmo que não identificada lesão concreta a direito de alguém.

As Cortes Constitucionais, em regimes democráticos, enfrentam esses desafios de forma mais contundente, pois, ainda que as Constituições não prevejam – tal como o faz a Convenção Europeia de Direitos Humanos – que o direito de respeito à vida privada possa ser restringido para a proteção da moral, a utilização de construções processuais para deferência a peculiaridades locais é mais escassa, tornando inevitável que o Judiciário decida se são válidas as restrições à autonomia criadas para a preservação de certas concepções ideais de vida. Os argumentos a favor da constitucionalidade dessas limitações são usualmente apresentados de modo obscuro, mesmo que utilizados retoricamente como forma de proteção a minorias.[329] A equivocada utilização de tais artifícios é negativa, porque evita a resolução das questões mais importantes do debate e a análise efetiva dos argumentos que podem dar suporte legítimo à possibilidade de o Estado se sobrepor a escolhas que o indivíduo faz para si, por reputar que ela não é boa para ele, em razão do contraste entre o seu conteúdo e as expectativas que sua comunidade tem a respeito da melhor conduta a ser adotada.

O segundo capítulo da tese, reservado à neutralidade do Direito, debateu parte dessas ideias, entretanto não se deteve no exame dos limites e das formas que tais valores devem enfrentar quando apontados como fundamentos para restrição do exercício à autonomia. O estudo dessa questão admitiria diferentes opções de análise, apoiadas na necessidade de o direito positivo conformar-se a um fundamento axiológico que lhe desse validade, ou na crítica comunitária de que a prevalência das decisões individuais não seria consistente com a

---

[329] HASDAY, Jill Elaine. Protecting them from themselves: the persistence of mutual benefits arguments for sex and race inequality, p. 1469.

conservação dos laços necessários à convivência social. Contudo, a alternativa seguida pretende identificar como seria possível conciliar o liberalismo com os modelos de vida boa considerados ideais. Uma das mais influentes elaborações teóricas nesse sentido foi dada por Joseph Raz, ao promover a defesa da compatibilidade do pluralismo moral com o consequencialismo perfeccionista. As análises de Raz sobre o paternalismo e o estudo da autonomia serão apresentadas na seção seguinte, a partir das quais serão relacionados os principais argumentos favoráveis e contrários às suas ideias.

4.1 Joseph Raz e a defesa liberal do perfeccionismo

Em "Moralidade da liberdade", Joseph Raz pretende demonstrar a possibilidade de ter-se uma teoria da liberdade política que não seja decorrente de princípios estritamente liberais,[330] assim entendidos como aqueles nos quais se apoia o individualismo para afirmar que a liberdade é intrinsecamente valiosa[331] e, por conseguinte, defender que somente as preferências individuais devam ser consideradas boas ou importantes.[332] A rejeição do argumento individualista implica a aceitação de que uma teoria da liberdade deveria abranger princípios de moralidade política que exigem que o Estado proteja e promova a liberdade individual, motivo por que o estudo da liberdade é parte de uma análise sobre a autoridade política e os fundamentos de sua legitimidade.[333]

---

[330] RAZ, Joseph. *The morality of freedom*, p. 2.
[331] Joseph Raz afirma que algo é intrinsecamente valioso se, e somente se, o seu valor não derivar das consequências reais, ou prováveis, ou das consequências que ele usualmente tende a gerar. (RAZ, Joseph. *Facing up*: a reply. *Southern California Law Review*, 62, p. 1226.)
[332] RAZ, Joseph. *The morality of freedom*, p. 16-18. Os elementos que compelem a pessoa a obedecer a uma autoridade ocupam parte importante dos estudos desenvolvidos por Raz, porém não serão ora objeto de exame minucioso, bastando que se destaque que a autoridade política é, em última instância, baseada no dever moral que os indivíduos têm para com os outros seres humanos, e que sua legitimidade, atrelada ao contexto político em que é exercida, pode radicar no seu maior conhecimento; estabilidade; capacidade de melhor fornecer padrões a serem seguidos pelos indivíduos e de evitar que eles arquem com os custos emocionais, de tempo e de recursos relacionado à decisão; bem como na maior aptidão da alcançar o que o indivíduo pretende, mas não tem condições de realizar (*The morality of freedom*, p. 72). Em *The authority of law*, Joseph Raz esclarece que: "Authority is ability to change reasons. Power is ability to change a special type of reason, namely protected ones. However, in the light of the objections to the simple explanation, we should regard authority basically as a species of power". (RAZ, Joseph. *The authority of law*: essays on law and morality. 2. ed. Oxford: Oxford University Press, 2011, p. 19.)
[333] O conceito de individualismo de Joseph Raz foi objeto de críticas feitas por Gordon Graham (GRAHAM, Gordon. Book Review: The morality of freedom. *The Philosophical*

A legitimidade da autoridade tem como fundamento o consentimento que, em razão de suas consequências normativas, pode ser explicado como comportamento (ação ou omissão) motivado pela crença de que ele mudará a situação normativa de outra pessoa, sendo ele assim entendido por seus observadores. O consentimento, além de ter o poder de conferir direitos (perspectiva performativa), tem uma importância não instrumental, pois a partir dele a pessoa "modela o formato do seu mundo moral".[334] Por meio dessa afirmação, Raz pretende demonstrar que a vida moral de uma pessoa não é exclusivamente reflexo de demandas que advêm do acaso ou das circunstâncias que lhe são externas, mas também dos anseios que ela se impõe e dos propósitos que pretende perseguir, o que a torna, em grau considerável, autora do seu mundo moral. Dessa forma, argumentos de natureza moral podem ser justificativas válidas para que as pessoas estabeleçam reivindicações morais sobre si e deem valor ou significância moral às suas vidas, o que se desdobra em dois valores morais distintos relacionados à importância de algumas relações humanas e ao modo como a pessoa conduz sua vida, por meio de objetivos e projetos que lhe deem conteúdo e formato.[335]

A teoria da liberdade política, inspirada pelo individualismo, incorpora uma crítica ao perfeccionismo seja por supor que os governos devem ser indiferentes à veracidade de ideais morais ou concepções de bem, seja por alegar que eles devem ser neutros em relação a essas diferentes concepções.[336] De acordo com Raz, a crítica ao

---

Quarterly, 37, 1987, p. 482), para quem uma definição mais plausível de individualismo implicaria afirmar que os bens coletivos somente são valiosos em função do valor gerado por eles na vida dos indivíduos, desconsiderando-se a sua importância nas atividades dos Estados e das nações, o que não resultaria numa contradição com a concepção de liberalismo.

[334] RAZ, Joseph. *The morality of freedom*, p. 86.

[335] RAZ, Joseph. *The morality of freedom*, p. 87. O consentimento dado à autoridade política requer, na perspectiva não instrumental, que a obediência vise à preservação de um governo e instituições justas, o que pressupõe a existência de uma sociedade razoavelmente justa. Como desdobramento da justificativa não instrumental do consentimento, Raz defende a separação de questões referentes à autoridade do Estado, o escopo do seu poder justificado, a obrigação de apoiar instituições justas e a obrigação de obediência à lei.

[336] RAZ, Joseph. *The morality of freedom*, p. 108. A definição de perfeccionismo, dada por Carlos Santiago Nino, é exemplo da crítica liberal que o concebe em oposição à autonomia: "La concepción opuesta al principio de autonomía tal como lo he presentado se suele denominar 'perfeccionismo'. Esta concepción sostiene que lo que es bueno para un individuo o lo que satisface sus intereses es independiente de sus proprios deseos o de su elección de forma de vida y que el Estado puede, a través de distintos medios, dar preferencia a aquellos intereses y planes de vida que son objetivamente mejores". (NINO, Carlos Santiago. *Ética y derechos humanos: un ensayo de fundamentación*. 2. ed. Buenos Aires: Editorial Astrea, 2007, p. 205.)

antiperfeccionismo defende uma doutrina de neutralidade política entre ideais de bem válidos ou não, o que abrange a neutralidade em relação às chances de cada pessoa tornar concreta a sua concepção de bem e à probabilidade de o sujeito adotar uma concepção em detrimento de outra.[337] A neutralidade tem diferentes graus, o que pode se refletir no seu emprego no debate político cotidiano ou somente na estrutura constitucional do Estado, bem como ela pode ser intencionalmente perseguida ou ser um produto acidental do comportamento dos agentes capazes de afetar a realização das concepções de vida das pessoas, independentemente de se ter uma razão para agir desse modo.[338]

A expressão da neutralidade na dimensão política implica diferentes variações de restrições impostas sobre a relevância de bens a serem perseguidos pelo Estado, as quais podem ser interpretadas de 3 maneiras: i) nenhuma ação política deve ser empreendida ou justificada porque ela promove um ideal de bem, tampouco porque ela torna um indivíduo apto a perseguir um ideal de bem; ii) nenhuma ação política deve ser empreendida se ela faz alguma diferença na probabilidade de uma pessoa acolher uma concepção de bem, ou nas chances de realizar tal concepção, a menos que outras ações sejam adotadas para infirmar esses efeitos; e iii) o objetivo prioritário da autoridade estatal é assegurar que todas as pessoas tenham uma igual capacidade de perseguir e promover na sociedade qualquer ideal de bem que elas escolham.[339] As interpretações dessas restrições da neutralidade e as consequências de algumas concepções de vida para a pessoa e a sociedade levam Raz a afirmar que a neutralidade não é sempre moralmente defensável e pode, em alguns casos, ser impossível.[340]

---

[337] RAZ, Joseph. *The morality of freedom*, p. 110,112.
[338] RAZ, Joseph. *The morality of freedom*, p. 113.
[339] RAZ, Joseph. *The morality of freedom*, p. 115.
[340] RAZ, Joseph. *The morality of freedom*, p. 121. Nesse sentido, Raz observa que a neutralidade, em certas situações, pode fazer com que o êxito do ideal de bem de um sujeito implique a fracasso daquele defendido por outra pessoa, o que o leva a diferenciar uma concepção ampla da neutralidade (*"comprehensive neutrality"*), segundo a qual as partes envolvidas devem ser ajudadas ou prejudicadas de igual modo em questões relevantes num conflito entre elas, de uma concepção limitada (*"narrow neutrality"*), na qual a ajuda ou o prejuízo provocado afetaria atividades ou recursos que somente seriam necessários para o conflito. (RAZ, Joseph. *The morality of freedom*, p. 122.)
A oposição a essa orientação poderia ser identificada na obra de John Rawls, especialmente quando analisado o argumento, apresentado em "Uma teoria da justiça", para apontar que a posição original – na qual as pessoas desconheceriam suas concepções sobre o bem – seria uma premissa teórica necessária para o desenvolvimento dos princípios de justiça, tal como já descrito no capítulo 2. Nesse sentido, Joseph Raz destaca que diferentes

A crítica à associação do individualismo à neutralidade é reiterada pelas ambiguidades da descrição de suas consequências como uma concepção "viva e deixe viver" (*"live and let live"*), na qual se questiona se cabe ao Estado maximizar a satisfação dos objetivos pessoais ou se ele deve dar às pessoas as oportunidades para que elas possam desenvolver suas vidas de acordo com suas escolhas.[341] A rejeição das duas versões se apoia na constatação de que as pessoas não devem ser incentivadas a ter vidas que possam lhes ser prejudiciais, bem como que o fornecimento de meios para que as pessoas persigam suas concepções de bem não é suficiente para que elas compreendam a utilidade deles ou como eles podem ser empregados para a elaboração racional de planos de vida.[342]

4.2 O conceito de autonomia de Joseph Raz

Raz afirma que uma pessoa autônoma é aquela que "pode moldar a sua vida e determinar o curso dela", o que abrange capacidade de agentes racionais escolherem entre diferentes opções, tomando decisões informadas e efetivas, e a capacidade de "adotar projetos pessoais, desenvolver relacionamentos e aceitar compromissos com causas, através dos quais sua integridade pessoal, senso de

---

concepções de bem em uma dada cultura não impedem a existência de elementos comuns entre elas e, por conseguinte, um acordo sobre os diferentes modos para avaliar os ideais de bem, ainda que este seja um "segundo melhor resultado", diante da impossibilidade de se obter um consenso sobre a constituição ideal. Entretanto, a influência kantiana na obra de Rawls revelaria que a defesa da neutralidade não é feita como instrumento para restrição da autoridade política, mas como exigência para que todas as pessoas possam expressar e desenvolver seus ideais de bem e planos de vida, concebidos de forma autônoma, motivo por que a sua proposta estaria mais próxima de uma doutrina de pluralismo moral do que de uma teoria sobre a neutralidade. Para diferenciar essas duas posições, Raz aponta que a defesa da liberdade de escolha do indivíduo entre várias concepções de vida moralmente aceitáveis, ainda que incompatíveis, não acarreta a neutralidade do Estado, o qual pode incentivar a adoção de concepções válidas e desencorajar aquelas que sejam consideradas nocivas. (RAZ, Joseph. *The morality of freedom*, p. 133.)

[341] RAZ, Joseph. *The morality of freedom*, p. 144. A diferenciação apontada por Joseph Raz poderia ser vertida num debate sobre se o princípio da autonomia requer a mais completa satisfação dos planos de vida ou preferências dos indivíduos, ou se ele exige o aumento da capacidade de as pessoas elegerem seus planos de vida ou de formarem preferências, tal como observado por Carlos Santigo Nino, o qual defende que a capacidade de optar entre diferentes planos de vida é algo mais valioso do que a capacidade de satisfazê-los. (NINO, Carlos Santiago. *Ética y derechos humanos*, p. 221,222.)

[342] RAZ, Joseph. *The morality of freedom*, p. 144. Joseph Raz usa o termo "falsos desejos" como aqueles baseados em crenças falsas, nas quais a falsidade da crença infirma a razão para o desejo. (RAZ, Joseph. *Facing up*: a reply, p. 1213.)

dignidade e autorrespeito se tornam concretos".³⁴³ O conceito indica que a autonomia admite diferentes graus, não obstante o seu nível máximo seja uma impossibilidade, em razão dos limites biológicos e sociais enfrentados. Seus requisitos seriam a racionalidade do agente; a existência de condições mínimas para uma vida valiosa, de sorte que as escolhas da pessoa não visem estritamente à sua subsistência; a existência de uma variedade de opções aceitáveis disponíveis³⁴⁴ bem como a ausência de coerção e manipulação por terceiros, o que conferiria independência ao sujeito.³⁴⁵ Os elementos distintivos do conceito estão associados à importância de certas decisões, reveladoras de importantes compromissos morais e sociais, que conferem dignidade e autorrespeito à pessoa. Essas escolhas compõem um núcleo material da autonomia – em contrapartida a posições que definem autonomia sob uma perspectiva formal ou descritiva – e pressupõe que a pessoa é a "autora de seu mundo moral"; o que, em certos casos, torna a traição ou o abandono desses compromissos uma violação à integridade do sujeito, a ponto de tornar a vida, num sentido moral, "sem valor ou mesmo impossível".³⁴⁶

Como desdobramentos do conceito de autonomia e da crítica à versão individualista do liberalismo, Raz afirma que, em certas ocasiões, o Estado somente pode respeitar as pessoas se ignorar determinadas dimensões morais do que seria um tratamento respeitoso delas.³⁴⁷ O Direito Penal seria um exemplo de como as concepções sobre a melhor maneira de condução da vida, quando amparada pelas normas constitucionais, são impostas sobre a coletividade, independentemente de sua veracidade e correção. A adoção de uma concepção ideal de vida pode contar com apoio unânime da sociedade, o que poderia tornar menos discutível que instituições sociais se tornem veículos para a confirmação e o incentivo de tal modelo. Em hipóteses de divergência, a política perfeccionista não implica o imprescindível uso de medidas coercitivas em prol de uma determinada concepção, pois elas podem

---

[343] "(Significantly) autonomous persons are those who can shape their life and determine its course. They are not merely rational agents who can choose between options after evaluating relevant information, but agents who can in addition adopt personal projects, develop relationships, and accept commitments to causes, through which their personal integrity and sense of dignity and self-respect are made concrete." (RAZ, Joseph. *The morality of freedom*, p. 154.)

[344] RAZ, Joseph. *The morality of freedom*, p. 155, 204.

[345] RAZ, Joseph. *The morality of freedom*, p. 373-373.

[346] RAZ, Joseph. *The morality of freedom*, p. 154.

[347] RAZ, Joseph. *The morality of freedom*, p. 157.

ser veiculadas por ações que visem a favorecer ou desencorajar certos comportamentos, tal como ocorre na distribuição de prêmios a atividades que promovam importantes ações sociais e trabalhos comunitários, ao passo que comportamentos ou bens considerados prejudiciais (álcool, tabaco, armas de fogo) são usualmente tributados de forma mais acentuada para desincentivar a prática ou a aquisição deles.

A concepção de perfeccionismo apresentada por Raz não pretende afirmar a existência de uma única proposta de vida moralmente correta, mas atestar que inexiste um impedimento, fundado em princípios, para que governos atuem embasados em razões morais.[348] O perfeccionismo pode ser compatível com o pluralismo moral – em que diferentes modelos rivais de vida possam coexistir, a despeito da incompatibilidade enfrentada por uma pessoa, caso pretenda adotar mais de um deles – se a vigência de múltiplas concepções de vida ideal for algo valorizado. Entretanto, a admissão do pluralismo moral não tem como consequência o reconhecimento de que qualquer decisão que a pessoa tome sobre sua vida tenha igual valor moral, independentemente do resultado oriundo dessa escolha. A perseguição de concepções ideais de vida merece ser privilegiada, porque o apoio dado a esses modelos envolve uma questão social e não meramente individual. Os ideais perfeccionistas estão inseridos em uma cultura que os endossa e que os propaga mediante um "comportamento público e por suas instituições formais", de sorte que o abandono dessas concepções comprometeria também a própria sobrevivência de elementos que são culturalmente compartilhados e valorizados.[349]

A alegação de que esses argumentos se opõem à dignidade humana e ao igual respeito entre os indivíduos não os compromete a princípio, pois a autonomia é um valor cultural, de sorte que o respeito pelas pessoas não é igual ao respeito pela autonomia pessoal.[350] Os direitos liberais tradicionais são uma justificação "para manter e proteger a moral fundamental e a cultura política

---

[348] RAZ, Joseph. *Facing up:* a reply, p. 1230.
[349] RAZ, Joseph. *The morality of freedom*, p. 161,162.
[350] RAZ, Joseph. *The morality of freedom*, p. 189. O argumento de Raz é apresentado como crítica à posição de Ronald Dworkin, segundo a qual os direitos seriam o fundamento da moralidade política. Para Raz, esses fundamentos devem abranger também os deveres, os objetivos e as virtudes, por exemplo. Os direitos são importantes pela sua força peremptória e por se basearem no interesse individual, mas este papel seria específico e não compreensivo, de sorte que eles podem veicular considerações morais específicas, mas não constituem as bases para todas as considerações morais (p. 192).

de uma comunidade por meio de arranjos institucionais específicos e convenções políticas",[351] e não o resultado de uma articulação de princípios políticos ou fundamentos morais. Nesses termos, Raz reitera os elementos do conceito de autonomia para atrelar o seu exercício à existência de opções aceitáveis, as quais pressupõem condições sociais identificadas como "bens coletivos" – associados à possibilidade de escolhas individuais poderem encontrar respaldo institucional, social e político, como elemento imprescindível à viabilidade delas, tal como o reconhecimento de casamento ou a oportunidade de ter uma profissão legalmente reconhecida –, uma vez que a "distribuição" desses bens não é voluntariamente controlada pela pessoa que possa beneficiar-se deles.

A constatação de que o exercício da autonomia requer que muitas das escolhas feitas pelo sujeito sejam admissíveis pelas instituições sociais e pela comunidade revela que "bens coletivos" podem ser imprescindíveis para a realização da autonomia, o que a torna incompatível com um individualismo moral[352] e, por conseguinte, infirma a possibilidade de ser concebida uma vida autônoma a par das condições sociais.[353] Os bens coletivos, compreendidos como "estados da sociedade",[354] compõem o pano de fundo para a valorização da autonomia. Consequentemente, não existe um direito à autonomia como resultado exclusivo de uma reivindicação individual, pois um

---

[351] RAZ, Joseph. *The morality of freedom*, p. 245. Não obstante o tom explícito do texto, John Martin Fischer entende que Raz não apresenta os direitos liberais como argumentos contrários à possibilidade de o Estado promover ideais morais, mas como limites no modo de promoção desses ideais. (FISCHER, John Martin. Book review: The morality of freedom. *The Philosophical Review*, 89, 1989, p. 255.)

[352] RAZ, Joseph. *The morality of freedom*, p. 106. Raz nota que eventuais controvérsias sobre a moralidade de algumas opções de vida autônoma devem ser resolvidas pela regra geral do dever de respeito em relação aos valores que dão sentido à vida humana, ainda que sejam valores em relação aos quais a vida de uma pessoa não dependa para ter sentido (p. 212).

[353] "A right to autonomy can be had only if the interest of the right-holder justifies holding members of the society at large to be duty-bound to him to provide him with the social environment necessary to give him a chance to have an autonomous life. Assuming that the interest of one person cannot justify holding so many to be subject to potentially burdensome duties, regarding such fundamental aspects of their lives, it follows that there is no right to personal autonomy. Personal autonomy may be a moral ideal to be pursued by, among others, political action. It serves to justify and to reinforce various derivative rights which defend and promote limited aspects of personal autonomy. But in itself, in its full generality, it transcends what any individual has a right to. Put it another way: a person may be denied the chance to have an autonomous life, through the working of social institutions and by individual action, without any of his rights being overridden or violated." (RAZ, Joseph. *The morality of freedom*, p. 247.)

[354] RAZ, Joseph. *Facing up:* a reply, p. 1226.

direito pressupõe a sujeição de outros aos deveres que ele implica, razão por que, de acordo com a correta observação de Roger A. Shiner, os direitos individuais serão objetos de proteção estatal se os interesses de seu titular promoverem e forem promovidos por estes bens coletivos.[355]

A possibilidade de a liberdade ter sua abrangência limitada por demandas da sociedade, como exemplo da possível oposição entre a força peremptória dos direitos e os interesses da coletividade, é mais bem explicada pela compreensão que se tenha sobre o consequencialismo,[356] empregado como possibilidade de comparação de importância ou peso entre diferentes razões, conforme a transparência dos seus valores intrínsecos, verificados de acordo com características do objeto ou da conduta para algum agente, que prefere a presença desses traços à ausência deles.[357] A comparação a ser feita não pretende eliminar a integridade que cada pessoa tem por ser membro da sociedade, mas destacar que a prioridade de nossos projetos e reivindicações individuais não deve ser reconhecida apenas por serem nossos.[358]

4.3 Formas sociais, pluralismo moral e autonomia

A comparação entre distintas ações toma como referência o bem-estar do indivíduo, obtido a partir da exitosa realização de atividades valiosas em uma vida livre de repressões, sobre aspectos importantes da personalidade do sujeito,[359] e da satisfação de finalidades mais

---

[355] SHINER, Roger A. New books: the morality of freedom. *Philosophy*, 63, 1988, p. 119. REGAN, Donald H. Authority and value: reflections on Raz's morality of freedom. *Southern California Law Review*, 62, 1989, p. 1000.

[356] Raz não usa esse termo para descrição de uma análise restrita aos desdobramentos positivos ou negativos de uma conduta, pois ele admite que certas ações podem ser intrinsicamente boas ou ruins.

[357] Além da comparação e da transparência, Raz identifica outras ideias que, embora não sejam por ele acolhidas, podem ser relacionadas ao consequencialismo, tais como o "consequencialismo estrito" ("as únicas razões a favor, ou contra, uma ação são as consequências que a realização, ou a não realização, dela podem ter"); a "neutralidade do agente" ("o valor comparativo entre duas situações deve ser mesmo sob a perspectiva de todos os agentes"); a "maximização" ("uma ação é correta se a realização dela tem um valor ao menos tão alto quanto qualquer das outras alternativas disponíveis ao agente"); a "responsabilidade negativa I" ("as consequências previstas e as desejadas para uma ação são igualmente relevantes para a sua avaliação"); e a "responsabilidade negativa II" ("na avaliação de uma conduta as consequências das omissões [possíveis e reais] de um agente as consequências [possíveis e reais] de suas ações contam de igual forma"). (RAZ, Joseph. *The morality of freedom*, p. 268,269.)

[358] RAZ, Joseph. *The morality of freedom*, p. 286.

[359] A definição de bem-estar adotada por Joseph Raz tem uma matriz aristotélica (1989, p. 1227) e foi analisada com maiores detalhes em *Ethics in Public domain: essays in the morality*

abrangentes, qualificadas pela correspondência com as "formas sociais" existentes.[360] O conceito de "formas sociais" refere-se às "formas de comportamento que são realmente praticadas de modo amplo na sociedade", sendo descritas como "crenças compartilhadas, folclore, cultura, imaginação e metáforas compartilhadas coletivamente", que dão significado ao comportamento individual e são a base para a manutenção e formação de objetivos, porque – segundo Raz – o sujeito irá conceber sua vida de acordo com as avaliações que faça sobre práticas sociais e atitudes relacionadas a essas atividades. Desse modo, a pessoa não forma seus objetivos em um processo de "deliberação explícita", mas pela repetição de hábitos, isto é, por meio de um processo de aprendizado baseado em interações significativas.[361]

A limitação da perseguição dos interesses individuais no meio social é dada pela moralidade, que veicula o conjunto de princípios capazes de restringir a realização desses interesses em prol daqueles dos demais membros da comunidade.[362] Contudo, a oposição à moralidade não é feita pelo bem-estar pessoal, uma vez que este é quase sempre obtido se há uma correspondência com as formas sociais, que constituem uma fonte comum de valores para a moralidade e o bem-estar pessoal.[363] Ressalvadas situações excepcionais, em que as formas sociais disponíveis ao indivíduo estão moralmente corrompidas, um real conflito entre o bem-estar do indivíduo e o dos demais membros da sociedade não tende a existir, pois ambos os conceitos de bem-estar estão embasados numa mesma fonte de valores. Não obstante esta coincidência, Raz aponta que nem sempre será possível obter uma única

---

of law and politics. (Oxford: Clarendon Press, 2001, p. 3-28), trabalho posterior a *The Morality of Freedom.*

[360] RAZ, Joseph. *The morality of freedom*, p. 308-309.

[361] RAZ, Joseph. *The morality of freedom*, p. 311. "(...) Just as the eye continues to guide the hand all the way to its target, and is not limited to determining its original trajectory, so our continued awareness of the common culture continuously nourishes and directs our behavior in pursuit of our goals." (RAZ, Joseph. *The morality of freedom*, p. 312.)

[362] RAZ, Joseph. *The morality of freedom*, p. 311. Com menor abrangência, Raz define a prudência como uma forma de controle baseada exclusivamente nos interesses do agente (p. 311).

[363] "Given that the well-being of the agent is in the successful pursuit of valuable goals, and that value depends on social forms, it is of the essence of the value that it contributes to the constitution of the agent's personal well-being just as it defines moral objectives. The source of value is one for the individual and the community. It is one and the same from the individual and from de the moral point of view. Individuals define the contours of their own lives by drawing on the communal pool of values." (RAZ, Joseph. *The morality of freedom*, p. 318.)

decisão correta, pois as pessoas poderão agir de forma distinta, ainda que suas razões sejam guiadas pelos mesmos fatores.

A consistência desse argumento estaria baseada na incomensurabilidade[364] entre diferentes opções, ante a impossibilidade de apontar que uma seja melhor que as demais, impedindo que a avaliação racional fosse um método capaz de levar a uma escolha ótima. A incomensurabilidade estender-se-ia ao modo como as formas sociais são percebidas pelas pessoas,[365] o que, caso rejeitado, poderia provocar uma deturpada concepção sobre o valor dos relacionamentos e sentimentos humanos, tal como exemplificado pela incorreta compreensão do significado da amizade ou dos laços parentais, caso se cogitasse medir o valor deles em dinheiro.

A admissão de restrições à autonomia reitera a defesa do consequencialismo perfeccionista como referência a ser seguida para supressão de alternativas consideradas prejudiciais ao sujeito. Segundo Raz, a "autonomia somente tem valor se exercida para a realização do bem. A ideia de autonomia exige somente a disponibilidade de opções moralmente aceitáveis".[366] Nessa ótica, o sujeito não enfrentaria o desapontamento derivado de escolhas ruins, sendo dele demandada uma vida de integridade, entendida como aquela em que a pessoa é

---

[364] Joseph Raz fornece explicação da noção de incomensurabilidade (*The morality of freedom*, p. 324-327) e a detalha em estudo posterior para indicar que a incomensurabilidade de valores é reflexo de uma indeterminação epistêmica para a realização da uma escolha que pode, ao final, ser feita em uma nova etapa que não envolve uma avaliação racional (*Facing up*: a reply, p. 1221,1222). Embora uma análise mais detida do debate em torno da incomensurabilidade fuja ao objetivo da tese, vale registrar que a adoção desse conceito foi criticada por veicular uma incorreta sobreposição dos conceitos de indiferença e ausência de significado moral (SHINER, Roger A. New books: The morality of freedom, p. 122), e por supor que incomensurabilidade implicaria impossibilidade de comparação, o que traria dificuldades se, para além do âmbito de decisões tomadas por uma pessoa sobre sua vida, fossem analisadas as disputas entre partes, em torno de reivindicações concorrentes baseadas em direitos fundamentais, a ser resolvida por meio de uma decisão judicial (cf. SILVA, Virgílio Afonso da. Comparing the incommensurable: Constitutional principles, balancing and rational decision. *Oxford Journal of Legal Studies*, 31, 2011, p. 285). Sobre a crítica à incomensurabilidade, confira-se também. REGAN, Donald H. Authority and value: reflections on Raz's Morality of freedom, p. 1056

[365] RAZ, Joseph. *The morality of freedom*, p. 366.

[366] "Autonomy is valuable only if exercised in pursuit of good. The idea of autonomy requires only the availability of morally acceptable options." (RAZ, Joseph. *The morality of freedom*, p. 381). Essa perspectiva rejeita a possibilidade de opções ruins serem ofertadas, porque a sabedoria adquirida pela rejeição de alternativas equivocadas, a necessidade de aprimoramento de julgamentos morais e da capacidade de discernimento, bem como o desenvolvimento de virtudes morais para que se evite o mal não trariam proveito que superasse os ganhos advindos de um cenário em que somente estivessem disponíveis opções que conduzam as pessoas a uma vida moralmente boa (p. 380).

leal às suas escolhas e com elas se identifica, o que não exige uma vida planejada ou imutável, mas uma perspectiva em que a realização dos projetos pessoais tenha um valor inerente, resultado de um gradual desenvolvimento de uma capacidade de compreensão a respeito de si mesmo.[367]

A associação da autonomia ao ideal de autocriação consciente e livre requer uma cultura e um ambiente que propiciem que as pessoas possam assim conduzir suas vidas, e conformem um aspecto central do sistema de valores da sociedade,[368] os quais, por conseguinte, irão se refletir na diversidade de formas sociais.[369] Essa variedade exemplifica o pluralismo moral, dada a existência de várias formas de vida capazes de concretizar diferentes virtudes que, no entanto, são incompatíveis, uma vez que a adoção de uma dessas formas normalmente impede que uma mesma pessoa se comprometa com outra ao longo de sua vida.[370] Essas diferentes virtudes não têm uma fonte ou princípios últimos comuns, tampouco estão ordenadas segundo um critério de valor moral, de forma impessoal ou de maneira estrita e imutável para cada indivíduo.[371] A ausência de ordenação moral prévia e a consecução de diferentes formas de vida associadas a virtudes não coincidentes, quanto a suas origens e seus resultados, demanda uma avaliação pessoal efetuada livremente quando uma pessoa decide qual forma de vida pretende seguir, o que confirma a necessária correlação entre pluralismo moral e autonomia. Contudo, a admissão do pluralismo moral não implica uma tolerância ampla, capaz de impedir que se evitem ações contrárias a algumas formas de vida consideradas ruins ou erradas.[372]

O entrelaçamento entre autonomia e pluralismo moral não substitui a responsabilidade do sujeito como principal agente responsável pelas escolhas que irão conformar sua vida, porque essa conjunção

---

[367] RAZ, Joseph. *The morality of freedom*, p. 382,385.
[368] Francesco Biondo observa que um valor é objetivo e, portanto, suscetível à aceitação por membros livres e iguais de uma sociedade se ele puder ser veiculado por uma reivindicação política racionalmente deduzida (*reasonable*). (BIONDO, Francesco. Two types of liberal perfeccionism. *Ratio Juris*, 18, 2005, p. 519.)
[369] RAZ, Joseph. *The morality of freedom*, p. 394.
[370] RAZ, Joseph. *The morality of freedom*, p. 394. Raz destaca que o termo moral é aqui empregado em seu sentido amplo, com o propósito de abranger "a completa arte da vida boa" (p. 397).
[371] RAZ, Joseph. *The morality of freedom*, p. 396,397.
[372] RAZ, Joseph. *The morality of freedom*, p. 402. A adoção de determinadas virtudes também pode exigir tolerância, especialmente se os comportamentos a elas associados causarem uma restrição a outras virtudes. Raz considera que tal hipótese pode estar associada a um "pluralismo moral competitivo" (p. 404).

supõe a existência de deveres para que sejam asseguradas as condições que permitam a autonomia de uma pessoa.[373] Esses deveres envolvem a criação de: (i) aptidões pessoais para uma vida autônoma, as quais incluem capacidades cognitivas (avaliação racional, absorção e uso de informações, memória), emocionais, criativas e físicas; (ii) traços de caráter essenciais ou que possam ajudar em uma vida autônoma (por exemplo, estabilidade, lealdade e a capacidade de ter vínculos pessoais e manter relações de intimidade); e (iii) criação de um conjunto de opções adequadas para a escolha do indivíduo.[374] Embora Raz não explicite em que medida cabe ao Estado desincumbir-se desses deveres de forma compartilhada com a sociedade, ele observa que somente a liberdade positiva é uma condição necessária para a autonomia, de sorte que a liberdade negativa pode, a princípio, ser restringida sem que haja uma limitação necessariamente prejudicial à autonomia. Nesse sentido, a supressão de opções pode ser feita pelo Estado por considerações pragmáticas, dada a expectativa de o sujeito cometer um erro nas suas decisões, excluindo-se aquelas que não sejam moralmente valiosas.[375] O exercício da autonomia é valioso na medida em que ele contribui para o desenvolvimento humano, não sendo o seu valor identificado com a defesa da autonomia coincidente com um domínio da liberdade individual, em que erros e acertos colaboram para o crescimento do sujeito através do controle progressivo de suas capacidades intelectuais.[376]

O aspecto paternalista rigoroso do argumento é rejeitado por Raz, pois o valor das opções disponíveis não seria consequência das escolhas feitas pelo Estado, uma vez que elas seriam objetivamente

---

[373] RAZ, Joseph. *The morality of freedom*, p. 407. Donald H. Regan sustenta que a defesa de condições para o exercício da autonomia contradiz o argumento empregado por Joseph Raz quando se opõe à existência de um direito à autonomia. (REGAN, Donald H. Authority and value, p. 1081.)

[374] RAZ, Joseph. *The morality of freedom*, p. 407-408.

[375] RAZ, Joseph. *The morality of freedom*, p. 411-412. Em aparente revisão de seu posicionamento anterior, Joseph Raz (1989) afirma que opções valiosas são aquelas que oferecem razões para uma ação, cuja correção independe de nossa vontade. *Facing up:* a reply, p. 1220: "Valuable options, to be capable of being that, must be capable of providing reasons for action (i.e., those acts for which they are a reason) and incorrect actions. This demarcation must be independent of our will, or else it will not guide us".

[376] Francesco Biondo apresenta esta distinção por meio dos conceitos de "autonomia como liberdade", em que a decisão tomada é valiosa, ainda que errada, por ser o indivíduo o responsável por ela; e "autonomia como desenvolvimento humano", concepção adotada por Raz para indicar que a autonomia é valiosa apenas se o objeto escolhido é bom. (BIONDO, Francesco. Two types of liberal perfeccionism, p. 523.)

valiosas por elementos que lhe são inerentes. Além disso, o pluralismo moral baseia-se na multiplicidade de boas opções a serem escolhidas e nas condições favoráveis para a decisão a respeito delas, motivo por que a restrição sobre as opções ruins não torna a vida do sujeito pior.[377] O poder de intervenção dos Estados deveria guiar-se pela prevenção do dano, a partir de uma perspectiva mais concreta, a fim de promover "a qualidade da vida moral daqueles cujas vidas e ações podem ser afetadas por eles".[378]

Essa interpretação do princípio do dano confere ao Estado o poder de incentivar e proteger as condições da vida autônoma e, por conseguinte, reconhece a adoção de uma feição perfeccionista[379] nas políticas públicas, sem que se autorizem a manipulação e a coerção, ressalvadas as hipóteses em que elas devam ser empregadas para evitar-se um dano extremo que afete a possibilidade de uma pessoa ter uma vida autônoma.[380] As medidas estatais que visem à redução de riscos instrumentais a uma determinada conduta, como aquelas que indiquem parâmetros de controle de qualidade e segurança de produtos, não são propriamente restrições paternalistas, porque a redução dos meios arriscados proporciona um maior bem-estar do indivíduo, que tem facilitada a realização de seu objetivo final.[381] Entretanto, Raz reconhece

---

[377] RAZ, Joseph. *The morality of freedom*, p. 412.
[378] RAZ, Joseph. *The morality of freedom*, p. 415. Ernest Marshall critica o conceito de dano adotado por Joseph Raz, pois ele ignoraria a prioridade moral dos deveres negativos – não prejudicar alguém, por exemplo – em relação aos positivos – ajudar alguém – e a consequente repercussão dessa diferença no dano provocado pelos seus respectivos descumprimentos. (Reviews. RAZ, Joseph, The Morality of Freedom. *Noûs* 28, 1994, p. 97.)
[379] "But the autonomy principle is a perfectionist principle. Autonomous life is valuable only if it is spent in the pursuit of acceptable and valuable projects and relationships. The autonomy principle permits and even requires governments to create morally valuable opportunities, and to eliminate repugnant ones. Does not that show that it is incompatible with the harm principle? The impression of incompatibility is encouraged by the prevalent anti-perfectionist reading of the harm principle. That reading is at odds with the fact that the principle merely restricts the use of coercion. Perfectionist goals need not to be pursued by the use of coercion. A government that subsidizes certain activities, rewards their pursuit, and advertises their availability encourages those activities without using coercion." (RAZ, Joseph. *The morality of freedom*, p. 417.) "Autonomy requires a public culture and is consistent with a tasteful rather than a vulgar and offensive environment." (RAZ, Joseph. *The morality of freedom*, p. 422.)
[380] RAZ, Joseph. *The morality of freedom*, p. 421. Gerald Dworkin critica o argumento de Joseph Raz, por entender que a coerção pode ser utilizada para a proibição de uma conduta, ainda que ela não afete a autonomia, dando como exemplos situações em que a coerção pode ser usada para proibir a exploração ou um dano consentido. (DWORKIN, Gerald. Book review: The morality of freedom. *Ethics*, 98, 1988, p. 851.)
[381] RAZ, Joseph. *The morality of freedom*, p. 422.

que o paternalismo, baseado em uma perspectiva perfeccionista, tem um propósito que excede o mero controle dos meios para que as pessoas realizem seus propósitos, pois ele admite o encorajamento de fins considerados valiosos. Em função disso, as políticas perfeccionistas devem observar duas restrições: (i) estarem limitadas à criação de condições para o exercício da autonomia; e (ii) respeito aos limites do uso da coerção e da manipulação impostos pelo princípio do dano.[382]

A crítica, segundo a qual a defesa do perfeccionismo apresentada desrespeita a dignidade da pessoa humana e os atributos do sujeito como agente moral responsável pela sua vida, é rejeitada por Raz porque ela desconsidera como as formas sociais balizam os valores e preferências das pessoas. Contudo, a importância dada à coexistência social e aos bens coletivos, como elementos que interferem no modo como os indivíduos concebem suas vidas e escolhem os modelos que irão seguir, não leva Raz a associar-se ao posicionamento comunitário, por acreditar que o Estado deve apenas manter as condições estruturais (*framework conditions*) que assegurem o pluralismo moral e a autonomia.[383]

A tentativa de delimitação mais clara para as políticas paternalistas esbarra na dificuldade de definição abstrata de graus admissíveis de restrição ao exercício da autonomia e nos aspectos pragmáticos próprios às instituições políticas e estruturas constitucionais encontradas. A possibilidade de a autonomia ser exercida em diferentes graus tornaria "sem sentido" a formulação de uma regra geral contra ou a favor de políticas paternalistas, de acordo com Raz.[384] O argumento pragmático é reiterado, sob outro viés, mediante a análise das condições político-constitucionais de cada Estado, as quais podem provocar um maior receio quanto aos riscos da concentração de poder, das repercussões das disputas em torno de políticas paternalistas e da suspeita da capacidade do governo de implementar ações que promovam a "liberdade como uma capacidade para a autonomia".[385]

---

[382] RAZ, Joseph. *The morality of freedom*, p. 422,423.
[383] RAZ, Joseph. *The morality of freedom*, p. 426,427. John Martin Fischer sublinha a distância do pensamento de Joseph Raz do argumento comunitário, ante a ausência da defesa de um governo central forte. (Book review: The morality of freedom, p. 256.)
[384] RAZ, Joseph. *The morality of freedom*, p. 422.
[385] RAZ, Joseph. *The morality of freedom*, p. 428.

4.4 Restrições internas e externas

A despeito da posição de Joseph Raz identificar corretamente que as práticas sociais são um importante elemento para conformação das opções valiosas a serem perseguidas pelos seres humanos, definindo as balizas para que os indivíduos formem seus planos de vida, não restam claras em quais hipóteses será possível que uma conduta ou um objetivo seja moralmente valioso, ainda que não encontre correspondência com uma prática social.[386] Essa lacuna é agravada pela explicação imprecisa do processo de criação de novas práticas sociais, o qual se daria primeiramente pela emergência de novas atividades, seguida pela sua aceitação pela maioria dos membros da comunidade,[387] até que, ao final, ela se tonasse "cristalizada".[388]

A presunção de que o exercício da autonomia é valioso se encontra respaldo nas práticas sociais existentes, endossadas pela aceitação majoritária dos integrantes da comunidade, gera substancial dificuldade quando constatado que muitos objetivos e atividades, livremente escolhidos e perseguidos pelos indivíduos, não estão embasados em práticas sociais, segundo a definição adotada por Joseph Raz. Essa hipótese é admitida por ele, ao destacar que o bem-estar exige que a pessoa tenha um conjunto de opções adequadas para ter uma vida bem-sucedida. Além das capacidades necessárias para que as pessoas possam desenvolver as atividades pressupostas para a realização dessas opções, é preciso que haja um adequado acesso a elas, o que exigirá uma avaliação pautada pelas alternativas efetivamente disponíveis na sociedade. Contudo, Raz afirma que os limites impostos ao acesso podem afetar a própria natureza do bem negado e, para tanto, dá o exemplo da sociedade que, somente reconhecia a paternidade baseada no vínculo sanguíneo, passasse a admitir a adoção. A mudança faria com que houvesse uma transformação da natureza da paternidade, que

---

[386] REGAN, Donald H. Authority and value, p. 1051.

[387] Embora Joseph Raz não seja expresso em afirmar que a aceitação majoritária é um pressuposto para a constituição de uma forma ou prática social, ele afirma que um de seus pressupostos é a sua observância prevalecente (*Facing up:* a reply, p. 1221): "Since the concrete forms in which these values are manifested depend on contingent historical conditions, and cannot be derived from the abstract statement of the value, each form of the general value depends for its meaning on the social practices prevalent, in a way which defies any attempt to commensurate valuations on the basis of the abstract features only".

[388] RAZ, Joseph. *Facing up:* a reply, p. 1219.

deixaria de ser uma vinculação estritamente genética para tornar-se uma relação baseada na educação e no cuidado.[389]

Para esclarecer quais seriam as restrições de acesso inadmissíveis, Joseph Raz as diferencia entre externas e inerentes ao bem. As restrições externas podem estar relacionadas à aferição de certas qualificações para acesso ao bem – como a habilitação para ser um motorista – ou podem envolver qualificações discriminatórias injustificáveis, como ocorreria se uma pessoa não pudesse ser motorista em razão do seu gênero ou raça. Em contrapartida, as restrições inerentes às opções se associam ao modo como as opções são reputadas valiosas e estão disponíveis na sociedade. Tal como se dá com as práticas sociais, uma restrição interna somente seria superada se houvesse uma transformação dos bens aos quais as pessoas pretendem ter acesso, isto é, mediante uma nova compreensão social do seu significado.[390]

Entretanto, a consistência do argumento é afastada pelo exemplo dado por Raz para ilustrá-lo. Nesse sentido, ele alega que as pessoas que se mostram favoráveis ao casamento entre pessoas do mesmo sexo afirmam que buscam acesso a um bem já existente, ao passo que, em verdade, visam à transformação da sua natureza, tal como ocorreu quando houve a rejeição da poligamia em favor da monogamia. O reconhecimento de que nem todas as oportunidades possíveis para o alcance do bem-estar estão abertas em determinada sociedade, ou de que algumas pessoas podem ter um acesso mais amplo a elas, não é objeto de uma preocupação moral, desde que todos tenham à disposição um conjunto adequado de opções, as quais podem ser ampliadas por uma transformação que provoque uma mudança na forma como muitos dos bens estão disponíveis e são socialmente concebidos.[391]

Contudo, a distinção apresentada por Joseph Raz entre restrições de acesso externas e inerentes aos bens desejados não é baseada em

---

[389] RAZ, Joseph. *Ethics in the public domain*, p. 22-23.
[390] RAZ, Joseph. *Ethics in the public domain*, p. 23.
[391] "The very abundance of possible avenues to a good life which made my approach conservative, inasmuch as it denied a moral reason to make options particularly easy to succeed in and denied that we have reason to make the same options available to everyone and to every society, makes it, when it comes to the issue of access, radical. The need to secure adequate access, like the need to provide basic capacities, overrides any fondness for existing forms of activity and relationship. If access to some requires a change in options to all, so be it. No one should be denied adequate access to valuable options on the ground that to allow access would lead to the transformation or the disappearance of a much-cherished existing form of a valuable activity or relationship." (RAZ, Joseph. *Ethics in the public domain*, p. 24.)

elementos objetivos e pode ser casuisticamente arranjada para que uma suposta limitação externa seja compreendida como elemento inerente à definição do bem. Exemplos nesse sentido podem ser encontrados na história do Direito e das instituições políticas, valendo mencionar que "cidadão" já foi conceituado como homem livre capaz de votar e ser votado, excluindo-se mulheres da participação eleitoral, assim como o conceito de pessoa humana não abrangia negros e negras escravos, considerados como coisas. Mesmo que Raz reconheça que a distinção entre restrições externas e inerentes seja obscura, a continuidade do seu uso torna frágil a defesa das práticas sociais como um elemento constitutivo da maioria das opções relevantes disponíveis para o exercício da autonomia. Essa crítica não pretende imputar-lhe a defesa de práticas discriminatórias, mas apontar que a correta observação de que os objetivos perseguidos pelas pessoas sofrem direta influência dos valores socialmente compartilhados e de que a interação em comunidade é um pressuposto para que certos objetivos possam ser plenamente atingidos não acarreta a conclusão de que o valor de certas opções deva necessariamente ser coincidente com uma prática social prevalente, especialmente se não há certeza sobre as situações em que ocorre uma restrição adequada às opções que devam estar disponíveis para que a pessoa atinja o seu bem-estar. A par dessas objeções, os argumentos apresentados por Joseph Raz encontram resistência se verificado que muitas das restrições de acesso podem ter fundamentos inconciliáveis com a proteção jurídica à igualdade e à autonomia, como condição para o desenvolvimento mais pleno possível da personalidade individual.

A imprecisa descrição de quando uma atividade se torna "cristalizada", a ponto de tornar-se uma prática socialmente compartilhada, poderia ser aceita em razão da indeterminação própria aos fenômenos sociais. Entretanto, a suposição de que os "bens coletivos" e as "formas sociais" demandariam valores compartilhados sobre requisitos que constituem uma vida boa leva a crer que a reprovação majoritária de certas escolhas individuais também poderia ser fundamento para a reprovação jurídica delas. Sondagens de opinião podem revelar que, à época em que a Suprema Corte norte-americana declarou a inconstitucionalidade de lei que vedava o casamento inter-racial,[392] ou o Supremo Tribunal Federal declarou a constitucionalidade da

---

[392] *Loving v. Virginia*, 388 U.S. 1 (1967).

união estável entre pessoas do mesmo sexo,[393] as práticas sociais então vigentes reprovavam majoritariamente tais condutas, que dificilmente encontrariam adesão no conjunto de valores definidores das "formas de vida" que deveriam compor as escolhas a serem exercidas pelas pessoas autônomas.

4.5 A crítica liberal ao conceito de autonomia de Joseph Raz

O posicionamento defendido por Raz adota um conceito objetivo de autonomia ao atrelar o seu exercício à perseguição de concepções de vida moralmente valiosas, bem como confere fundamento à adoção de políticas perfeccionistas favoráveis à restrição de opções que não promovam as condições ideais para o seu exercício. A correlação entre os conceitos de "formas sociais", pluralismo moral e autonomia permitiu que as concepções sobre os modelos de vida a serem seguidos fossem resultado da combinação de elementos integrantes da cultura, do ambiente e de fatores pertencentes ao convívio em sociedade, que conformam as opções disponíveis ao indivíduo, que pode livremente escolher quais das alternativas melhor realizam as virtudes que ele pretenda perseguir. A observação de que a efetiva adoção de políticas perfeccionistas deve ser antecedida por uma avaliação de aspectos práticos associados à sua repercussão e à estrutura político-constitucional vigente é um importante parâmetro para que construções formais sobre o paternalismo sejam testadas à luz das condições existentes em cada sociedade política onde se pretenda a sua implantação. A consistência da argumentação, que embasa a defesa desse posicionamento, dá-lhe coerência interna, porém não impede a crítica a alguns dos pontos apresentados e aos seus desdobramentos. Embora as discussões relacionadas a obra de Joseph Raz abranjam diferentes perspectivas, os limites deste livro tornam importantes as críticas feitas a três aspectos da teoria apresentada, quais sejam, a repercussão do perfeccionismo sobre a ideia de neutralidade, a existência de um direito à autonomia e a concepção das "formas sociais" como baliza do valor da autonomia.

A afirmação de que o liberalismo não se contrapõe à incorporação do perfeccionismo foi considerada contraditória ao propósito de

---

[393] ADPF 132/RJ (Pleno, Rel. Min. Ayres Britto, j. 05.05.2011, DJE 13/10/2011); ADI 4.277-DF (Pleno, Rel. Min. Carlos Ayres Britto, j. 05.05.2011, DJE 13/10/2011).

neutralidade comumente associado ao liberalismo e, sob um olhar extremado – e pouco fundamentado –, foi tida como "desrespeitosa", por fazer com que cidadãos se subordinassem a outros para viver em condições de igualdade e reciprocidade.[394] No entanto, excluída a percepção negativa comumente associada ao termo "perfeccionismo", a proposta em torno do "liberalismo perfeccionista" pretende efetuar uma descrição objetiva da moralidade que exista em uma sociedade liberal[395] e é empregada por Raz como um argumento a favor da inexistência de uma justificação, baseada em princípios, para que o Estado deixe de agir embasado por uma razão moral válida. Para a defesa dessa perspectiva, é alegado que: (i) um ato ser bom é uma razão – ainda que não conclusiva – para a sua realização, uma vez que as avaliações a respeito de um ato estão ligadas aos motivos para realizá-lo (fundamento lógico); (ii) as razões que devem guiar os governos são as mesmas que deveriam guiar seus cidadãos – tal como observado na definição dada à autoridade legítima, que age embasada em "razões dependentes" –, ressalvadas as situações em que a intervenção estatal não gere ações mais ajustadas a essas razões, ou se considere que o fato de os indivíduos decidirem por si, ainda que tomem decisões incorretas, seja mais importante que a adequação a essas razões pela ação estatal (fundamento associado ao conceito de autoridade); e (iii) a admissão de exceções à incorporação de políticas perfeccionistas aponta que as considerações para perseguição de um determinado objetivo moral pelo Estado devem ser aferidas pontualmente, não sendo possível a aplicação de uma regra geral de exclusão, tal como os defensores da neutralidade pretendem sob outro viés (fundamento pragmático).[396]

Sob a perspectiva liberal, o argumento também foi objeto de críticas, destacando-se as feitas por Jeremy Waldron, para quem o perfeccionismo é empregado por Joseph Raz para sustentar a ideia de

---

[394] NUSSBAUM, Martha. Perfectionist liberalism and political liberalism, p. 42.
[395] BIONDO, Francesco. Two types of liberal perfeccionism, p. 519. Robert George conceitua o "liberalismo perfeccionista" como a proposta que rejeita as ideias de neutralidade do Estado e da exclusão de ideais a serem perseguidos por ele, bem como sustenta a observância de limites precisos quanto aos meios que um governo pode legitimamente empregar para que incentive escolhas, compromissos e formas de vida moralmente valiosos, desencorajando aqueles considerados imorais ou desprovidos de valor. O "liberalismo perfeccionista" rejeita o uso da coerção para impedir ou prevenir que as pessoas pratiquem atos imorais que não tenham vítimas, o que, segundo Robert George, implicaria uma concepção sobre o princípio do dano menos restrita daquela defendida pelos antiperfeccionistas. (GEORGE, Robert. *Making men moral*: civil liberties and public morality. Oxford: Clarendon Press, 1993, p. 130.)
[396] RAZ, Joseph. *Facing up*: a reply, p. 1230-1231.

que o Estado deve respeitar a autonomia dos indivíduos, em função do valor das decisões que eles tomam. A justificação apresentada por Raz identifica uma fonte comum à moralidade, que deve pautar a consecução de uma vida boa e a ação política do Estado, o que não implica a conclusão de que ela seja homogênea e igualmente estruturada quando discutidas questões sobre ética pessoal e limites para a intervenção do Estado.[397] Contudo, a extensão do perfeccionismo apresentado por Raz vai além das proibições comumente aceitas pelo argumento liberal em defesa de restrições à liberdade que causem danos ou acarretem custos excessivos aos demais integrantes da sociedade, incluindo uma visão mais ampla da moralidade, na qual se admita a possibilidade de o Estado instruir as pessoas a terem vidas "bem-sucedidas, significativas e valiosas".[398] Sob outro aspecto, o "monismo" na defesa de uma fonte comum de valores para o indivíduo e para a comunidade, tal como efetuada por Raz – como bem observado por Francesco Biondo[399] –, distancia-se das ideias de Mill sobre o liberalismo e torna-se um ponto problemático à luz dos conflitos concretos entre pessoa e Estado em torno de disputas, com forte conteúdo moral, veiculadas na linguagem dos direitos fundamentais.

Jeremy Waldron também afirma que a impossibilidade de o liberalismo ser neutro em todas as disputas éticas não importa a sua rejeição, tampouco acarreta a aceitação do perfeccionismo, principalmente quando ressalta as dificuldades para acolher a defesa feita por Raz de hipóteses de intervenção estatal não coercitiva, com o intuito de favorecer certos comportamentos, sem que haja uma prática manipuladora.[400] Entretanto, a crítica de Waldron ao perfeccionismo é

---

[397] WALDRON, Jeremy. Autonomy and Perfectionism in Raz's Morality of Freedom. *Southern California Law Review*, 62, 1989, p. 1132. Após referir-se à proposta aristotélica de perfeccionismo, defendida em "A política" ("the legislator must labour to ensure that his citizens become good men. He must therefore know what institutions will produce the result, and what is the end or aim to which a good life is directed"), Waldron define perfeccionismo como a "visão de que os legisladores e as autoridades públicas devem considerar o que é bom e valioso na vida e o que é ignóbil e depravado, quando elaborarem as leis e definirem o arcabouço das relações sociais e pessoais". (WALDRON, Jeremy. *Autonomy and perfectionism in Raz's morality of freedom*, p. 1102.)

[398] A partir da compilação de exemplos concretos dados por Joseph Raz sobre uma vida valiosa, Jeremy Waldron considera que os seus preceitos seriam: "amor monogâmico; respeito pelas artes; importância da amizade; importância da lealdade; o valor da espontaneidade; e a preferência por um sofisticado, e não vulgar, ambiente urbano". (WALDRON, Jeremy. *Autonomy and perfectionism in Raz's morality of freedom*, p. 1133.)

[399] BIONDO, Francesco. Two types of liberal perfectionism, p. 528.

[400] WALDRON, Jeremy. *Autonomy and perfectionism in Raz's morality of freedom*, p. 1138, 1146.

equivocada ao afirmar que Joseph Raz o justifica como instrumento para que as instituições políticas deem o suporte necessário à manutenção de opções valiosas.[401] Embora seja correta a constatação de que as ideias de Raz reúnam elementos conservadores e perfeccionistas – sendo distintas de Devlin, que seria um conservador não perfeccionista[402] –, o perfeccionismo é empregado por ser um instrumento a favor do exercício da autonomia de forma valiosa, a ser aferido a partir do bem-estar obtido e dos valores morais objetivos concretizados, inexistindo valia nos erros que os indivíduos cometam em escolhas equivocadas ou em projetos pessoais malsucedidos, o que acentua a compreensão da autonomia como elo do desenvolvimento moral e não como expressão da liberdade.

Em outro aspecto, Raz afirma que o direito corresponde a um interesse individual relevante, apto a gerar um dever contraposto. Caso admitida a existência de um direito à autonomia, haveria um dever correlato muito amplo e oneroso a ser observado por todos os membros da sociedade. Ausente um direto à autonomia, ela seria passível de exercício em diferentes graus, variáveis de acordo com a valoração dada por cada sociedade. Entretanto, a conclusão de Raz provoca um dilema, pois as liberdades não seriam direitos se aplicado esse conceito, uma vez que, a princípio, não se pode conhecer quais são todos os deveres implicados no seu exercício.[403] Jeremy Waldron alinha-se a essa crítica a partir de três pontos: i) a onerosidade e a extensão dos deveres não são elementos suficientes para infirmar a existência de um direito individual à autonomia, o qual não deixa de existir ainda que não se saiba de antemão todos os possíveis desdobramentos do seu exercício; ii) a suposição de que todos os deveres correlatos ao direito à autonomia sejam tão onerosos e árduos é questionável, pois muitos dos pressupostos ao seu exercício – como a existência de um ambiente social favorável – beneficiam outros sujeitos desse direito; e iii) os deveres contrapostos ao direito à autonomia são comuns a todos os indivíduos e estão em uma posição intermediária entre os que visam unicamente à satisfação de um interesse individual e aqueles impostos, com base utilitária, num cálculo agregado de bem-estar. Os direitos políticos são exemplos de direitos que podem ser satisfeitos mediante a realização

---

[401] WALDRON, Jeremy. *Autonomy and perfectionism in Raz's morality of freedom*, p. 1138.
[402] WALDRON, Jeremy. *Autonomy and perfectionism in Raz's morality of freedom*, p. 1131.
[403] HASSOUN, Nicole. Raz on right to autonomy. *European Journal of Philosophy*, 22, 2011, p. 101.

de um interesse comum, tal como ocorre se pensarmos na democracia representativa como uma instituição que atende ao interesse que todos os eleitores têm de participar na escolha de seus representantes. Acatada a conclusão de que os deveres baseados na promoção de um interesse comum não podem fundamentar a existência de um direito, quase todos os direitos políticos deixariam de ser considerados como direitos.[404]

Embora o terceiro ponto da crítica formulada por Waldron tenda a dar uma menor importância ao componente individual da autonomia, como expressão de vontade do sujeito que não é necessariamente coincidente com um interesse comum, os seus argumentos se somam à crítica já feita quanto à impossibilidade de se adotar o conceito de Raz de maneira consistente com a concepção corrente de direitos. Uma melhor resposta seria dada se reconhecido que a existência de direitos não pressupõe deveres ilimitados, cabendo aferir em que medida o exercício de um direito pode ser restringido de acordo com as situações concretas de colisão de interesses. A impossibilidade de uma descrição abstrata, vertida num texto legal, conter o âmbito de todas as limitações cabíveis ao exercício do direito não é um obstáculo à sua existência, sendo possível que a resolução de eventuais conflitos se dê pelas vias institucionais competentes.

Um reflexo das distintas posições assumidas por Raz e Waldron a respeito do conceito de autonomia está nos limites de intervenção do Estado para incentivo à realização de escolhas moralmente valiosas. Conquanto as ideias de Waldron sobre a questão venham a ser objeto de uma análise mais detalhada no capítulo quinto, as críticas feitas a Raz destacam uma especial discordância em relação à possibilidade de o Estado adotar opções morais na regulação das relações humanas – ainda que a completa exclusão dessa possibilidade seja impraticável[405] –, por subtrair um elemento essencial do valor que as pessoas atribuem à capacidade de definirem livremente os seus projetos de vida.[406]

Essa avaliação negativa não dissuadiu Raz, que reiterou que a incomensurabilidade entre as opções disponíveis para uma pessoa impede que o exercício da autonomia seja, por si, algo essencialmente valioso.[407] Tal conclusão é formalmente consistente com os demais argumentos de sua teoria e ajusta-se à dificuldade de uma perspectiva

---

[404] WALDRON, Jeremy. *Autonomy and perfectionism in Raz's morality of freedom*, p. 1123.
[405] WALDRON, Jeremy. *Autonomy and perfectionism in Raz's morality of freedom*, p. 1152.
[406] WALDRON, Jeremy. *Autonomy and perfectionism in Raz's morality of freedom*, p. 1128-1129.
[407] RAZ, Joseph. *Facing up:* a reply, p. 1228.

comparativa do bem-estar, quando constatado que diferentes contextos sociais oferecem oportunidades diversas para que os indivíduos formem seus relacionamentos pessoais, suas ambições e desenvolvam seus talentos. Entretanto, a possibilidade de o sujeito que teve sua carreira determinada pelos costumes, ou seu casamento arranjado por seus pais,[408] obter um bem-estar igual ou superior ao de outro que teve a oportunidade de livremente decidir qual seria sua profissão ou seu cônjuge não elimina a constatação de que a manifestação e a capacidade de formação da vontade são elementos que compõem aspectos centrais do modo como o ser humano se vê como participante ativo de sua sociedade e agente capaz de atribuir valor à sua vida e à realização de seus projetos pessoais.

Em que pese à acusação de Raz apresentar uma exposição insuficiente para a defesa da compatibilidade dos aspectos centrais do liberalismo com o perfeccionismo, a crítica inversa também foi feita com o intuito de destacar que a impossibilidade de conciliação deveria pender a favor da defesa do perfeccionismo. Na seção seguinte, destacarei quais são os principais pontos dessa discussão.

4.6 A crítica perfeccionista ao conceito de autonomia da Joseph Raz

A obra de Joseph Raz não foi uma tentativa isolada de provar a adequação das ideias centrais do liberalismo ao perfeccionismo. Vinit Haksar já havia escrito que as propostas liberais, nas versões apresentadas por Mill e Rawls, continham um argumento favorável a certas características desejáveis nos seres humanos, o que exigiria o recurso a uma concepção sobre o bem, cujo conteúdo independe dos resultados de consensos atuais ou futuros sobre critérios de valor.[409] De acordo com Haksar, o perfeccionismo deve ser compreendido como a visão segundo a qual uma pessoa é um fim em si mesma e tem um valor que lhe é inerente devido ao seu vasto potencial, que pode ser desenvolvido sem comprometimento de sua identidade.[410] O esforço de oferecer uma defesa do perfeccionismo adequada às ideias liberais permite a intervenção estatal paternalista que possa preservar os

---

[408] RAZ, Joseph. *Facing up:* a reply, p. 1227.
[409] HAKSAR, Vinit. *Equality, liberty and perfectionism.* Oxford: Oxford University Press, 1979, p. 231.
[410] HAKSAR, Vinit. *Equality, liberty and perfectionism*, p. 283.

direitos e o conjunto de valores adotados por cada indivíduo, o que, concretamente, acarreta a possibilidade de uma atuação paternalista mais abrangente em relação aos incapazes – com destaque para a proteção a ser concedida às crianças diante do risco do aprendizado de concepções deturpadas tornar-se um forte obstáculo no seu processo de amadurecimento – e mais tênue quando envolva adultos capazes, situação em que deveria ser considerado o consentimento prévio ou potencial do agente, sem que se excluam hipóteses em que o Estado, ao intervir para o bem do indivíduo, deva fazer uma opção entre formas concorrentes de vida.[411]

De igual modo, a argumentação favorável ao perfeccionismo não pressupõe uma necessária política paternalista. Thomas Hurka, para quem o perfeccionismo tem como aspecto central a existência de uma vida boa baseada na natureza humana,[412] aponta que a ideia de que a legislação deva ser elaborada para a promoção do aperfeiçoamento humano precisa ser testada à luz da efetiva capacidade de o Estado efetuar restrições com resultado positivo sobre atos, que atinjam a esfera exclusiva de interesses do sujeito, com o intuito de promover o bem do indivíduo.[413] Além desse aspecto fático, Hurka é favorável à excepcionalidade da legislação paternalista, pois é necessário que as pessoas sejam incentivadas a desenvolver suas habilidades racionais para escolha e decisão. A prática reiterada desse tipo de intervenção pode deixá-las acostumadas a ser orientadas em aspectos importantes de suas vidas, inibindo a concretização do ideal perfeccionista de capacidade de autogoverno.[414]

Contudo, a tentativa de conciliar uma moralidade objetiva inteligível, pressuposta na perspectiva perfeccionista, com o argumento liberal foi objeto de crítica, por efetuar uma análise equivocada dos desdobramentos da adoção de princípios morais no processo de decisão das pessoas. Robert George baseia-se nessa perspectiva para

---

[411] Haksar observa que os direitos da minoria, nesta condição, deveriam ser respeitados e que deveriam ser criados mecanismos que permitissem que ela deixasse de participar da política adotada, o que nem sempre é possível. Ademais, sublinha que o Estado terá maior poder para agir de forma paternalista se o próprio sistema de valores do indivíduo for indeterminado. (HAKSAR, Vinit. *Equality, liberty and perfectionism*, p. 248,257.)

[412] Thomas Hurka distingue a concepção ampla de perfeccionismo, como maximização das excelências humanas, da estrita, que valoriza algum grau do desenvolvimento das capacidades humanas e da conquista da excelência. (HURKA, Thomas. *Perfectionism*. Oxford: Oxford University Press, 1993, p. 1,4.)

[413] HURKA, Thomas. *Perfectionism*, p. 156.

[414] HURKA, Thomas. *Perfectionism*, p. 158.

apontar equívocos no posicionamento de Joseph Raz quando ele rejeita a possibilidade do uso da coerção para inibir comportamentos imorais que não gerem vítimas.[415] Segundo George, é incorreto afirmar que tais condutas não causam dano, pois, além de geralmente atingirem terceiros, elas prejudicam o sujeito que nelas incorre, por afetarem aspectos positivos intrínsecos ao bem-estar do ser humano.[416] A proibição estatal dessas condutas não deve ser evitada por implicar uma violação à autonomia, porque ela somente tem valor se o seu desempenho for uma oportunidade para exercício da razão prática, por meio da qual serão obtidos os bens que fornecem as razões últimas para a escolha e a ação. Nesse sentido, as escolhas livres são produtos de deliberações racionais e compõem o modo como os seres humanos conformam o seu caráter e criam o seu *self* moral.[417] Consoante o teor perfeccionista de sua argumentação, as decisões visam à satisfação de desejos mediante a concretização de fins que são extrínsecos e intrínsecos às pessoas, sendo a consecução dos fins intrínsecos responsável pela completa realização das capacidades e do bem-estar humano.[418]

Embora Robert George divirja de Joseph Raz, por considerar que o Estado pode legislar e usar seu poder de coerção para que a autonomia seja exercida em prol de escolhas moralmente valiosas, ainda que não haja um dano a terceiros, ele também admite que a diversidade pode ser um elemento para a obtenção de outros bens importantes. A importância da diversidade não acarreta, por si, a existência de um direito à sua postulação sem a identificação de como ela poderia contribuir para ampliação das opções moralmente relevantes. Dessa forma, Robert George defende a existência de um "pluralismo perfeccionista" no qual todas as liberdades estão fundadas em direitos morais, voltados à realização do bem-estar do ser humano e de sua comunidade.[419] A existência de uma finalidade a ser atendida pelo exercício da liberdade permite que o Estado mais facilmente identifique o seu uso indevido, principalmente quando constatada a existência de "liberdades importantes" – suscetíveis a restrições se houver uma forte razão que aponte uma incongruência com os seus fins – e "liberdades relativamente desimportantes", que poderiam, além das limitações já

---

[415] GEORGE, Robert. *Making men moral*, p. 167.
[416] GEORGE, Robert. *Making men moral*, p. 169.
[417] GEORGE, Robert. *Making men moral*, p. 180,181.
[418] GEORGE, Robert. *Making men moral*, p. 13,17.
[419] GEORGE, Robert. *Making men moral*, p. 192,229.

mencionadas, ser restringidas para promoção de outros bens igualmente relevantes.⁴²⁰ Em qualquer hipótese, George sublinha que a proibição legal de um ato imoral deve ser balizada por uma avaliação prudente sobre as condições fáticas presentes em cada comunidade política.⁴²¹

A posição contrária de Robert George permite uma melhor identificação dos pontos que diferenciam a teoria de Joseph Raz da incorporação integral das características principais do perfeccionismo. Essa divergência é mais visível em, ao menos, três aspectos relacionados à possibilidade do uso da coerção estatal para (i) coibir condutas que prejudiquem estritamente o indivíduo que as pratique; ao (ii) reconhecimento da existência de um forte fundamento moral das liberdades civis, que permita que o seu exercício seja restrito sempre que identificada uma divergência em relação ao fim almejado pelo seu titular e à plena realização das capacidades, do bem-estar do sujeito e de sua comunidade; bem como à (iii) repercussão do pluralismo dentro da perspectiva perfeccionista. Em relação ao primeiro ponto, Robert George reitera o cerne do argumento a favor do uso do poder estatal para reforço dos valores morais, o que deve ser empreendido ainda que os atos praticados pelo sujeito não causem dano direto a terceiro. Porém, diverge dos argumentos levantados por Stephen e Devlin, por identificar que o embasamento moral não é reflexo das concepções sobre a vida boa que sejam majoritariamente aceitas pela comunidade ou pelo padrão médio do grupo. Ao valer-se de fundamentos associados à racionalidade prática, George afirma que a consecução de fins moralmente relevantes é uma consequência da racionalidade das decisões humanas. De forma coerente com essa conclusão, as liberdades civis – incluindo-se a autonomia que, em seu texto, parece estar essencialmente relacionada à privacidade⁴²² – somente são legitimamente desempenhadas se almejam a realização de fins moralmente admissíveis, os quais irão promover o bem-estar do indivíduo e de sua comunidade.

Ainda que Robert George aponte exemplos de usos reprováveis da privacidade, das liberdades de expressão, imprensa, reunião e

---

⁴²⁰ GEORGE, Robert. *Making men moral*, p. 190.
⁴²¹ GEORGE, Robert. *Making men moral*, p. 190.
⁴²² "The putative aspect of the 'right to privacy' on which much contemporary debate (especially regarding American constitutional law) focuses is the alleged right to decide for oneself, without legal interference, whether to perform certain acts that are judged by some people to be unjust or otherwise immoral but by others as valuable or at least morally innocent." (GEORGE, Robert. *Making men moral*, p. 210.)

religião, não resta claro em que medida os valores morais deverão coincidir com proibições ou permissões legais. A referência ao bem-estar do sujeito, como algo frequentemente associado ao da comunidade que ele integra, dificulta a cogitação de espaços da intimidade da pessoa que possam ser de seu exclusivo domínio. Esse ponto torna a aceitação do argumento perfeccionista de George especialmente problemática se for considerada a possibilidade – tal como defendida por Thomas Hurka – de que o perfeccionismo também possa aspirar ao incremento das habilidades pessoais de autogoverno a fim de que os sujeitos possam plenamente desenvolver suas capacidades, o que será atingido se deles for privado um espaço livre de intervenções. Com efeito, a punição de condutas de forma tão ampla, por destoarem dos fins morais últimos a serem perseguidos, torna frágil a proteção da autonomia e impreciso o âmbito de defesa dos seus titulares contra a intervenção estatal, principalmente porque a ressalva feita por George, quanto à necessária observância de condições fáticas favoráveis à proibição legal, não permite saber se, além de questões institucionais, também deverão ser levados em consideração os efeitos da sanção imposta sobre o agente.

Por fim, os conceitos de "pluralismo perfeccionista" e "liberalismo perfeccionista" não são coincidentes. A apreensão do pluralismo é feita por George como elemento instrumental à realização do bem dos seres humanos, motivo por que incentiva a diversidade desde que inclua comportamentos que promovam valores morais. Entretanto, Raz confere uma repercussão mais ampla ao pluralismo, como consectário dos valores morais admitidos, passíveis de concretização por diferentes concepções de vida, as quais não poderão ser sucessivamente seguidas por um indivíduo dadas as contingências naturais aos seres humanos, que tornariam impossível a realização de mais de uma delas ao longo da vida de uma pessoa.[423]

4.7 Perfeccionismo e a dignidade da pessoa humana

As poucas referências expressas ao perfeccionismo em debates legislativos e decisões judiciais não diminuem a relevância desse tema para o estudo dos direitos fundamentais. Uma análise mais atenta de proibições a escolhas autônomas do indivíduo permite a identificação de restrições nas quais o Estado privilegiou opções que propiciariam

---

[423] RAZ, Joseph. *The morality of freedom*, p. 164.

o melhor desenvolvimento das aptidões humanas e da efetivação de escolhas consideradas moralmente valiosas. Para tanto, vale mencionar que a disciplina jurídica vigente sobre reprodução assistida no Brasil dispõe que os gametas ou embriões a serem utilizados nesse procedimento deverão ser doados, não sendo possível que eles sejam objeto de negócios com caráter lucrativo ou comercial.[424] O art. 9º, da Lei nº 9.437/1997, ao cuidar da possibilidade da pessoa juridicamente capaz dispor de órgãos, tecidos e partes do próprio corpo vivo, estabelece que tal disposição será gratuita e admitida para transplante em cônjuge ou parente consanguíneo até o quarto grau, inclusive, ou em qualquer outra pessoa mediante autorização judicial, a qual é dispensada em relação à medula óssea.[425] Em ambas as hipóteses, o legislador pretendeu impedir que a disposição de gametas, embriões para reprodução assistida, bem como de órgãos, tecidos e partes do corpo para transplante fossem objeto de negócios com finalidade de lucro, evitando-se os prováveis efeitos nocivos que um "mercado" sobre esse material poderia ter em um país com distribuição de renda extremamente desigual como o Brasil.[426]

A indicação desses exemplos não pretende revelar alinhamento pessoal à posição contrária à acolhida pelo legislador brasileiro. Ao revés, a apresentação deles tende a confirmar a ressalva de que a adoção de medidas paternalistas deve sempre estar atenta a aspectos práticos, institucionais e administrativos, os quais podem levar ao emprego de uma legislação mais restritiva no Brasil, quando comparada a outros países que admitem que a entrega de gametas possa ser remunerada para fins de reprodução assistida. A exploração desses exemplos não é feita de forma detida na presente tese, diante das

---

[424] Seção IV, item I, do Anexo Único da Resolução nº 1957/2010, do Conselho Federal de Medicina; art. 15, §6º, da Resolução da Diretoria Colegiada da Agência Nacional de Vigilância Sanitária nº 23/2010.

[425] A disposição sobre órgão, tecido e parte do próprio corpo vivo somente poderá ocorrer nas situações previstas no §3º, do art. 9º, da Lei nº 9.434/1997, ou seja, "quando se tratar de órgãos duplos, de partes de órgãos, tecidos ou partes do corpo cuja retirada não impeça o organismo do doador de continuar vivendo sem risco para a sua integridade e não represente grave comprometimento de suas aptidões vitais e saúde mental e não cause mutilação ou deformação inaceitável, e corresponda a uma necessidade terapêutica comprovadamente indispensável à pessoa receptora".

[426] O tema foi explorado por Debra Satz ao identificar que a baixa capacidade de avaliação, a vulnerabilidade das pessoas, as consequências extremamente prejudiciais para a sociedade e para o indivíduo são elementos que fazem com que certos bens tenham o seu comércio proibido. (SATZ, Debra. *Why some things should not be for sale:* the moral limits of markets. New York: Oxford University Press, 2010.)

complexidades existentes em cada um, o que não impede a referência a eles como proibições legais paternalistas com viés perfeccionista. Entretanto, além do argumento baseado na repercussão negativa de um possível comércio de material biológico humano, o debate sobre o tema também envolve a discussão acerca da inalienabilidade dos direitos fundamentais, principalmente quando ela é afirmada como um desdobramento da proteção à dignidade da pessoa humana na Constituição da República de 1988.[427]

A imprecisão do conteúdo da proteção constitucional à dignidade humana permitiu que as partes e, consequentemente, um número significativo de decisões judiciais passassem a empregar esse termo para suprir qualquer necessidade de ônus argumentativo mais denso em demandas que envolvessem discussão sobre a aplicação de direitos fundamentais. A ausência de critérios mais seguros para a definição das hipóteses em que a dignidade da pessoa humana deva ser utilizada como fundamento imprescindível para a invalidade de um ato normativo ou como diretriz interpretativa da legislação infraconstitucional fez com ela fosse frequentemente empregada em manifestações retóricas de questionável conteúdo dogmático.[428] Usada indistintamente, a referência à dignidade humana também deu lastro à interpretação perfeccionista do exercício da autonomia. Admitida a característica de que os direitos fundamentais são inalienáveis, seria possível ao intérprete identificar hipóteses em que houvesse uma renúncia ou abdicação que violasse os limites de disposição do

---

[427] O estudo da dignidade da pessoa humana tem sido objeto de um número crescente de estudos acadêmicos no Brasil, especialmente a partir da promulgação da Constituição da República de 1988. A propósito, confiram-se: BARROSO, Luís Roberto. *A dignidade da pessoa humana no direito constitucional contemporâneo:* a construção de um conceito à luz da jurisprudência mundial. Belo Horizonte: Fórum, 2012. MORAES, Maria Celina Bodin de. O conceito da dignidade humana: substrato axiológico e conteúdo normativo. In: SARLET, Ingo Wolfgang (org). *Constituição, direitos fundamentais e direito privado.* 3. ed. Porto Alegre: Livraria do Advogado, 2010, p. 111-144. SARLET, Ingo Wolfgang. As dimensões da dignidade da pessoa humana: construindo uma compreensão jurídico-constitucional necessária e possível. In: SARLET, Ingo Wolfgang (org). *Dimensões da dignidade:* ensaios de filosofia do direito e direito constitucional. Porto Alegre: Livraria do Advogado, 2005, p. 13-43. BARCELLOS, Ana Paula de. *A eficácia jurídica dos princípios constitucionais:* o princípio da dignidade da pessoa humana. 2. ed. Rio de Janeiro: Renovar, 2008. SARMENTO, Daniel. *Dignidade da pessoa humana:* conteúdo, trajetórias e metodologia. 2. ed. Belo Horizonte: Fórum, 2016.
[428] "No Brasil, no entanto, em decorrência de uma *banalização do uso da garantia da dignidade da pessoa humana*, muitos casos de restrição a direitos fundamentais – às vezes, nem isso – tendem a ser considerados como uma afronta a essa garantia" (Grifos do original). (SILVA, Virgílio Afonso da. *A constitucionalização do direito:* os direitos fundamentais nas relações entre particulares, p. 101.)

titular. Essas situações foram frequentemente associadas à violação da dignidade humana, por impedirem que um conjunto de capacidades intrínsecas à pessoa deixasse de ser desenvolvido. Embora a extensão da alienabilidade do conteúdo relacionado aos direitos fundamentais seja imprecisa, é certo que a restrição que venha a ser imposta não deve revelar uma preferência pessoal do intérprete dissociada de uma avaliação sobre a moralidade objetiva ou o núcleo essencial do direito fundamental discutido.

Para melhor ilustrar o argumento, observo que o Tribunal de Justiça de São Paulo, no julgamento da Apelação Cível 179.941-4/0-00,[429] negou provimento ao recurso interposto por TV SBT Canal 4 de São Paulo S/A que visava à substituição de sentença em que fora julgado parcialmente procedente pedido, deduzido em ação civil pública proposta pelo Ministério Público, para restrição de algumas das cenas exibidas no denominado "Programa do Ratinho". Como causa de pedir, o autor afirmou que o programa expunha pessoas a agressões físicas e verbais, incitadas pelo apresentador e pela plateia, que acabavam por submeter os participantes a situações degradantes. O Ministério Público sustentou que o formato do programa consistia em "um culto ao cru, ao rasteiro, ao chulo e ao violento", o que gerava um "ambiente de 'despromoção humana'".[430] O voto condutor do acórdão manteve a condenação imposta, valendo a transcrição da seguinte passagem da fundamentação:

> No mérito, afastam-se todas as alegações de censura, violação à liberdade de expressão, comunicação e imprensa, citação a outros esportes violentos, i.e. boxe, pois, sem dúvida alguma, o bem aqui tutelado, qual seja, dignidade da pessoa humana, é mais valioso dos aqui enumerados. Da incontroversa e extraordinária relevância da televisão como mídia é que, no conflito aparente de direitos, se segue a aplicação dos princípios da proporcionalidade e da razoabilidade entre os direitos em jogo, e no caso específico há flagrante abuso daqueles. Há não somente intenção, como capacidade ofensiva aos participantes dos programas, seus familiares, além de influir e incentivar todos os telespectadores à violência e ao desrespeito em face dos deficientes físicos.

---

[429] TJSP, Apelação Cível 179.941-4/0-00, Oitava Turma, Rel. Desembargador Ribeiro da Silva, j. 01.12.2005

[430] "MP inicia ação contra Ratinho". Disponível em: http://www.conjur.com.br/1998-nov-05/abert_ministerio_justica_tambem_serao_acionados. Acesso em: 25 out. 2015.

A exibição de dramas pessoais e familiares em programas televisivos pode ter repercussão negativa sobre a imagem das pessoas, o que frequentemente não é completamente compreendido por alguns indivíduos que aceitam participar deles, gratuitamente ou mediante pagamento. Agressões verbais e altercações físicas eram estimuladas pela plateia desses programas e, tacitamente, pela audiência de espectadores em suas residências, que, muitas vezes, elevava-se de acordo com o maior acirramento das discussões. Embora seja lamentável que a direção de programas televisivos perca a oportunidade de usá-los para instrução e apresentação de debates que possam enriquecer intelectual e culturalmente seus espectadores, é importante que o estabelecimento de restrições à autonomia não seja a expressão de idiossincrasias de uma autoridade de qualquer um dos poderes em um Estado de Direito, principalmente se não há danos a terceiros e se a declaração de vontade, expressa por pessoa capaz, não sofreu qualquer vício que pudesse torná-la nula. A exposição de pessoas incapazes, especialmente menores e portadores de doenças mentais, não pode ocorrer em programas nos quais elas possam ser agredidas física, moral e psicologicamente, uma vez que seus representantes não podem dispor sobre seus direitos de forma contrária à melhor preservação dos seus interesses. Entretanto, sujeitos capazes podem melhor avaliar o grau de exposição de aspectos de sua privacidade, seja para a obtenção de proveito econômico, seja para melhor satisfação de aspectos próprios à vaidade e à psicologia humana. Considerações sobre o que seja "chulo", "grosseiro" e "cru" podem ser feitas por todos os membros de uma sociedade; contudo as preferências pessoais sobre o que se conforma a cada um desses termos não podem embasar a adoção compulsória de propostas que almejem o melhor desenvolvimento das vocações positivas inerentes aos seres humanos.

4.8 Conclusões

Ao longo deste capítulo, pretendi verificar como concepções ideais sobre a vida humana podem justificar restrições estatais à autonomia, ainda que não identificada a existência de um dano a terceiros. Dentre as alternativas possíveis de análise, a argumentação mais consistente para que o exercício da autonomia estivesse atrelado aos valores morais socialmente compartilhados foi apresentada por Joseph Raz, cujo trabalho foi central no exame da argumentação favorável à compatibilidade da perspectiva perfeccionista e consequencialista ao liberalismo. A partir das críticas feitas, é possível aliar-se às ideias defendidas por Raz, quando ele destaca a importância das práticas sociais para que os indivíduos possam conceber seus planos de vida e se tornem "autores de seu mundo moral". A impossibilidade de se compreender o exercício da autonomia de forma segregada com o processo de socialização também confere relevância aos requisitos para o seu exercício, os quais exigem a racionalidade do agente, a presença de condições mínimas para uma vida valiosa, a disponibilidade de opções aceitáveis, bem como a ausência de coerção e manipulação.

De igual modo, a crítica feita por Raz à neutralidade torna mais robusto o argumento já oferecido no capítulo 2 e aponta que o Estado, inevitavelmente, faz opções valorativas na definição de normas a serem seguidas pelos indivíduos. Essa conclusão não implica o uso da coerção para a promoção de comportamentos que sejam reputados mais adequados à concretização de certos valores morais se não há um dano direto a terceiros e se a sanção cogitada não fizer com que o indivíduo ajuste a sua conduta ao padrão moral desejado. Todavia, essa correta constatação não evita a dificuldade na definição do conteúdo das políticas perfeccionistas, especialmente porque Raz afirma que a concepção delas não precisa resultar de uma decisão coletiva majoritária, pois algumas pessoas podem ter um "maior acesso à verdade moral do que outras" (*greater insight into moral truth than others*). Embora não se refute a argumentação favorável à moralidade objetiva, apreensível a partir de um consenso em torno de elementos reprováveis a qualquer ser humano – bastando-se, como exemplo, a reprovação da tortura, da escravidão –, a imprecisão de um fundamento comum para o conhecimento da "verdade moral" permite questionamentos sobre as razões que dariam lastro para medidas que privilegiem determinados valores e por qual motivo as demais pessoas deveriam seguir tais decisões.

A admissão do confronto entre bem-estar individual e moralidade como hipótese excepcional ou como situação presente em grupos moralmente deturpados (*morally wicked groups*) é uma constatação que abarca a maioria dos casos em que o Direito restringe condutas individuais, porém não identifica com clareza como as hipóteses excepcionais podem ser admitidas e em quais condições o bem-estar individual deve prevalecer. A chance desses confrontos se tornarem episódios para surgimento de novas "formas sociais" ou de revisão dos padrões de moralidade não é analisada de modo detido, deixando em aberto o questionamento sobre como a modificação desses padrões pode ocorrer, o que pode se tornar uma questão cada vez mais presente em sociedades crescentemente heterogêneas.

A possibilidade de certas práticas sociais serem vistas como uma restrição admissível às opções disponíveis, sem um prejuízo efetivo ao bem-estar das pessoas, é um argumento dificilmente aceito se a autonomia for compreendida como dimensão de resistência à intervenção estatal. A rejeição intuitiva desse possível paternalismo indica que, ao menos, a evolução histórica e institucional da percepção de que os seres humanos devem ser livres e autônomos para definir seus planos de vida admite certas restrições justificadas, as quais não podem atingir aspectos essenciais à conformação de sua identidade e à "autoria" do seu mundo moral – como ocorre quando definidas suas opções religiosas, políticas, sexuais e de trabalho – sem que haja prova efetiva de dano a terceiro.

Além de essa crítica fundamentar a possibilidade da existência de um direito à autonomia, suscetível a limitações, ela também exclui a tese de que somente a escolha que recaia sobre opções moralmente adequadas torne o exercício da autonomia valioso. A vida humana é uma construção contínua, alicerçada em fracassos e acertos, sendo difícil afirmar em qual medida os sucessos atuais são o produto do aprendizado dos erros cometidos no passado. Um correto exame dos argumentos apresentados por Joseph Raz permitiria entender que a exclusão de opções ruins e de "crenças falsas" deveria recair sobre aquelas situações em que as informações que impulsionam a decisão do agente são inverídicas e que não seja possível identificar a obtenção de algum proveito da escolha ruim que o indivíduo faça. A opção pelo uso de drogas com efeitos comprovadamente destrutivos à saúde constitui um exemplo em que a proibição legal seria legítima para a proteção do sujeito, ainda que desprezadas as consequências negativas relacionadas à venda e produção de tais substâncias, ao convívio social, familiar e à saúde pública. Entretanto, a reprovação de outras opções ruins pode estar fundamentada em avaliações morais contingentes – tal como pode se dar em relação à prostituição e à pornografia – sem que se possa apurar se o prejuízo sofrido pelas pessoas que se engajam em tais práticas é inerente à participação nelas ou exclusivamente decorrente da reprovação majoritária que aqueles, que decidiram persegui-las, podem sofrer.

A admissão do perfeccionismo como fundamento para que o Estado incentive o indivíduo a adotar escolhas moralmente relevantes, que possam desenvolver os melhores aspectos relacionados ao seu bem-estar, não impede que elementos fáticos infirmem tal intervenção, principalmente se demonstrado que ela não acarretaria a conformidade do agente ao comportamento esperado, os seus efeitos negativos forem desproporcionais aos benefícios almejados com a proibição, o Estado não tiver a aptidão administrativa e institucional para melhor decidir em substituição ao indivíduo e o conteúdo da decisão estiver associado a aspectos essenciais à identidade do sujeito, sem que fosse verificada a existência de dano direto a terceiro em razão da opção adotada.

CAPÍTULO 5

DIREITO FUNDAMENTAL À AUTONOMIA

A existência de um direito da mulher de interromper sua gravidez é um dos temas mais controversos no Direito Constitucional. Países que o reconhecem tendem a adotar parâmetros temporais ao seu exercício, principalmente quando a evolução da gestação confirma a viabilidade do feto, cuja vida potencial passa a ser objeto de uma proteção crescente. Respostas legislativas e decisões judiciais sobre o assunto dificilmente são objeto de um consenso, motivo por que os opositores da solução encontrada tendem a defender limitações que possam inibir a proibição ou a permissão vigente. Nos Estados Unidos, a Suprema Corte julgou, em *Planned Parenthood of Southeastern Pennsylvania v. Casey*,[431] a constitucionalidade de lei do estado de Pennsylvania que pretendia tornar mais difícil a prática do aborto, estabelecendo, entre outras medidas, um maior intervalo para que a mulher informasse seu consentimento ao médico ou à clínica onde o procedimento seria feito, a comunicação dessa intenção pela gestante casada ao seu marido e que a menor grávida contasse com o consentimento de um dos pais ou, havendo uma infundada recusa, que ele fosse suprido por uma decisão judicial. Ressalvada a prova de prévia comunicação ao cônjuge, as demais restrições mencionadas foram mantidas, tendo o Tribunal reconhecido a necessidade de esclarecer alguns dos pontos afirmados no principal precedente sobre a questão (*Roe v. Wade*)[432] para sublinhar o interesse do Estado na proteção do feto. Os argumentos a

---

[431] 505 U.S. 833 (1992)
[432] 410 U.S. 113 (1973)

favor da preponderância do direito à vida ou do direito à autonomia e à privacidade da mulher neste debate exigem uma análise cuidadosa, que foge ao escopo do livro; contudo, ao confirmar a existência de um direito à interrupção da gravidez passível a restrições, o voto conjunto dos Juízes O'Connor, Souter e Kennedy deixou assente que:

> Homens e mulheres de boa consciência podem discordar, e nós supomos que alguns devam sempre discordar, sobre as profundas implicações morais e espirituais do término de uma gestação, mesmo em seus primeiros estágios. Alguns de nós, como indivíduos, achamos o aborto ofensivo aos nossos mais básicos princípios de moralidade, mas isso não pode determinar a nossa decisão. Nossa obrigação é definir a liberdade de todos, e não impor o nosso próprio código moral. A questão constitucional subjacente é se o Estado pode resolver questões filosóficas de forma tão definitiva, que seja suprimida da mulher todas as escolhas nesse tema, talvez exceto nas raras circunstâncias em que a gestação seja um perigo para a sua vida ou saúde, ou seja resultado de estupro ou incesto. (...)
>
> (...) Nossos precedentes "têm respeitado o domínio privado da vida em família que o Estado não pode adentrar". (...) Essas questões, envolvendo as mais íntimas e pessoais escolhas que uma pessoa pode fazer ao longo de sua vida, decisões centrais a sua dignidade pessoal e autonomia, são centrais à liberdade protegida pela Décima-quarta Emenda. No coração da liberdade está o direito de a pessoa definir sua própria concepção de existência, de sentido, do universo e do mistério da vida humana. Crenças sobre esses assuntos não poderiam definir os atributos da personalidade se elas fossem formadas sob a coerção do Estado.[433]

O trecho transcrito aponta que há um conjunto de decisões centrais aos indivíduos, em torno das quais as reflexões envolvidas, as opções acatadas, abandonadas e os resultados obtidos conformam a identidade da pessoa e dão sentido à sua própria concepção da vida. Nos capítulos anteriores, procurei destacar que tais escolhas seriam um ponto de resistência às restrições que se pretenda impor à autonomia, porque, em alguns casos, restaria desrespeitada a exigência de neutralidade possível do Estado (capítulo 2), o aparelho administrativo poderia não deter o conhecimento necessário para apontar qual seria a melhor decisão ou estaria suscetível a influências que infirmassem a imparcialidade esperada do Poder Público (capítulo 3), e a admissão

---

[433] *Planned Parenthood of Southeastern Pennsylvania v. Casey*, 505 U.S. 833 (1992) (Tradução livre).

de restrições a escolhas disponíveis, de acordo com as práticas sociais observadas, poderiam frustrar a intenção de realizar de forma plena as capacidades do indivíduo e o seu bem-estar (capítulo 4). No presente capítulo, adiciono outro argumento para defesa das teses apresentadas nesta pesquisa: a alegação de que há um direito à autonomia e de que este direito é um argumento de defesa do sujeito contra as restrições que o Estado queira impor-lhe. Para tanto, examino os subsídios que uma perspectiva liberal a favor da existência de um direito à autonomia pode oferecer. Em passo seguinte, será verificado se a admissão da autonomia, como um direito fundamental, pode contribuir para a análise de limitações ao seu exercício, especialmente se aplicada a regra da proporcionalidade para aferir a constitucionalidade da restrição adotada.

5.1 A defesa liberal do direito à autonomia

No capítulo anterior, analisei a crítica feita ao posicionamento de Joseph Raz, contrário ao direito à autonomia, tendo destacado que a possível amplitude de seu objeto e a carga de deveres correlacionados à sua observância não seriam fundamentos suficientes para infirmar a sua existência. O acolhimento dos argumentos opostos à existência do direito à autonomia poderia comprometer algumas das liberdades, usualmente entendidas como direitos em regimes constitucionais democráticos, ao constatar-se que o âmbito de exercício delas dificilmente poderia ser previamente definido ou ser, a princípio, muito oneroso para aqueles que tivessem o dever contraposto ao direito fruído. De igual modo, o exercício de direitos não implica a licitude de todas as reivindicações que podem estar associadas a eles, ante a necessidade de conciliá-las com pretensões rivais e de conjugá-las com as condições fáticas e jurídicas presentes em cada sociedade.

Entretanto, a afirmação de um direito à autonomia não está baseada no fracasso dos argumentos expostos pelos seus críticos. A enunciação desse direito revela a admissão de premissas sobre concepções de pessoa, sociedade e Estado, organizadas em torno da ideia de que existe um conjunto de decisões tomadas pelo indivíduo que não devem – ressalvadas hipóteses excepcionais – ser suplantadas pela interferência do Poder Público, por entender que a opção feita pelo sujeito não é aquela que melhor promove o seu bem-estar. Muitos dos pontos encontrados na defesa de um direito à autonomia estão presentes nos pilares do liberalismo[434] e coincidem com os pressupostos declinados na introdução do presente trabalho.

Em essência, o liberalismo compreende um conjunto de princípios favoráveis à defesa da individualidade e da liberdade do sujeito frente ao Estado, que deve exercer seu poder político de forma controlada e passível de justificação, uma vez que o fundamento da soberania do Estado está baseado no direito de autodeterminação, individual e coletiva, das pessoas. A reserva de uma esfera de imunidade à intervenção do Estado e de poderes confiados à pessoa, por serem considerados essenciais ao seu desenvolvimento como indivíduo e cidadão, é associada a um discurso em prol de direitos, entendidos como interesses, dotados de significativa importância moral, protegidos e promovidos de acordo com a vontade de seus titulares.[435] A existência desses direitos reitera um conteúdo mínimo que os indivíduos podem reivindicar em face do Estado e, por conseguinte, passa a conformar espaços em que os interesses individuais não devem ser necessariamente congruentes com o da coletividade ou do Poder Público, os quais poderão ser ampliados de acordo com o modo em que a cultura, os recursos disponíveis e as práticas sociais vigentes compreendam o papel do Estado e o grau de pretensões que o sujeito pode legitimamente apresentar perante ele. De forma reversa, o entendimento de que os interesses dos indivíduos precedem a formação do Estado e devem ser por ele contemplados faz com que a expressão do poder político esteja estruturada em instituições que permitam o controle pelos cidadãos e respeitem os seus direitos e garantias. O Estado, no liberalismo, não deve almejar a realização dos interesses exclusivos do governante ou de um grupo de pessoas que possa ter acesso privilegiado aos centros de decisão da Administração Pública, pois cabe a ele oferecer meios para assegurar a liberdade e o exercício de direitos, bem como mecanismos impessoais para resolução de eventuais conflitos de interesse.

---

[434] Cf. WALDRON, Jeremy. *Liberal rights:* collected papers, 1981-1991. Cambridge: Cambridge University Press, 1993, p. 1, 2, 20. RAWLS, John. *Political liberalism*, p. xviii.

[435] "(...) the language of rights is used to refer to any demand that an individual interest should be protected and promoted, made from the individual's own point of view, and accorded decisive moral importance." (WALDRON, Jeremy. *Liberal rights*, p. 11). Em trabalho posterior, Jeremy Waldron afirmou que os direitos são interesses individuais, na liberdade e no bem-estar, que não devem ser sacrificados para promoção de uma maior eficiência, prosperidade, ou qualquer outra forma agregada de satisfação de interesses inferiores que possa estar subsumida na ideia de bem coletivo. (WALDRON, Jeremy. A right-based critique of constitutional rights. *Oxford Journal of Legal Studies*, 13, 1993, p. 26.)

A racionalidade presumida nos seres humanos confere-lhes um elemento distintivo na capacidade de definição de seus planos de vida e na forma como a escolha de seus propósitos e objetivos pode ser compreendida como expressão de sua própria dignidade.[436] Os traços de autoconstituição e integridade, presentes em algumas das decisões mais importantes que uma pessoa pode tomar em sua vida, são expressos, segundo Jeremy Waldron, na defesa liberal de direitos dos indivíduos a atividades políticas, relacionamentos íntimos, expressões públicas de opinião, escolha de participação em associações como sindicatos e organizações políticas, e a escolha de sua profissão.[437] Ainda que se admita que, nessas hipóteses – às quais acrescento a liberdade de consciência e de crença – a autonomia do indivíduo em afirmar suas escolhas decorra de um direito moral, que lhe é reconhecido independentemente de expressa menção no ordenamento jurídico, o resultado das opções feitas não o infirma, mesmo nas situações em que elas sejam moralmente reprováveis.[438] Essa conclusão não exime o seu titular de sofrer as sanções cabíveis se a reprovação moral for congruente com aquela prevista em lei, não sendo, por exemplo, possível que a liberdade de contrair relacionamentos íntimos seja exercida para a prática de relações sexuais com crianças, ou que a liberdade de escolha de profissão seja voltada a atividades criminosas ou mesmo de forma divergente com o regramento vigente, tal como se observa no crime de exercício ilegal da medicina.

Contudo, a possibilidade de o exercício do direito à autonomia ser restringido em hipóteses nas quais não seja identificado um dano direto a terceiro, principalmente quando a decisão tomada pelo

---

[436] WALDRON, Jeremy. *Dignity, ranks, and rights*. Oxford: Oxford University Press, 2012, p. 55. Contudo, Waldron reconhece que dignidade e autonomia podem veicular pretensões antagônicas, principalmente se considerada a compreensão mais moderna de autonomia, como expressão estrita de escolha e liberdade, separada de um senso de responsabilidade. Nessa análise, a autonomia opera como um conceito emancipatório, ao passo que a dignidade pressupõe uma obrigação de manutenção de um *status* próprio à condição dos seres humanos. (WALDRON, Jeremy. *Dignity, ranks, and rights*, p. 140,141.)

[437] WALDRON, Jeremy. *Liberal rights*, p. 81.

[438] WALDRON, Jeremy. *Liberal rights*, p. 85. A posição de Waldron é criticada por Robert George, que endossa o argumento de que nela se confunde o moralmente indiferente com o moralmente permitido ao afirmar que não seria necessário recorrer à alegação de que um direito moral não é derrogado por opções moralmente erradas para defesa da importância de um conjunto amplo de alternativas para o desenvolvimento moral da pessoa. (GEORGE, Robert. *Making men moral*, p. 127,128). Entretanto, a argumentação de Robert George não identifica um erro essencial nas premissas que dão lastro ao posicionamento de Waldron e parecem confundir as justificativas para a existência de um direito com as razões para o seu exercício.

indivíduo recaia sobre opções que definam sua identidade e conformem o seu plano de vida – tal como descrito acima – demandam uma análise mais detida.

Ao longo do livro, procurei apontar que o ser humano capaz pode ter sua escolha substituída por uma opção que possa lhe trazer um maior bem-estar, se restar demonstrado que o processo de decisão possa levá-lo a fazer uma escolha falha com resultado muito danoso ou irreversível, quando grandes as probabilidades de ser conhecida a melhor opção a ser feita. De igual modo, foi indicado que a promoção do bem-estar do sujeito pode ocorrer se a sua escolha coincide com aquela que mais intensamente desenvolve os potenciais inerentes aos seres humanos, ou seja, aquela que corresponda às práticas sociais vigentes. A aceitação dessas hipóteses esteve limitada pelo reconhecimento de que – somada à incerteza quanto à melhor opção a ser feita, à capacidade de o Estado ter uma estrutura institucional e administrativa apropriada para assegurar a observância dessas restrições, e à repercussão das restrições impostas sobre os indivíduos – há um conjunto de escolhas que definem como a pessoa se reconhece como um ser dotado de valor próprio, apto a traçar os rumos que pretende seguir em sua vida e, assim, dar-lhe um traço de integridade e autoidentificação. A existência de situações de mais clara reprovação a essas restrições, quando, por exemplo, rejeitada a possibilidade de o Estado, a família ou autoridades religiosas escolherem as profissões e os parceiros afetivos das pessoas baseados em traços de afinidade, costume ou tradição, soma-se a outras em que é mais impreciso saber em que medida a permissão de o sujeito fazer escolhas erradas pode comprometer, de forma drástica, o seu bem-estar e a possibilidade de tomar decisões futuras.

5.2 Autonomia e a proposta de liberalismo igualitário de Ronald Dworkin

A fundamentação liberal da existência de um direito à autonomia não autoriza a conclusão de que todas as interpretações do liberalismo irão endossá-la. A presente tese não pretende exaurir todos os argumentos, associados à perspectiva liberal, que possam confirmar ou infirmar o posicionamento favorável ao direito à autonomia.[439] Porém,

---

[439] A título de exemplo, confira-se o trabalho de Carlos Santiago Nino, que defende a autonomia como um princípio necessário para assegurar a neutralidade do Estado e oferecer resistência contra políticas e restrições com conteúdo perfeccionista. Nesse sentido,

a análise de algumas das ideias centrais de Ronald Dworkin sobre o tema pode ser esclarecedora para testar a consistência de restrições à autonomia e de políticas paternalistas com uma proposta teórica favorável à precedência da igualdade como justificativa primordial do liberalismo. Este estudo não almeja ser uma síntese da sua vasta produção intelectual, tampouco pretende oferecer uma análise da evolução do seu pensamento, razão por que me limitarei a destacar os elementos que podem ser reconduzidos a uma formulação mais concisa dos elementos de sua teoria relacionados à liberdade, à autonomia e à admissibilidade de limites à sua fruição.

Ronald Dworkin afirmava que a moralidade constitutiva do liberalismo conforma uma teoria da igualdade que exige a neutralidade do Estado entre diversas concepções sobre o que seja valioso na vida.[440] A disputa entre reivindicações em torno da igualdade e da liberdade não era vista como um embate entre propostas antagônicas, pois uma correta compreensão do liberalismo pressupõe que as demandas baseadas na liberdade são um desdobramento da necessidade de igual consideração e respeito, decorrente da proteção prioritária da igualdade,[441] o que exige que o Estado tenha cada indivíduo como igualmente importante e respeite a responsabilidade do sujeito por sua própria vida.[442] A rejeição da possibilidade de a liberdade constituir uma pretensão que pudesse se sobrepor aos elementos essenciais da igualdade implicava a inexistência de um direito irrestrito a ela,[443]

---

o princípio da autonomia da pessoa estabelece que, "siendo valiosa la libre elección individual de planes de vida y la adopción de ideales de excelencia humana, el Estado (y los demás individuos) no debe interferir en esa elección o adopción, limitándose a diseñar instituciones que faciliten la persecución individual de esos planes de vida y la satisfacción de los ideales de virtud que cada uno sustente e impediendo la interferencia mutua en el curso de tal persecución". (NINO, Carlos Santiago. Ética y derechos humanos, p. 205.)

[440] DWORKIN, Ronald. *A matter of principle*. Cambridge: Harvard University Press, 1985 (2000), p. 203.

[441] DWORKIN, Ronald. *Taking rights seriously*. Cambridge: Harvard University Press, 1977 (2002), p. 271, 273. DWORKIN, Ronald. *Sovereign virtue*, p. 122, 123.

[442] DWORKIN, Ronald. *Justice for hedgehogs*. Cambridge: The Belknap Press of Harvard University Press (2011), p. 330.

[443] "The idea of a right to liberty is a misconceived concept that does a dis-service to political thought in at least two ways. First, the idea creates a false sense of a necessary conflict between liberty and other values when social regulation, like the busing program, is proposed. Second, the idea provides too easy an answer to the question of why we regard certain kinds of restraints, like the restraint on free speech or the exercise of religion, as especially unjust." (DWORKIN, Ronald. *Taking rights seriously*, p. 271). É importante observar que Ronald Dworkin faz posteriormente uma distinção entre a capacidade de fazer livremente o que se deseja (*freedom*) e liberdade insuscetível à limitação estatal (*liberty*), reconhecendo um direito a este núcleo de liberdade em escrito posterior a *Taking*

reconhecendo-se somente direitos a liberdades que não deveriam ser restringidas pelo Estado, vistos como indispensáveis à garantia de igualdade de tratamento,[444] como os direitos à liberdade de consciência, de comprometer-se, de expressão, de religião e de escolhas em questões concernentes a aspectos centrais e sensíveis da vida pessoal do indivíduo, como trabalho, arranjos familiares, privacidade sexual e tratamento médico.[445] Além da preocupação de evitar debates que pudessem pôr em discussão medidas que visassem à promoção legítima de outros valores, Dworkin pretendia manter a coerência com o conceito de direitos individuais como "trunfos", que permitem que a pessoa possa resistir a certas decisões ainda que elas tenham sido tomadas pelas instituições competentes, seguindo os procedimentos previstos para tanto.[446] Caso admitido um direito individual ilimitado à liberdade, a sua ampla extensão exigiria uma fundamentação mais exigente sempre que fosse arguida a sua violação, o que poderia ser um efetivo obstáculo a medidas que visassem à realização da igualdade. A ausência de um direito ilimitado à liberdade era também adequada ao entendimento de que ela não tem um valor intrínseco, sendo sua importância observada se o seu exercício for instrumental à realização de valores na vida do sujeito.[447]

---

rights seriously: "(...) I distinguish freedom, which is simply your ability to do anything you might want to do without government restraint, from liberty, which is the part of freedom that government would wrong to restrain. So I do not accept any general right to freedom. I accept, instead, a right to liberty, and the right I urge is rather complex". (DWORKIN, Ronald. Keynote Address: Justice for hedgehogs. *Boston University Law Review*, 90, 2010, p. 47.)

[444] DWORKIN, Ronald. *Taking rights seriously*, p. 273.

[445] DWORKIN, Ronald. *Sovereign virtue*, p. 127.

[446] DWORKIN, Ronald. *A matter of principle*, 1985 (2000), p. 198.

[447] DWORKIN, Ronald. *Sovereign virtue*, p. 129. Ronald Dworkin procurou ilustrar seu posicionamento mediante o recurso a um estágio inicial hipotético no qual haveria uma avaliação (princípio da abstração) na qual se presumiria que as pessoas pudessem escolher de forma livre os recursos relativamente escassos que desejassem, havendo somente restrições necessárias à preservação da sua segurança física e de sua livre propriedade (princípio da segurança). O processo de escolha e de distribuição de recursos não deveria ser inibido por ações que excluíssem a possibilidade de eles serem distribuídos em condições de igualdade, sendo admitidas limitações que ajustassem a distribuição de recursos aos seus reais custos de oportunidade (princípio da correção). Os participantes desse esquema hipotético devem ter a possibilidade de formar suas próprias convicções e refletir sobre elas, bem como serem capazes de influenciar a opinião de outras pessoas, do que depende parte do seu sucesso no processo coletivo de distribuição de recursos (aspectos positivo e negativo do princípio da autenticidade). Adicionalmente, a expressão da vontade dos indivíduos nesse processo coletivo não deve refletir o desprezo e o ódio por quem venha a ser prejudicado, o que é importante para a proteção das pessoas contra preconceitos sistemáticos (princípio da independência). Nessa perspectiva, a liberdade

5.3 Ronald Dworkin e os limites da intervenção paternalista

A construção teórica efetuada por Ronald Dworkin para conciliar o exercício da liberdade com a promoção prioritária da igualdade deixa entrever que as restrições impostas à liberdade devem estar correlacionadas a uma concepção normativa de liberdade, que deve envolver uma descrição do modo como nós acreditamos que as pessoas devem ser livres.[448] A fruição da liberdade deve ser um dos elementos que se somam para que o sujeito atinja o seu bem-estar e preserve a sua dignidade, o que repercute no grau de admissão de restrições que o Estado poder impor ao exercício da autonomia e na avaliação dos propósitos que podem ser legitimamente almejados na adoção de políticas paternalistas.

Nesse sentido, ele afirmava que o bem-estar do sujeito não deve ser mensurado pelos bens que ele quer ter (bem-estar volitivo), mas pela obtenção de bens que ele deveria conquistar para ter uma vida melhor e, assim, concretizar as suas convicções éticas (bem-estar crítico).[449] A avaliação do bem-estar pautada pelo sucesso alcançado à luz das condições fáticas experimentadas, em coerência com os princípios adotados, ajustava-se à prioridade dada à integridade ética[450] por um modelo em que a obtenção do bem-estar é comparada a um "desafio", em detrimento da perspectiva que privilegia o mero acúmulo de bens, a par de uma incongruência com julgamentos éticos, preferida em um modelo baseado no "impacto". A existência de duas alternativas para julgar o bem-estar acarretava a apresentação de duas propostas correlatas de paternalismo: o paternalismo volitivo deveria empregar a coerção para ajudar as pessoas a terem o que elas querem, ao passo que o paternalismo crítico usaria a coerção a fim de que os indivíduos tenham aquilo que será melhor para as suas vidas.[451] Contudo, a associação do paternalismo a um critério de bem-estar crítico não

---

não é violada se inexiste vítima, o que ocorre se o valor atribuído pelos seus titulares permanece sendo igual àquele aferido no momento anterior à distribuição de recursos (princípio da vitimização). (DWORKIN, Ronald. *Sovereign virtue*, p. 149-175.)

[448] DWORKIN, Ronald. *Sovereign virtue*, p. 125.
[449] DWORKIN, Ronald. *Sovereign virtue*, p. 216,217.
[450] "Someone has achieved ethical integrity, we may say, when he lives out of the conviction that his life, in its central features, is an appropriate one, that no other life he might live would be a plainly better response to the parameters of his ethical situation rightly judged." (DWORKIN, Ronald. *Sovereign virtue*, p. 270.)
[451] DWORKIN, Ronald. *Sovereign virtue*, p. 217.

implicou sua aceitação irrestrita por Ronald Dworkin, que afirmou que a conservação da integridade ética do sujeito exigiria que ele consentisse genuinamente com as restrições impostas, o que não eliminaria a necessidade de que tais medidas fossem limitadas e empregadas por um prazo curto, próprias a um "paternalismo cirúrgico".[452] Outra possibilidade consistiria no apoio dado pelo Estado a políticas que incentivem os indivíduos a fazerem escolhas e a adotarem valores que promovam uma maior integridade ética – paternalismo cultural –, a qual, não obstante possa guardar uma semelhança com os fundamentos adotados para que o Estado incentive a arte, é rejeitada por Dworkin, que, ao contrário de Raz, sustenta que uma vida é mais valiosa se são maiores os desafios enfrentados pelo sujeito, o que não seria observado se ela fosse previamente "simplificada" ou "limitada".[453]

Embora Dworkin não refute a possibilidade de o Estado impor a educação compulsória até certa idade e obrigar o uso de cinto de segurança em automóveis, ele afirma que o "paternalismo cirúrgico" é, em essência, contrário à forma de mensuração do bem-estar associada ao "modelo de impacto", pois, nesse critério, a escolha ética é congruente com o seu valor ético, de sorte que a vida do indivíduo não pode ser melhorada por um ato que não seja por ele praticado, ou do qual não se possa pressupor seu consentimento livre. Ademais, Dworkin alega que a comunidade pode recomendar valores que não sejam suficientemente representados nos modelos culturais vigentes, o que não implica a defesa do "paternalismo cultural", pois este acolhe um padrão transcendente e independente de valor ético, inadequado ao modelo do "desafio".[454]

Cabe notar um paralelismo entre a distinção entre moral e ética feita por Ronald Dworkin e aquela observada entre "moral intersubjetiva" e "moral autorreferente";[455] o espaço reservado à integridade ética do indivíduo coincide com aquele reservado à "autoria do seu próprio mundo moral", tal como defendido por Joseph Raz ao

---

[452] DWORKIN, Ronald. *Sovereign virtue*, p. 269. Ronald Dworkin contrapõe o "paternalismo cirúrgico" (*surgical paternalism*) ao "paternalismo substituto" (*substitute paternalism*); no primeiro caso, a coerção é justificada para a adoção de um comportamento bom ou para a eliminação de um comportamento ruim para as pessoas; no segundo, a proibição adotada ocorre para a realização dos valores positivos ou substitutivos que a medida pode proporcionar. (DWORKIN, Ronald. *Sovereign virtue*, p. 269.)

[453] DWORKIN, Ronald. *Sovereign virtue*, p. 272.

[454] DWORKIN, Ronald. *Sovereign virtue*, p. 274.

[455] NINO, Carlos Santiago. *Ética y derechos humanos*, p. 235.

reconhecer a importância do sujeito na definição dos modelos de vida que materialize os valores que pretenda perseguir.

A resistência aos argumentos paternalistas, baseada na concepção de dignidade defendida por Ronald Dworkin, complementa os fundamentos relacionados ao bem-estar e permite uma melhor apreensão dos limites a serem enfrentados pelo Estado para restringir a autonomia. Nesse sentido, a dignidade é compreendida como uma ideia organizadora de princípios éticos compartilhados, e contém dois aspectos principais: o autorrespeito, que exige que o sujeito compreenda sua vida como algo importante e se empenhe em fazer dela um empreendimento bem-sucedido,[456] e a autenticidade, vista como a responsabilidade de cada indivíduo identificar os elementos que devem ser observados para a obtenção de êxito na sua vida, por meio de uma narrativa coerente aprovada por ele.[457] A autenticidade tem uma dimensão de independência, que não significa a completa exclusão de interferências, inevitáveis pelo fato de o sujeito viver em meio a uma cultura ética.[458] Contudo, as restrições à autenticidade são submetidas a critérios mais exigentes quando comparadas às admissíveis para a autonomia, se esta for entendida como possibilidade de escolha em meio a um conjunto de opções, cuja extensão é variável de acordo com circunstâncias naturais ou políticas,[459] de sorte que não haveria um desrespeito a ela se algumas alternativas fossem suprimidas ou menos favorecidas, por serem reputadas como opções de vida socialmente reprovadas.

Na ausência de autenticidade, a pessoa substitui seus julgamentos éticos sobre como sua vida deve ser conduzida por avaliações que terceiros façam, devido ao medo de que suas posições pessoais provoquem sanções políticas e sociais.[460] O respeito à autenticidade confere ao indivíduo um "trunfo" contra qualquer deliberação coletiva que possa infringir a sua dignidade.[461] Porém, a defesa contra tentativas

---

[456] DWORKIN, Ronald. *Justice for hedgehogs*, p. 203.
[457] DWORKIN, Ronald. *Justice for hedgehogs*, p. 204.
[458] DWORKIN, Ronald. *Justice for hedgehogs*, p. 211.
[459] DWORKIN, Ronald. *Justice for hedgehogs*, p. 212.
[460] DWORKIN, Ronald. *Justice for hedgehogs*, p. 212.
[461] "A political community has no moral power to create and enforce obligations against its members unless it treats them with equal concern and respect; unless, that is, its policies treat their fates as equally important and respect their individual responsibilities for their own lives. That principle of legitimacy is the most abstract source of political rights. Government has no moral authority to coerce anyone, even to improve the welfare or well-being or goodness of the community as a whole, unless it respects those two requirements

de limitação à autenticidade não impede a admissão de hipóteses autorizadas de intervenção estatal relacionadas a um "paternalismo superficial" (*surface paternalism*), porque ele aumenta a capacidade da pessoa de conduzir sua própria vida e a ajuda a obter o que ela realmente pretende em momentos de reconhecida fraqueza,[462] tal como ocorre se o sujeito quiser provocar um dano a si mesmo em situação de forte desequilíbrio psicológico. A autenticidade restringe o "limite de decisões coletivas aceitáveis"[463] que possam pôr em risco a independência ética da pessoa, o que, segundo Ronald Dworkin, ocorre se uma proibição é baseada em um argumento moral em substituição a um julgamento ético, próprio à responsabilidade que toda pessoa deva ter acerca de suas próprias convicções.[464]

Na outra vertente da dignidade, o Estado não pode violar o autorrespeito da pessoa, base da importância objetiva da vida humana, mediante a restrição de decisões fundadas na independência ética do sujeito, por razões que não sejam a proteção da vida, da segurança ou da liberdade de terceiros.[465] Essa vedação se estende a leis aprovadas a partir de justificações relacionadas à superioridade ou à popularidade de valores éticos controversos na sociedade. Nessa última hipótese, poderiam ser incluídas as leis que proíbem a circulação ou a comercialização de literatura pornográfica, pois, segundo Ronald Dworkin, esta decisão política revela a opção por um conjunto de valores que devem estar presentes numa vida ideal; o que não impede a existência de situações em que uma medida restritiva seja simultaneamente uma restrição à independência ética e o veículo para o endosso de um padrão de vida, tal como se observaria nas leis que proíbem o casamento ou as relações sexuais entre pessoas do mesmo sexo.[466]

A obra de Ronald Dworkin impulsionou extensos debates acadêmicos e fugiria ao escopo do livro examinar todas as complexidades

---

by person. The principles of dignity therefore state very abstract political rights: they trump government's collective policies. We form this hypothesis: All political rights are derivative from that fundamental one. We fix and defend particular rights by asking, in much more detail, what equal concern and respect require." (DWORKIN, Ronald. *Justice for hedgehogs*, p. 330.)

[462] DWORKIN, Ronald. *Justice for hedgehogs*, p. 336.
[463] DWORKIN, Ronald. *Justice for hedgehogs*, p. 371.
[464] Ronald Dworkin emprega essa argumentação para justificar sua posição favorável ao direito da mulher à prática do aborto. (DWORKIN, Ronald. *Justice for hedgehogs*, p. 377.)
[465] DWORKIN, Ronald. *Justice for hedgehogs*, p. 368.
[466] DWORKIN, Ronald. *Justice for hedgehogs*, p. 369.

envolvidas nessas discussões. Embora alguns dos termos por ele empregados nas discussões em torno das restrições à liberdade sejam peculiares às suas construções teóricas, o cerne de suas ideias contém a formulação de pontos importantes para o estudo dos limites que o Estado deve enfrentar nas restrições que pretenda impor à autonomia. Nesse sentido, o seu projeto de aproximação entre domínios da moralidade – como conjunto de normas sobre o que "nós devemos uns aos outros" – e da ética – preceitos que uma pessoa deve seguir para viver bem[467] – não eliminava a proibição de interferência estatal em decisões próprias ao âmbito ético do sujeito com base em argumentos morais. O direito à liberdade, excluída a capacidade ilimitada de ação, pode ser justificado como elemento essencial (i) a um sistema democrático de governo equânime e eficiente, (ii) à manutenção da integridade ética, reflexo do direito a tomarmos as decisões fundamentais sobre o significado e a importância da nossa vida, e (iii) à independência ética, violada se o Estado pretender substituir nossas decisões com base na popularidade ou na superioridade de uma determinada concepção de vida. Estes três fundamentos, reunidos, demonstram que as concepções sobre democracia, ética e moralidade são indissociáveis para o desenvolvimento de uma teoria liberal da liberdade, na qual a moralidade irá pautar a necessidade de o Estado oferecer as justificativas das restrições que imponha na disciplina da vida social e da conduta dos indivíduos no regime democrático, sem que seja suprimido um espaço próprio à conformação ética de cada pessoa.

    A dignidade, mediante a preservação da integridade e da independência ética do indivíduo, passava a ser o parâmetro a ser observado nas restrições que o Estado pretenda instituir à liberdade na teoria de Dworkin. Frank Michelman corretamente observa que a menção de que o Estado deveria empregar "justificativas apropriadas" para a restrição da liberdade não correspondia a um endosso de Dworkin a propostas favoráveis à ponderação ou a um juízo de proporcionalidade, mas a um exame mais abstrato de compatibilidade desses limites com ideais político-morais mais elevados, cujo resultado deveria conservar a igual importância objetiva da vida de todas as pessoas e respeitar a responsabilidade de cada indivíduo em tomar as decisões que sejam fundamentais para a consecução de seu ideal de vida.[468]

---

[467] SCANLON, T.M. Varieties of Responsibility. *Boston University Law Review*, 90, 2010, p. 605.
[468] MICHELMAN, Frank I. Foxy freedom?. *Boston University Law Review*, 90, 2010, p. 953,954.
    Em síntese, Michelman afirma que: "(...) 'Liberty', rather, is a name we give to the state of

A adequação a esses parâmetros acarretava uma aceitação de políticas paternalistas com um escopo reduzido. Comparadas as defesas do "paternalismo cirúrgico" e do "paternalismo superficial", vê-se que as medidas justificadamente empregadas devem ser limitadas temporal (prazo curto) e materialmente (restrições de menor extensão, voltadas ao aumento da capacidade do sujeito de conduzir a sua vida e ao seu auxílio em conseguir o que efetivamente pretende em momentos em que uma debilidade psicológica impeça uma deliberação equilibrada), bem como ser suscetíveis ao consentimento do indivíduo, ainda que potencial, desde que este não seja obtido por meio de uma declaração de vontade viciada. Embora a descrição do paternalismo admitido por Dworkin ajuste-se às suas principais teses, existem algumas inconsistências que impedem o endosso completo de sua proposta.

Dworkin afirmava que leis que obrigam o uso de cinto de segurança em veículos e capacete para os usuários de motos seriam intervenções estatais admissíveis, incapazes de provocar sérias controvérsias entre os opositores do paternalismo. Contudo, para além de argumentações que recorram à aceitação popular, não há uma justificação por que a avaliação que o Estado faça sobre a adoção de medidas compulsórias, impostas para assegurar a melhor preservação da vida da pessoa, possam se sobrepor à avaliação individual sobre os riscos assumidos ao realizar essas atividades. Para tanto, Dworkin precisaria ter demonstrado que, mesmo em situações nas quais não haja uma "fraqueza" de vontade, o Estado pode determinar ao indivíduo uma conduta que seja contrária à sua decisão pessoal. Caso afirme-se que tais restrições são ínfimas e incapazes de prejudicar a integridade ética da pessoa, seria necessária a realização de um juízo concreto sobre os níveis admissíveis de intervenção estatal, a qual seria progressivamente restringida, conforme a proibição cogitada se aproximasse do conjunto de decisões que mais explicitamente pudesse ser reconduzido às opções éticas do sujeito. Cristopher Wolfe, ao analisar a crítica de Dworkin ao paternalismo, destaca que a importância de preservar as convicções éticas não deve ignorar que muitas das opiniões que as pessoas têm não

---

exclusion of restrictions imposed on descriptive-option freedom for reasons incompatible with value-commitments aside from option-freedom as such – commitments to a certain conception of human dignity, or to conceptions of equality and democracy derived therefrom (thus, as Dworkin calls it, a 'buck-passing' conception of liberty). On Dworkin's account, valued liberty suffers no loss when a state limits everyone's freedom in the same way, as long as the state evidently does so for reasons consonant with human dignity, according to principles of equal concern and respect for responsibility".

são frutos de uma reflexão profunda sobre um aspecto fundamental de suas vidas, o que abriria um espaço mais amplo para intervenções que busquem excluir alternativas nocivas e incentivar condições que deem suporte a convicções decentes.[469] Embora a defesa de um modelo que incorpore um conjunto objetivo de valores não seja acolhida por Dworkin, é certo que a maior parte das opiniões adotadas por uma pessoa tende a ser avaliações conjunturais, que não necessariamente exprimem convicções éticas sobre decisões fundamentais à identidade do sujeito. Nesses casos, as restrições estatais podem ter uma maior amplitude por limitarem, com menor extensão, o núcleo essencial do direito à autonomia, o que não exime o Estado do dever de apresentar motivos suficientes para a aferição da sua proporcionalidade.

Os exemplos do cinto de segurança e do capacete são importantes porque não são medidas de curto prazo, tampouco são consentidas por todos aqueles que a elas se submetem, sendo factível imaginar que algumas pessoas consideram que os cintos de segurança não são eficientes em proporcionar a segurança dos motoristas e passageiros de um automóvel, ou que o uso de capacete acarrete uma proteção mínima a um custo elevado, quando analisados os reais riscos a que se expõem os usuários de motos, os quais não são propriamente mitigados pela legislação vigente. A afirmação de Dworkin de que tais medidas configurariam limitações ínfimas, facilmente aceitas, não está embasada em uma argumentação consistente que indique por que tais limitações são exemplos aceitos de paternalismo, e por que as razões que permitem a admissão de tais restrições – possivelmente a preservação do interesse coletivo de saúde pública ou a proteção da vida, como interesse primordial do ser humano – não poderiam se estender a outras hipóteses em que a escolha feita pelo indivíduo não seja aquela que melhor promova o seu bem-estar.

Além disso, se o consentimento futuro ou potencial pode ser uma forma de convalidação da medida paternalista, seria necessário esclarecer quais razões impediriam uma intervenção mais ampla do Estado se há uma elevada plausibilidade de que a restrição atual encontre uma aceitação futura.[470] Em situações nas quais se identifique um conflito entre preferências atuais e metapreferências, o Estado poderia encontrar um amplo espaço de atuação baseado em desejos comuns

---

[469] WOLFE, Cristopher. Liberalism and paternalism: a critique of Ronald Dworkin. *The Review of Politics*, 56, 1994, p. 632.
[470] WOLFE, Cristopher. Liberalism and paternalism: a critique of Ronald Dworkin, p. 629.

de ter-se uma vida longa e saudável ou um ambiente social estável e culturalmente estimulante. A possibilidade de o Estado incentivar expressões culturais que não encontrem representação suficiente na sociedade é, em essência, uma forma de apoiar determinado modelo cultural baseado nas escolhas sobre quais manifestações devem ser fomentadas, uma vez que as inúmeras expressões artísticas humanas não poderão ser amplamente conhecidas por todos. Tais obstáculos impedem que os incentivos apoiados por Dworkin não reflitam uma escolha a favor de uma concepção de vida em detrimento de outras, o que torna pouco provável a admissão integral do ideal de neutralidade liberal nos termos de sua elaboração.

Com efeito, muitos desses pontos revelam a dificuldade de a intervenção estatal observar os espaços próprios à ética e à moralidade.[471] A definição de normas para que as pessoas deixem de deliberadamente infligir danos a outras muitas vezes não conforma um espaço estanque em relação às concepções dos indivíduos sobre os seus respectivos planos de vida, principalmente quando a decisão sobre determinada política irá favorecer ou prejudicar certas escolhas que possam ser consideradas fundamentais para o sujeito. Dworkin não ignora essa possibilidade ao admitir que, nos tempos atuais, certas concepções de vida – como a do sujeito que pretenda agir como Robin Hood – são proibidas ou não incentivadas. Contudo, eventual obsolescência de alguns modelos implica o reconhecimento de que há um âmbito permitido de intervenção estatal em prol de certas opções que irão se refletir em decisões que conformam escolhas fundamentais

---

[471] Ronald Dworkin demonstra reconhecer a dificuldade de, em alguns casos, separar argumentos éticos dos morais ao responder aos comentários de James E. Fleming sobre a dificuldade de cindi-los em casos concretos: "(...) As he shows, my arguments about ethical independence rest on two difficult but crucial distinctions. The first is the distinction between morality and ethics, and hence between a community's moral and ethical environments. In *Justice for hedgehogs* I emphasize this distinction in suggesting that, just as government must impose collective decisions about morality on everyone, so it may work towards a moral environment in which sound principles of justice are more likely to be recognized and accepted. But since the government may not impose collective decisions about the good life or how to live well, so it may not labor to create an ethical environment that sponsors one controversial view on those subjects. The second distinction is that between government imposing a particular ethical environment, which it may not do, and encouraging its citizens to take ethical decisions seriously. (...) As Fleming points out, this second distinction requires difficult boundary judgments distinguishing government programs aimed to heighten ethical responsibility from those either endorsing or coercing particular choices. But if the distinction reflects important principles, as I think it does, then we must make those judgments as best we can". (DWORKIN, Ronald. Response. *Boston University Law Review*, 2010, v. 90, p. 1079.)

do indivíduo, principalmente se reconhecida a importância de determinados bens e interesses coletivos, tal como poderia ser exemplificado no interesse do Estado em promover a leitura por meio da imunidade tributária de livros, ou no incentivo à natalidade por meio da concessão de benefícios sociais e fiscais.

5.4 Integridade ética e o melhor interesse da pessoa

A possibilidade de o Estado ter um interesse oposto ao do indivíduo em decisões que estejam associadas à sua responsabilidade e integridade ética não foi ignorada por Dworkin. No julgamento *Cruzan v. Director, Missouri Department of Health*,[472] a Suprema Corte dos Estados Unidos decidiu que o Estado tem o poder de exigir uma "clara e convincente prova" da recusa da pessoa de interromper tratamento médico para continuidade de sua vida; e que, nas hipóteses em que o paciente seja incapaz de manifestar sua vontade, a análise de tal intenção deva ser feita mediante um crivo probatório rigoroso. O Juiz Rehnquist, ao proferir o voto condutor do acórdão, ressaltou que o Estado não deve proceder a uma avaliação baseada na "qualidade" de vida do paciente, incapaz de manifestar sua vontade, ao pronunciar-se sobre a continuidade do tratamento, bem como que o Estado tem um interesse incondicional na preservação da vida humana, ainda que em contrariedade à autonomia do indivíduo. Uma análise mais detida dessa colisão será feita no capítulo seguinte, quando serão examinadas as alegações apresentadas em julgado mais recente (*State of Washington v. Glucksberg*) da Suprema Corte norte-americana, o que não impede a apresentação dos argumentos declinados por Dworkin para rejeitar que o interesse do Estado na proteção da vida humana seja capaz de exigir prova contundente de prévio consentimento informado anterior de paciente, ora incapaz de expressar sua vontade, para interrupção de tratamento médico quando ínfimas as possibilidades de recuperação.

Pacientes capazes, mentalmente competentes, podem recusar tratamento médico prescrito como consequência do exercício do seu direito à autodeterminação, ainda que os profissionais que o assistam entendam que tal decisão seja contrária à melhor proteção dos seus interesses. Em tais hipóteses, é frequente a coincidência entre o interesse do Estado em assegurar a continuidade da vida humana e a solução que

---

[472] 497 U.S 261 (1990)

melhor promova os interesses do paciente; porém, Dworkin afirmava que o interesse do Estado não será congruente com a melhor proteção dos interesses do paciente se a defesa da continuidade da vida ocorrer em situações nas quais não haja possibilidade de melhora do quadro clínico da pessoa em estado de coma.[473] Para além da preservação da vida e das aflições físicas sentidas pelos doentes, seria necessário considerar que as pessoas querem também preservar sua dignidade e integridade, o modo como eram vistas e serão lembradas, ou mesmo pretendem evitar o desgaste emocional e o dispêndio de recursos que um longo e penoso tratamento, sem esperança de êxito, pode implicar.[474] O interesse do Estado em promover o bem-estar e a segurança das pessoas não lhe dá um poder de preservar a vida delas, principalmente se seus responsáveis – observadas as cautelas necessárias – entendam que os interesses delas seriam mais bem atendidos se houvesse a interrupção do tratamento médico. De igual modo, a possibilidade de a continuidade dos cuidados ser um instrumento para estimular o sentimento da comunidade a favor da vida humana a reduziria a uma perspectiva instrumental e não corresponderia à ideia de que ela tem um valor intrínseco, o qual não é adequadamente observado se a assistência médica é compulsoriamente imposta, ainda que não seja capaz de tirar o paciente de um estado de coma.[475] O direito de decidir sobre sua própria morte seria, para Dworkin, um dos elementos centrais da liberdade e da dignidade da pessoa, que não poderia deixar de ser exercido de acordo com as preferências majoritárias sobre a sua extensão e o "sentido da vida".[476]

---

[473] DWORKIN, Ronald. *Freedom's law*: the moral reading of the american constitution. Cambridge: Harvard University Press, 1996, p. 133.

[474] DWORKIN, Ronald. *Freedom's law*, p. 136.

[475] DWORKIN, Ronald. *Freedom's law*, p. 141,142. Ronald Dworkin observa que alguns dos opositores à interrupção de tratamentos médicos ou à assistência a pacientes, que pretendam o suicídio, tendem a afirmar que a vida possui um aspecto de "santidade" ("sanctity"), de acordo com o qual ela tem um sentido intrínseco e um valor insuperável, independentemente das condições de saúde da pessoa. (DWORKIN, Ronald. *Life's dominion*: an argument about abortion, euthanasia, and individual freedom. New York: Random House, 1993, p. 195.)

[476] "Our constitution takes no sides in these ancient disputes about life's 'meaning'. But it does protect people's right to die as well as to live, so far as possible, in the light of their own, intensely personal, convictions about 'the mystery of human life'. It insists that these values are too central to personality, too much at the core of liberty, to allow a majority to decide what everyone must believe. Of course the law must protect people who think it would be appalling to be killed, even if they had only painful months or minutes to live anyway. But the law must also protect those with the opposite conviction: that it would be appalling not to be offered an easier, calmer death with the help of doctors they trust.

Decerto, o consentimento informado do paciente que não mais pretende se submeter a um tratamento médico com poucas chances de êxito e que lhe cause excessivo sofrimento é uma das manifestações mais claras do exercício do direito à autonomia. A tutela jurídica desse interesse individual é uma expressão contundente do direito de autodeterminação, por incluir o limite temporal máximo em que a pessoa consegue compreender que sua vida tenha significado e sentido. Não obstante Dworkin corretamente entenda que a expressão dessa vontade seja uma demonstração da integridade ética do sujeito, o emprego da preservação da dignidade para inibir a intervenção do Estado, com o intuito de promover a defesa da proteção da continuidade da vida, é excessivamente rigoroso e pode permitir uma generalização inapropriada dos seus argumentos. Ao se exigir que a dignidade esteja associada à capacidade de a pessoa fazer julgamentos éticos sobre decisões fundamentais sobre a sua vida, Dworkin poderia parecer desconsiderar que muitas pessoas sofrem sérias privações mentais que as impedem de efetuar esse exercício racional crítico. Embora essa questão possa ser apontada como uma exceção à sua teoria, é necessário que se distingam os motivos por que o paciente em coma, privado de sua capacidade de manifestação de vontade e de suas plenas faculdades mentais, teria uma justificativa mais forte para pôr fim ao seu tratamento médico, por não ser mais capaz de viver de forma digna. Essa afirmação não ignora que deficientes mentais, ao contrário dos pacientes em coma, frequentemente não têm sua vida atrelada à continuidade de tratamentos médicos, tampouco têm todos os seus sentidos severamente prejudicados por estados clínicos de paralisia. O que se mostra necessário afirmar é que uma concepção excessivamente exigente de dignidade pode ser um obstáculo para uma defesa consistente da interrupção da assistência médica quando ela não seja mais capaz de promover a cura de doentes.

A despeito disso, os argumentos apresentados por Ronald Dworkin são relevantes para uma melhor identificação dos elementos que compõem o núcleo essencial do direito à autonomia. A ausência de referência a este direito e a alusão à autenticidade em plano mais rigoroso do que a autonomia, por ser uma concepção agregadora da responsabilidade e da integridade ética individual, não impedem que as

---

Making someone die in a way others approve, but he believes contradicts his own dignity, is a serious, unjustified, unnecessary form of tyranny." (DWORKIN, Ronald. *Freedom's law*, p. 145.)

conclusões de Dworkin possam ser empregadas para o reconhecimento da existência de um conjunto de decisões fundamentais da vida humana, que não podem ser superadas pelo Estado, ainda que se afirme que elas propiciarão um maior bem-estar do indivíduo. A constatação de que o bem-estar deve ser medido pelo engajamento e pela concorrência do sujeito na realização de projetos, que sejam o resultado de uma reflexão crítica sobre seus propósitos pessoais, embasa a definição de espaços que devem estar, a princípio, imunes da intervenção estatal e, consequentemente, permite a construção de um argumento mais seguro para controle de políticas paternalistas.[477] Nesse sentido, a admissão do paternalismo ocorre se ele for veiculado por medidas (i) propriamente justificadas, (ii) por prazo curto, (iii) suscetíveis ao consentimento livre, ainda que potencial, do indivíduo, e (iv) de escopo restrito, com o intuito de incrementar a capacidade do sujeito de conduzir a sua vida e ajudá-lo a conseguir o que efetivamente pretende em momentos em que uma debilidade psicológica impeça uma deliberação equilibrada. Essa defesa teórica do paternalismo, adequada ao liberalismo, está sujeita a críticas devido a algumas inconsistências, como antes demonstrado, porém constitui uma elaboração mais precisa para análise da constitucionalidade de medidas que visem à restrição da autonomia da pessoa.

5.5 Controle de restrições à autonomia pela regra da proporcionalidade

A defesa de um direito fundamental à autonomia é uma alegação favorável a uma dimensão qualificada da proteção jurídica da liberdade. Ao longo do livro, tento demonstrar que as restrições à autonomia, com o objetivo de substituir as decisões que o indivíduo toma para si sem a clara identificação de um terceiro prejudicado, estão frequentemente embasadas na divergência entre a preferência individual pontual e considerações de bem-estar explicadas pela incompatibilidade da decisão da pessoa com as concepções socialmente aceitas de vida boa; por falhas concretas de deliberação racional que provocam uma

---

[477] FLEMING, James E. Taking responsibilities as well as rights seriously. *Boston University Law Review*, 90, 2010, p. 843: "Dworkin's argument for rights in both 'Life's Dominion' and 'Justice for hedgehogs' are grounded, not in neutrality or in autonomy, but in a deontology of state conduct. (...) In other words, Dworkin advances a theory that derives from a conception of permissible bases for governmental decisions".

disparidade entre preferências atuais e aquelas que melhor propiciarão o bem-estar do sujeito; e por escolhas que não irão desenvolver plenamente as capacidades próprias a uma vida humana plena.

Sem embargo dos argumentos favoráveis ao direito à autonomia, não desconheço que o discurso a favor de "direitos" é objeto de críticas, porque, segundo alguns, prestigia uma posição individualista, desconsidera os laços de pertencimento de uma pessoa na comunidade em que vive,[478] ou mesmo cerceia o processo de deliberação democrática, por suprimir certas decisões do debate coletivo.[479] A discussão sobre essas objeções poderia abrir novas vertentes para o estudo do direito à autonomia, as quais muitas vezes coincidem com os antagonismos observados nos embates entre liberais e comunitaristas, e entre defensores e opositores de uma compreensão mais abrangente do constitucionalismo e do controle judicial de constitucionalidade. Entretanto, pretendi demonstrar, nos capítulos anteriores, que o direito à autonomia não implica uma projeção desmesurada das vontades individuais sobre a coletividade, o que é reforçado pela aceitação de restrições que sejam embasadas na defesa de direitos fundamentais e na preservação de um interesse coletivo relevante.

Joel Feinberg, ao identificar que muitas das restrições à autonomia são intervenções paternalistas, apresentou quatro possíveis combinações relacionadas ao direito à autonomia e o direito ao bem-estar pessoal: i) eles sempre coincidem e, ainda que haja exceções, elas seriam tão raras que uma boa política pública deveria presumir a coincidência entre esses direitos; ii) eles tendem à correspondência, mas quando ela não é obtida, deve ser dada prioridade ao direito ao bem-estar; iii) eles geralmente coincidem, porém quando não

---

[478] "Absolutness is an illusion, and hardly a harmless one. When we assert our rights to life, liberty, and property, we are expressing the reasonable hope that such things can be made more secure by law and politics. When we assert these rights in an absolute form, however we are expressing infinite and impossible desires – to be completely free, to possess things totally, to be captains of our fate, and masters of our souls. There is pathos as well as bravado in these attempts to deny the fragility and contingency of human existence, personal freedom, and the possession of worldly goods." (GLENDON, Mary Ann. *Rights talk*: the impoverishment of political discourse. New York: The Free Press, 1991, p. 45.) "Tanto quanto a fraqueza do Estado, a redução incessantemente mais perceptível de suas prerrogativas vem acompanhada de um movimento, também preocupante, de atomização individualista da sociedade, cujo efeito mais visível se manifesta por meio de um verdadeiro declínio da lei, a favor de uma incrível proliferação dos direitos." (FERRY, Luc. *Famílias, amo vocês*: política e vida privada na época da globalização. Trad. Jorge Bastos. Rio de Janeiro: Objetiva, 2008, p. 53.)

[479] WALDRON, Jeremy. A right-based critique of constitutional rights. *Oxford Journal of Legal Studies* (1993), v. 13 (1), p. 19.

há essa congruência, o direito à autodeterminação tem prioridade; e iv) embora esses direitos frequentemente coincidam, é preciso balancear a autonomia e o bem-estar casuisticamente, observando-se as particularidades de cada caso em detrimento de uma solução geral. Após reconhecer a ausência de plausibilidade empírica da opção "i", Feinberg denomina a alternativa "iv" de "estratégia da ponderação", sem deixar de reconhecer que a sua adoção importa o acolhimento de uma forma atenuada do "paternalismo em sentido forte", porquanto autoriza, em algumas hipóteses, que escolhas voluntárias, tomadas por pessoas capazes, sejam substituídas por juízos contrários que o Poder Público faça sobre elas, ao identificar o caráter nocivo dos resultados das condutas que venham a ser perpetradas.[480]

A defesa da ponderação, como método mais apropriado para aferir a constitucionalidade de restrições impostas à autonomia, seria uma solução compatível com uma proposta teórica que considere que os direitos fundamentais, com grande frequência, são veiculados por princípios,[481] cuja aplicação requer a análise das possibilidades fáticas e jurídicas que venham a ser extraídas das controvérsias apresentadas. A classificação dos direitos fundamentais como princípios tem como consequência a admissão de uma aplicação em graus variáveis, de acordo com as circunstâncias aferidas pontualmente, o que gera a possibilidade de compreendê-los como "mandamentos de otimização" cuja amplitude é reduzida na medida em que o interesse contraposto, constitucionalmente protegido, possa ser mais bem realizado. Desse modo, nas situações em que haja uma colisão entre direitos fundamentais, o intérprete deverá proceder a um juízo de ponderação (entendido como "sopesamento de razões e contrarrazões" que, à luz do plano concreto, deva produzir resultado que dê peso maior a um dos direitos)[482] no curso do qual será necessário aferir se a restrição que recai sobre um dos direitos é proporcional, mediante a observância, sequencial e subsidiária, dos resultados obtidos por meio do uso das sub-regras de adequação, necessidade e proporcionalidade em sentido estrito.[483]

---

[480] FEINBERG, Joel. *Harm to self:* the moral limits of criminal law, p. 60,61.

[481] ALEXY, Robert. *Teoría de los derechos fundamentales.* 2. ed. Trad. Carlos Bernal Pulido. Madrid: Centro de Estudios Políticos y Constitucionales, 2007. p. 79

[482] ÁVILA, Humberto. *Teoria dos princípios.* Da definição à aplicação dos princípios jurídicos, p. 52.

[483] De acordo com Virgílio Afonso da Silva, a adequação requer que a medida escolhida permita a realização ou o fomento de um interesse coletivo ou de um direito fundamental;

O objetivo do livro não abrange o exame das críticas feitas aos desdobramentos formais da classificação dos direitos fundamentais como princípios e à correção da regra da proporcionalidade como método de verificação da constitucionalidade de restrições a direitos fundamentais. O estudo de tais aspectos demandaria a averiguação mais aprofundada de questões formais que fugiriam aos propósitos do presente trabalho. A classificação do direito à autonomia, como princípio, é um posicionamento coerente com as conclusões obtidas no sentido de admitir-se o seu exercício em graus variados, de acordo com condições fáticas e jurídicas casuisticamente verificadas, sem que se desconsidere a existência de um núcleo essencial de decisões que conformam a responsabilidade e a integridade ética de cada indivíduo.

Entretanto, o uso da ponderação para aferir a constitucionalidade de restrição imposta à autonomia, com o propósito de realização de outro direito, foi objeto de crítica. Nessa perspectiva, a autonomia é um princípio formal que visa à preservação da competência decisória do indivíduo, cujas restrições não são justificadas pela importância dada à aplicação de um direito fundamental contraposto.[484] Embora a percepção do problema relacionado às restrições à autonomia em relações jurídico-privadas seja um ponto importante de tal posição, ele não é ora acolhido, pois entendo que ele representa uma inapropriada ampliação do conceito de princípios formais e uma incompleta descrição das complexidades observadas nos conflitos entre o direito à autonomia e outros direitos fundamentais.

Em relação à primeira objeção, é importante destacar que Robert Alexy emprega o conceito de princípios formais na análise dos elementos que concorrem em favor da manutenção de uma decisão

---

a necessidade demanda que nenhum outro meio possa promover o objetivo perseguido, com a mesma intensidade, sem que haja uma maior restrição do direito fundamental limitado; ao passo que a proporcionalidade em sentido estrito exige "um sopesamento entre a intensidade da restrição ao direto fundamental atingido e a importância da realização do direito fundamental que com ele colide e que fundamenta a adoção da medida restritiva". (SILVA, Virgílio Afonso da. O proporcional e o razoável. *Revista dos Tribunais*, 798, 2002, p. 36,38,40.)

[484] Nesse sentido, posiciona-se Virgílio Afonso da Silva, ao argumento de que "os critérios para um sopesamento no âmbito das relações entre particulares sob a égide da autonomia privada não relacionam o grau de restrição ao direito fundamental atingido com a importância de realização da autonomia privada. O que se faz, ao que parece sem exceções, é definir situações em que a autonomia privada deve ser mais respeitada e situações em que esse respeito poderá ser mais facilmente mitigado. Esse raciocínio – que é, de fato, correto – *não é, contudo um sopesamento*". (SILVA, Virgílio Afonso da. *A constitucionalização do direito*: os direitos fundamentais nas relações entre particulares. São Paulo: Malheiros, 2011, p. 155.)

tomada por uma autoridade competente, sendo seu exemplo mais claro a competência do legislador extraída do princípio democrático.[485] Nesse caso, há um princípio formal, uma vez que "ele não estabelece conteúdo algum, mas somente assinala quem deve dispor sobre esse conteúdo",[486] o que, em situações de incerteza empírica, acarreta a competência *prima facie* do legislador para decidir. As características dos princípios formais apontadas por Alexy autorizam que, em contraponto aos princípios materiais, eles sejam princípios desprovidos de um conteúdo substancial, uma vez que, em verdade, eles estabelecem "como" e "por quem" o conteúdo substancial deve ser definido, motivo por que também podem ser denominados princípios procedimentais.[487] Matthias Klatt e Moritz Meister constatam que, de acordo com a construção de Alexy, os princípios formais descrevem uma relação entre os espaços admissíveis de controle e discricionariedade em um nível epistêmico, de sorte que havendo maior discricionariedade, menor será a extensão do controle.[488] Concebidos dessa forma, os princípios formais seriam regras de competência por meio das quais é assegurado o poder de o legislador limitar direitos fundamentais quando as premissas empíricas, que embasam a restrição imposta, são incertas.[489] De igual modo, as hipóteses de incerteza epistêmica ou normativa não são exclusivas dos princípios formais, sendo também observadas na

---

[485] ALEXY, Robert. *Teoría de los derechos fundamentales*, p. 81.

[486] "Es exactamente en este punto en el que entra en juego el principio formal de la competencia del Legislador para decidir, competencia que se legitima a partir del principio democrático. Este principio es un principio formal, porque no establece ningún contenido, sino sólo señala quién debe establecer dicho contenido. Por lo tanto, podría catalogarse también como un 'principio procedimental'. Como tal, este principio impone que el Legislador democráticamente legitimado sea, en la mayor medida posible, quien tome las decisiones importantes para la comunidad. Decisiones como la prohibición o la permisión de los productos del cannabis son importantes para la comunidad. Si la decisión sobre este aspecto depende de apreciaciones empíricas, la competencia decisoria del Legislador, exigida prima facie por el principio formal, comprende también la competencia para decidir sobre este aspecto en condiciones de falta de certeza. De este modo, el principio formal entra en colisión con el principio jusfundamental material." (ALEXY, Robert. *Teoría de los derechos fundamentales*, p. 550,551.)

[487] KLATT, Matthias; MEISTER, Moritz. *The constitutional structure of proportionality*. Oxford: Oxford University Press, 2012, p. 135.

[488] KLATT, Matthias; MEISTER, Moritz. *The constitutional structure of proportionality*, p. 135.

[489] "In his analysis, Alexy has not used the formal principle as principle. The competency of the legislature vis-à-vis the Constitutional Court is not used as a principle, but as a rule. This rule simply says that the legislature and not the Constitutional Court have the competency to decide within the scope of an epistemic discretion. (...) The competency of the legislature is therefore only a consequence of the establishment of discretion. It is not relevant, though, for the construction of the discretion itself." (KLATT, Matthias; MEISTER, Moritz. *The constitutional structure of proportionality*, p. 141.)

aplicação de princípios materiais. A consequente discricionariedade, comum a ambos os princípios, torna a identificação dos princípios formais importante, principalmente, para a identificação da autoridade competente para assim decidir.[490]

Além disso, os exemplos apresentados por Robert Alexy para ilustrar o emprego dos princípios formais estão preponderantemente associados à extensão do controle de judicial de constitucionalidade em confronto com a competência do legislador – democraticamente eleito – para erigir restrições ao exercício de direitos fundamentais. As peculiaridades próprias à distribuição de funções estatais são influenciadas por aspectos institucionais de difícil generalização e requerem a definição de competências com o intuito de promover uma maior segurança no controle recíproco entre os poderes e uma maior proteção dos direitos fundamentais. A utilização de uma construção teórica elaborada para a descrição de como o concerto de tais competências deva ocorrer, dentro do binômio discricionariedade/controle, corre o risco de desconsiderar aspectos que demarcam o espaço de reivindicação, fundada em direitos fundamentais do indivíduo, contra ingerências estatais. A identificação de um núcleo essencial do direito à autonomia, relacionado à responsabilidade e à integridade ética, bem como as particularidades da existência da pessoa em sociedade, em meio da qual conhece e forma suas concepções de vida, não encontram paralelo na competência decisória do legislador, o que inviabiliza o emprego do conceito de princípio formal como termo capaz de efetuar uma equivalência do âmbito de discricionariedade encontrado nessas duas situações.

O segundo aspecto da objeção feita à utilização da ponderação para aferir a constitucionalidade dos limites ao exercício da autonomia não parece consistente com muitos dos exemplos de paternalismo até então analisados. De fato, vale notar que o "paternalismo libertário" vale-se da defesa do direito à preservação da vida e da saúde do sujeito como fundamento para a identificação de metapreferências, capazes de se sobreporem a escolhas atuais do sujeito. A análise da constitucionalidade de medidas que imponham restrições ou proíbam certas atividades perigosas pode ser feita por meio de um juízo de ponderação no qual se verifique se o limite imposto à autonomia do indivíduo favorece a promoção do direito à vida e à proteção da saúde,

---

[490] KLATT, Matthias; MEISTER, Moritz. *The constitutional structure of proportionality*, p. 146.

podendo a restrição ser considerada inconstitucional se a gravidade do limite à autonomia não corresponder a um incremento na proteção do direito em colisão.

É importante destacar que muitas das decisões que o indivíduo toma, ainda que não causem um dano imediato a outra pessoa, podem provocar uma externalidade, compreendida como uma repercussão negativa indesejada na esfera de interesses jurídicos de terceiros. Nesse sentido, pode-se imaginar que o motorista que não usa cinto de segurança e é vítima de um acidente cuja gravidade seria menor, se houvesse observado tal obrigação, irá diminuir os recursos da saúde pública disponíveis ao atendimento de outras pessoas quando for socorrido em hospital para tratamento das lesões. Em um exame mais amplo, tais fatores devem concorrer para a aferição da constitucionalidade de medidas que limitem o exercício da autonomia do indivíduo. Entretanto, procuro balizar o escopo da análise feita com o intuito de melhor esclarecer os limites que devem ser enfrentados pelo Estado para afastar uma decisão contrária ao bem-estar do indivíduo. A redução da complexidade dos fatores a serem observados para a restrição constitucional da autonomia não implica a impossibilidade do uso da ponderação, uma vez que, em muitas das intervenções paternalistas, é possível constatar a existência de interpretações divergentes sobre o que constitui o bem-estar do sujeito, principalmente se estes distintos cenários forem baseados em reivindicações de direitos fundamentais, ainda que a titularidade deles seja de um mesmo sujeito.

A afirmação de que o direito à autonomia assegura uma esfera de autodeterminação individual insuscetível a uma restrição inconstitucional não impede o emprego da regra da proporcionalidade para aferir a compatibilidade da limitação que lhe é imposta. Ao refutar as críticas de que o direito geral à liberdade seria um "direito vazio", desprovido de conteúdo capaz de por si subsidiar a análise da constitucionalidade de restrição fixada ao seu exercício, Robert Alexy defende uma concepção "formal-material" desse direito, que combinaria uma dimensão formal, na qual a liberdade é um valor por si importante para a vida humana, que requer que as alternativas de ação disponíveis a uma pessoa sejam limitadas na menor medida possível para satisfação de um interesse coletivo ou direito fundamental contraposto, e uma dimensão material, decorrente da concorrência de outros princípios, como a dignidade da pessoa humana e seus subprincípios, incluindo a proteção do âmbito mais íntimo do sujeito e do direito *prima facie* de "autopresentação" em relação às demais pessoas.[491] A reconstrução do argumento favorável à regra da proporcionalidade é feita a partir do estudo de precedentes do Tribunal Constitucional Federal alemão, a partir do que seria possível identificar três esferas para mensurar uma intensidade decrescente da proteção à liberdade: i) uma esfera mais interna ("âmbito último intangível da liberdade humana", "âmbito nuclear absolutamente protegido da organização da vida privada"); ii) uma esfera privada mais ampla ("âmbito privado que não pertença à esfera mais interna"); e iii) uma esfera social (espaço que não está abarcado pela esfera privada ampla).[492]

Embora a teoria das esferas seja uma ilustração útil dos argumentos de que restrições ao núcleo essencial da autonomia devem ter suas respectivas justificações submetidas a um escrutínio mais rigoroso, é certo que a intensidade da limitação erigida, ainda que atinja uma decisão mais próxima à vida em comunidade do sujeito e mais distante do cerne de sua intimidade, é também um elemento importante no juízo a ser feito sobre a sua proporcionalidade.[493] Além disso, a correta afirmação de que há uma escala decrescente de proteção da autodeterminação do sujeito, conforme seja maior o impacto de suas ações na comunidade onde vive, não nos permite fazer uma demarcação precisa dos limites de círculos concêntricos de resguardo de decisões estritamente particulares e íntimas, de decisões da vida privada com repercussão social moderada e daquelas tomadas pelo sujeito que influem diretamente no modo como está organizado o convívio social. O reconhecimento de que há um direito à autonomia não traz como consequência, com exceção da identificação dos componentes do seu núcleo essencial, o oferecimento de respostas abstratamente estabelecidas para as diferentes hipóteses de restrição que lhe sejam fixadas, sendo preciso observar a importância do interesse coletivo ou do direito individual que embase a limitação, bem como os elementos institucionais e socioculturais que permitam que a autoridade estatal seja considerada um agente idôneo no reconhecimento de que a decisão

---

[491] ALEXY, Robert. *Teoría de los derechos fundamentales*, p. 315.
[492] ALEXY, Robert. *Teoría de los derechos fundamentales*, p. 317.
[493] "(...) No puede haber duda de que una afectación intensa en la esfera social necesite razones de más peso que una afectación insignificante de la esfera privada más amplia. Ademán, muchas veces, es difícil decidir si un caso pertenecece a la esfera privada amplia o la esfera social. Entre lo más privado y aquello que no tiene nada de privado existe una transición gradual." (ALEXY, Robert. *Teoría de los derechos fundamentales*, p. 319.)

tomada pelo sujeito não é a que melhor promove o seu bem-estar e, eventualmente, na circunscrição das opções de escolha disponíveis às pessoas.[494]

Todavia, ainda é preciso fazer duas indagações: i) A formulação de um direito à autonomia é necessária para responder às questões atinentes aos limites da intervenção do Estado para proteção da pessoa contra si mesma? e ii) A defesa da autonomia, a partir das discussões relacionadas ao liberalismo, é consistente com a adoção da regra da proporcionalidade para a resolução dos conflitos surgidos a partir de intervenções estatais ao seu exercício?

A resposta à primeira pergunta é informada pelo campo de estudo em que este trabalho está inserido. Na Introdução, destaquei que os problemas e questões apresentados revelam diferentes composições em torno dos debates sobre as concepções de pessoa, da comunidade e do Estado. Um enfoque embasado em conhecimentos de sociologia, psicologia ou filosofia poderia oferecer respostas alternativas, graças às diferentes chaves de leitura e premissas teóricas articuladas para compreensão de um mesmo problema. A perspectiva por mim adotada procurou delinear os espaços lícitos de intervenção estatal para substituição de decisões que a pessoa tomou com repercussão em sua esfera de direitos e poderes. A afirmação de interesses juridicamente protegidos, a partir dos quais o sujeito pode reivindicar a existência de uma imunidade contra a interferência estatal, corresponde à existência de um direito à autonomia, com a admissão das consequências teórico-formais que o emprego de tal categoria jurídica traz consigo.

A segunda pergunta exige dois esclarecimentos. Críticos do liberalismo democrático frequentemente alegam que essa é uma teoria fundada em construções teóricas abstratas, dissociadas do cenário

---

[494] A tentativa de associar o paternalismo a uma restrição necessariamente inconstitucional ao exercício da autonomia individual revela um posicionamento carente de argumentação racional, pois aqueles que assim pensam limitam-se a denominar como paternalista uma medida que seja considerada reprovável, exaurindo seu ônus argumentativo a essa vazia correlação. Como corretamente observado por Virgílio Afonso da Silva: "(i) se é pressuposto para a aplicação da proporcionalidade a existência de uma restrição a um direito (para que outro seja realizado); (ii) se toda restrição à autonomia individual é considerada como um ato de paternalismo estatal; e (iii) se todo ato de paternalismo estatal deve ser rechaçado; então só se pode concluir que toda restrição à autonomia individual deva ser rechaçada, não importam as razões que tenham justificado essa restrição. Contudo, se isso é assim, a aplicação da proporcionalidade perde completamente a sua razão de ser, porque já sabemos o resultado de antemão: a medida restritiva, por se pré-classificada como paternalista, será considerada inconstitucional ou ilegal." (SILVA, Virgílio Afonso da. Anvisa e o controle do tabagismo. *Revista de Direito Administrativo*, 268 2015, p. 315.)

fático em que os seus princípios de justiça devem ser aplicados. O denominador comum dessas objeções parcialmente ignora o esforço empreendido, especialmente após o trabalho de John Rawls, de valer-se de balizas abstratas como ilustração da consistência de princípios de justiça que deveriam guiar a trajetória de uma sociedade política. A independência ética não orbita no vazio; pois "nós todos vivemos uma cultura ética que fornece, a qualquer tempo, a paleta de valores éticos cognoscíveis a partir das quais essas possibilidades podem ser traçadas".[495] Ao longo deste trabalho, enfatizei que as restrições à autonomia devem ter sua constitucionalidade aferida a partir do conteúdo das escolhas tomadas pela pessoa, da capacidade institucional do agente regulador e da repercussão das decisões para o sujeito, medida principalmente à luz da possibilidade de sua reversão e do bem jurídico por ela afetado. Essas três etapas de análise pressupõem um esforço argumentativo que, a despeito de não se exaurir nos testes da regra da proporcionalidade, são parcialmente contemplados neles, uma vez que a restrição à autonomia julgada constitucional deverá apontar o bem jurídico a ser por ela protegido, a necessidade e a adequação da medida proposta e se os benefícios obtidos com a restrição são maiores do que os seus efeitos negativos.

O exame da capacidade de o agente estatal ter efetivas condições de agir imparcialmente, com base em critérios racionais que indiquem o erro da decisão do sujeito, é elemento adicional à regra da proporcionalidade, que não a descredencia como estrutura argumentativa para o fim proposto. Assim, em esforço de síntese, é possível afirmar que a constitucionalidade de uma restrição à autonomia envolve três eixos de análise embasados em seu conteúdo, sua repercussão e na capacidade do agente regulador.

A restrição se aproximará de um juízo favorável à sua constitucionalidade se: i) o seu conteúdo não atingir os elementos centrais da identidade da pessoa e à forma como ela compreende a si mesma; ii) a repercussão da escolha individual limitada cause dano significativo ou irreversível; e iii) o agente estatal interventor observe os deveres de transparência e publicidade ao apresentar fundamentos racionais e objetivos para conceber e efetivar a restrição. Em direção inversa, a restrição à autonomia tenderá à inconstitucionalidade se ela: i) violar os aspectos centrais da intimidade, do desenvolvimento da personalidade

---

[495] DWORKIN, Ronald. *Justice for hedgehogs*, p. 211.

e do modo como a pessoa problematiza o seu entendimento como ser integrante de uma comunidade; ii) visar coibir dano insignificante e reversível; e iii) for concebida e efetivada por agente estatal, alheio aos deveres de publicidade e de exposição de motivação pertinente, orientado por juízos que almejem o avanço de visões do mundo moralmente controvertidas, contrárias aos direitos fundamentais.

A adoção desses critérios não acarreta a conclusão de que uma restrição à autonomia somente será constitucional se ela for aprovada nesses três testes. A proibição do uso de substâncias entorpecentes, extremamente nocivas à saúde humana, deve persistir ainda que o legislador exponha motivos religiosos para a interdição, ou a força policial seja considerada majoritariamente corrupta. De igual modo, a apresentação de motivação objetiva, cientificamente balizada, não é suficiente para tornar constitucional restrição sobre as escolhas profissionais que as pessoas tomem, ainda que o fracasso dessas decisões possa ter efeitos negativos duradouros para a vida pessoal e econômica do indivíduo.

Os três critérios enunciados consubstanciam etapas cumulativas e não excludentes de análise. Eles são resultado do esforço feito para guiar o intérprete quando confrontado por questionamentos a respeito da constitucionalidade da restrição imposta pelo Estado à autonomia, com o intuito de promoção do bem-estar do indivíduo responsável pela decisão. De acordo com as premissas acolhidas neste estudo, não é possível abstratamente definir uma combinação desses três critérios, que constitua o marco que defina a constitucionalidade ou a inconstitucionalidade de uma restrição. Caberá ao intérprete, no exame da situação fática concreta, valer-se deles para objetivamente melhor avaliar a constitucionalidade de uma restrição à autonomia.

5.6 Conclusões

A existência de um direito à autonomia visa à garantia do poder de autodeterminação do indivíduo quando inexistente uma restrição constitucional ao seu exercício. A fundamentação moral desse direito não exclui a possibilidade de o sujeito fazer escolhas moralmente equivocadas, devendo ser analisado pontualmente se a alegação de que um limite legal que lhe seja imposto, por ser coincidente com a reprovação moral da conduta eventualmente praticada, possa encontrar respaldo constitucional. A proteção à autonomia é uma previsão qualificada da competência reconhecida ao sujeito na fruição da sua liberdade, porque pressupõe a necessária manifestação de uma vontade, expressa por um comportamento ativo ou uma omissão, que reflita a forma como o sujeito constrói sua concepção de vida. A definição dos ideais e das decisões fundamentais que a pessoa pretende seguir recebem a inevitável influência da comunidade e das experiências coletivas que ela tem, o que não impede que exista um âmbito crescente de proteção à autonomia, conforme o conteúdo das escolhas a serem feitas esteja relacionado com os elementos centrais da sua identidade e da forma como o indivíduo compreende a si mesmo. A partir dessa reflexão, o núcleo essencial do direito à autonomia deve compreender o poder de a pessoa definir suas convicções religiosas, políticas, sua sexualidade, seus relacionamentos íntimos, sua participação em associações, seu trabalho e sua profissão. Em tais decisões, o sujeito faz julgamentos éticos que conformam sua integridade e a responsabilidade que deve ter na condução de sua vida, os quais podem ser dificilmente transferidos a terceiros sem que se comprometam os princípios defendidos pelo liberalismo.

    O posicionamento favorável à existência de um direito fundamental à autonomia, como consequência de uma proteção qualificada da liberdade, oferece uma resistência às restrições que lhe sejam impostas, as quais devem ser admitidas se justificadas como medidas necessárias para a preservação de outro direito fundamental ou de um interesse coletivo relevante. A correlação entre direito fundamental à autonomia e a concepção de princípio, como método para interpretação e aplicação de direitos fundamentais, não desconhece as controvérsias relacionadas à incidência da proporcionalidade para aferir a constitucionalidade de restrições a princípios formais. Entretanto, o espaço de discricionariedade, que seria próprio aos princípios formais, também pode ser encontrado em princípios materiais, bem como a identificação de um núcleo essencial da autonomia autoriza o reconhecimento de um âmbito de decisões que somente poderão ser limitadas em situações muito excepcionais.

    Essa conclusão intuitivamente concilia-se com a percepção de que graus crescentes da participação do indivíduo na sociedade podem implicar uma proteção decrescente da sua privacidade, de sorte que – tal como apontado pela "teoria dos círculos" adotada pelo Tribunal Constitucional Federal alemão – menor seria a possibilidade de o Estado impor uma restrição constitucional ao exercício da autonomia, conforme menor seja a repercussão da decisão individual tomada na vida em sociedade, a ponto de tornar quase inviável a limitação das decisões que digam respeito às convicções íntimas da pessoa. Contudo, essa descrição precisa ser complementada pela constatação de que o grau de intensidade da restrição erigida, mensurado pelo tempo de sua duração e pela extensão material do cerceamento, deve ser igualmente considerado na avaliação ser feita. A conjugação desses elementos pode ser idoneamente efetuada, como já afirmado anteriormente, pela aplicação da regra da proporcionalidade, uma vez que as sub-regras da adequação, da necessidade e da proporcionalidade em sentido estrito definem um procedimento apropriado para a verificação das condições fáticas e jurídicas relacionadas à extensão da restrição, sua intensidade e à importância da realização do direito fundamental e do interesse coletivo contraposto.

A admissão de que interesses coletivos relevantes confiram um embasamento legítimo para restrições ao exercício do direito à autonomia dá a oportunidade de os valores adotados em uma sociedade, veiculados por meio da reprovação de certas concepções de vida, constituírem base para que determinados padrões de vida sejam excluídos. O reconhecimento dessa possibilidade, coerente com o posicionamento contrário à existência de uma defesa da neutralidade desprovida de qualquer conteúdo valorativo e da inviabilidade de evitar-se a incorporação de uma perspectiva perfeccionista na definição um elevado número de políticas públicas e na disciplina legal de relações jurídicas, não dá ao Estado um poder ilimitado para traçar tais limites. A opção expressa, na maioria dos regimes democráticos liberais, a favor do respeito ao pluralismo, à igualdade e à dignidade humana, exige que os motivos dados para a preservação de um interesse coletivo relevante, em detrimento do exercício da autonomia, sejam sempre testados à luz da regra da proporcionalidade. Embora o peso a ser dado às justificativas em favor da proporcionalidade de uma restrição não seja predefinido objetivamente, o dever de a autoridade competente apresentá-los é um importante passo para crítica e eventual aceitação do limite erigido.

A compreensão de que o direito fundamental à autonomia seja um princípio, cuja aplicação possa ser ajustada tal como um mandamento de otimização, é um elemento decisivo para a aferição da constitucionalidade das restrições que possam ser impostas e, por conseguinte, deixa de associar a autonomia a uma expressão do individualismo.

CAPÍTULO 6

RESTRIÇÕES AO DIREITO À AUTONOMIA: UMA PROPOSTA DE COMPARAÇÃO ENTRE BRASIL, ESTADOS UNIDOS E ALEMANHA

Ao longo da tese, foram estudadas três principais hipóteses para discutir a constitucionalidade de restrições à autonomia, que envolvessem a possibilidade de as opções disponíveis para a escolha do indivíduo ser limitada para promoção do seu bem-estar – ainda quando não identificado dano imediato a terceiro –, o que pode ocorrer se (i) eliminadas alternativas que consubstanciem concepções de vida moralmente reprovadas, que (ii) não se ajustem ao mais pleno desenvolvimento dos potenciais inerentes aos seres humanos e que foram tomadas em (iii) contextos nos quais não tenha existido uma deliberação plenamente racional, por meio de uma objetiva avaliação das consequências positivas e negativas de cada uma das alternativas abertas à decisão individual. Nessas diferentes possibilidades de justificação, destaquei que a defesa da intervenção estatal em prol da opção que melhor incremente o bem-estar do indivíduo deveria estar atrelada ao exame das condições técnicas, institucionais e sociais que embasassem a presunção de que o Estado agiria de forma imparcial na definição das limitações à autonomia.

De fato, mesmo os autores mais propensos à defesa de políticas paternalistas ou perfeccionistas concordam que uma maior desconfiança da capacidade de o aparelho estatal valer-se das medidas restritivas para efetivamente incrementar o bem-estar do sujeito é um fator decisivo para a adoção dessa espécie de restrição, seja porque o Estado não detém os meios técnicos necessários para aferir qual das alternativas é a melhor, seja porque é frequente o uso do aparelho estatal para a consecução de interesses ilícitos, o que, por conseguinte, afetaria a impessoalidade pressuposta na definição de tais medidas, seja porque há um fundamento implícito, ou não, para que as restrições sejam impostas para a exclusão de grupo de pessoas vítimas de um preconceito sistemático que prejudique o exercício dos seus direitos fundamentais. A efetiva capacidade de tais alegações serem um argumento contrário a medidas paternalistas ou que visem à delimitação do exercício da autonomia deixa entrever que circunstâncias fáticas relacionadas à organização político-institucional e ao contexto sociocultural são um componente decisivo na aprovação dessas intervenções restritivas, ante a probabilidade de o Estado corromper o seu propósito, ao não as utilizar para a promoção do bem-estar do sujeito.

A importância dessas condições torna improvável o oferecimento de uma resposta completa, universal e abstrata às contestações que venham a ser feitas a limitações impostas ao exercício da autonomia, sem que sejam avaliados os elementos fáticos e jurídicos de uma situação específica. Decerto, o destaque de tais elementos abre um importante campo de análise comparada para aferir se diferentes países trataram similares argumentos apresentados para restrições à autonomia de igual forma, bem como para verificar que fundamentos tiveram maior destaque para declarar, ou não, a inconstitucionalidade da limitação impugnada. Admitida a hipótese de que circunstâncias político-institucionais e socioculturais podem ter um peso importante num maior grau de admissibilidade de restrições à autonomia e de aceitação de ações paternalistas, é plausível presumir que decisões de Cortes Constitucionais poderão refletir essa avaliação ao sopesarem as alegações contrárias a eventual cerceamento à autonomia imposto pelo Poder Público.

O recurso ao direito comparado não é uma ferramenta de análise de casos favoráveis às hipóteses apresentadas na tese, tampouco almeja reproduzir acriticamente as soluções encontradas na experiência estrangeira como aquelas que melhor se ajustariam às peculiaridades brasileiras. Muitos estudos de direito comparado são exemplos de um disfarçado "etnocentrismo" ou de um "ventriloquismo" ruim,[496] nos quais não são explicitados o contexto fático-jurídico

---

[496] "(...) The dilemma of understanding foreign (legal) cultures and transcending the domestic (legal) culture can neither be resolved by 'going rational' nor by 'going native'. The rigorous rationalist who relies on conceptual or evolutionary functional universals is prone to give her world-view and norms, her language and biases only a different label. In the end, she may bring home from her comparative enterprise nothing but dead facts and

que permite a diferenciação entre os paradigmas apresentados, os motivos para a escolha dos casos selecionados – o que anedoticamente pode ser designado como abordagem "escolha de cerejas",[497] na qual o pesquisador aponta os exemplos segundo o que melhor lhe aprouver – e da metodologia empregada. As tentativas de análise de direito constitucional comparado recomendam maior cuidado, pois a Constituição, norma de organização do poder, distribuição de competências, definição de direitos e deveres, costuma ser uma expressão singular das características e dos objetivos de cada povo, o que exige um maior esforço para que o estudo comparado seja um instrumento utilizado para identificação de padrões comuns ou de melhor compreensão das nossas próprias práticas constitucionais.[498]

A proposta de comparação adotada alinha-se a um modelo de "engajamento" em que não se almeja unicamente o encontro de pontos comuns de convergência entre diferentes experiências constitucionais, tampouco a afirmação de disparidades que, ao fim, infirmem a possibilidade de contribuição do direito comparado. Por esse modelo, reconhece-se que a Constituição pode ser um espaço para o compartilhamento de contribuições transnacionais, as quais, porém, não controlam a forma como disposições constitucionais específicas devem ser interpretadas.[499] Entretanto, a adoção de um modelo que prestigie uma avaliação crítica do direito comparado não é suficiente para a condução de uma análise adequada nesse campo de estudo, sendo necessário observar como diferentes contextos políticos, sociais e

---

living errors, the progeny of ethnocentrism. The rigorous relativist who naively deludes herself into believing that culture baggage and identities can be defeated at will, is prone to oscillate between ventriloquism and mystification." (FRANKENBERG, Günther. Critical comparisons: re-thinking comparative law. *Harvard International Law Journal*, 26, 1985, p. 415.)

[497] Ran Hirshl faz referência ao "'cherry picking' approach to case selection". (On the blurred methodological matrix of comparative constitutional law. In: CHOUDRY, Sujit (ed.). *The migration of constitutional ideas*. Cambridge: Cambridge University Press, 2006, p. 66.)

[498] Mark Tushnet afirma que o direito comparado pode oferecer três formas de colaboração para o direito nacional: i) funcionalista – por meio da qual, o direito comparado pode nos ajudar na identificação do modo como diferentes normas e práticas constitucionais têm uma igual função em diferentes sistemas; ii) expressionista – possibilidade de aprendizado a partir de constituições estrangeiras para, em diferentes níveis, melhor nos entendermos como seres políticos; e iii) "bricolagem" – no qual diferentes experiências estrangeiras são analisadas sem que haja uma preocupação quanto à adoção de uma estratégia interpretativa que dê sentido uniforme ao modo como o direito estrangeiro deve ser entendido. (TUSHNET, Mark. The possibilities of comparative constitutional law. *The Yale Law Journal*, 108, 1999, p. 1228-1229.)

[499] JACKSON, Vicki C. The Supreme Court. 2004 Term – Comment: Constitutional Comparisons: convergence, resistance, engagement. *Harvard Law Review*, 119, 2005, p. 112.

culturais podem influenciar a interpretação das normas constitucionais, o que torna possível, em um nível mais sofisticado, a elaboração de teorias a partir de uma inferência de causalidade a partir de elementos encontrados nas práticas constitucionais estudadas.

No presente capítulo, serão examinados julgados das Cortes Constitucionais da Alemanha, do Brasil e dos Estados Unidos, considerados protótipos[500] de interpretações ilustrativamente alinhadas em uma gradação cujos extremos são ocupados por uma tendência mais comunitarista – em que o prestígio da coesão social e a relevância da preservação dos valores associados a um modelo de vida ideal teriam prioridade na interpretação de normas constitucionais – e uma inclinação mais liberal, na qual as liberdades individuais, ainda que gozadas de forma contrária a uma orientação moral majoritária na sociedade, somente podem ser restringidas quando há um relevante direito individual contraposto ou um forte interesse coletivo em oposição. No polo comunitarista, poderiam estar situados os julgados do Tribunal Constitucional Federal[501] alemão, em que foram examinadas possíveis restrições ao exercício do direito à autonomia, ao passo que no polo liberal estariam as decisões da Suprema Corte norte-americana sobre limitações análogas.[502] A partir da seleção de casos em que

---

[500] Ran Hirshl descreve cinco princípios de seleção de casos para um estudo de inferência causal em direto comparado: "casos mais similares", "casos mais diferentes", "protótipos de casos", "casos mais difíceis" e "casos excepcionais". Neste estudo, optei pelo princípio de "protótipos de casos", por buscar julgados em que as características mais distintivas de uma determinada linha de argumentação estivessem configuradas, a fim de que cada um deles pudesse ser um elemento representativo de outros julgados que apresentassem similares características. (HIRSHL, Ran. On the blurred methodological matrix of comparative constitutional law, p. 53.)

[501] Winfried Brugger cita, como exemplo, passagem do acórdão prolatado em 4 BVerfGE 7, 15: "The image of man in the Basic Law is not that of an isolated, sovereign individual: rather, the Basic Law has decided in favor of a relationship between the individual and community in the sense of a person's dependence on and commitment to the community without infringing upon a person's individual value". (BRUGGER, Winfried. Communitarism as the social and legal theory behind the German Constitution. *International Journal of Constitutional Law*, 2, 2004, p. 436.)

[502] O longo histórico de julgados da Suprema Corte dos Estados Unidos não permite afirmar que suas decisões seguiram consistentemente um único padrão ideológico, capaz de associá-la estritamente a um posicionamento mais favorável às liberdades individuais em oposição a intervenções estatais, ou mesmo concluir que o posicionamento mais conservador de alguns de seus juízes constitui um indício de que seus votos irão refletir uma postura mais favorável a políticas públicas intervencionistas quando questionadas restrições a liberdades econômicas. Embora o alinhamento ideológico das decisões da Suprema Corte norte-americana esteja muito atrelado à variação de sua composição e tenda a refletir – especialmente entre os juízes moderados – as opções acatadas pelas maiorias contemporâneas observadas no Executivo e no Legislativo, é possível sustentar

discussões semelhantes foram travadas no Supremo Tribunal Federal, pretendo apontar se a experiência brasileira estaria mais próxima do extremo comunitário ou do extremo liberal. Nos três países utilizados como paradigmas para o estudo, é possível afirmar a vigência atual de um regime constitucional democrático, com funcionamento regular de suas instituições políticas e jurídicas, com adequado respeito ao pluralismo e à possibilidade de o indivíduo potencialmente prejudicado por uma restrição à sua autonomia poder contestá-la judicialmente, sem que haja evidente risco de perseguição política ou cerceamento de seus direitos fundamentais.

6.1 Alemanha

A jurisprudência do Tribunal Constitucional Federal alemão oferece dois precedentes importantes para o juízo a ser feito sobre a compatibilidade constitucional de restrições à autonomia quando a limitação imposta – além da possível proteção de outros direitos fundamentais do indivíduo – vise à proteção de concepções morais predominantes sobre a vida boa e de metapreferências do sujeito, cuja consecução possa ser obstada por suas preferências atuais.

Como exemplo da primeira argumentação, aponta-se o acórdão prolatado em fevereiro de 2008, denominado "Caso do Incesto".[503] Nesse julgado, as duas Turmas (Senados) reunidas da Corte decidiram que a tipificação do incesto entre dois irmãos, prevista no art. 173, parágrafo 2º, do Código Penal Alemão, é constitucional. Na hipótese, dois irmãos, criados separadamente, passaram a viver juntos quando ela tinha 16 e ele 23 anos. Após a morte da mãe, a convivência foi mantida, e eles iniciaram um relacionamento afetivo de natureza sexual,

---

que sua jurisprudência é favorável a uma maior liberdade do indivíduo frente ao Estado, como se observa em casos que envolvem a liberdade de expressão do indivíduo contra políticas estatais, da família contra interferências do Estado em políticas educacionais, das garantias do acusado em processos penais e da privacidade da mulher sobre a interrupção de sua gestação. Sobre uma análise mais detalhada do posicionamento ideológico dos juízes da Suprema Corte norte-americana, cf.: SEGAL, Jeffrey A.; COVER, Albert D. Ideological values and the votes of the U.S. Supreme Court Justices. *The American Political Science Review*, 83, 1989, p. 557-565. SHEEHAN, Reginald S.; MISHLER, William; SONGER, Donald R. Ideology, status, and the differential success of direct parties before the Supreme Court. *The American Political Science Review*, 86, 1992, p. 464-471. EPSTEIN, Lee; KNIGHT, JACK; MARTIN, Andrew D. The Supreme Court as a strategic national policymaker. *Emory Law Journal*, 50, 2001, p. 583-611.

[503] 2 BvR 392/07 – Rn. (1-128). Disponível em: https://www.mpicc.de/en/forschung/forschungsarbeit/gemeinsame_projekte/inzest/inzest_entscheidung.html. Acesso em: 01 dez. 2015.

do qual nasceram quatro crianças, duas das quais com deficiências mentais leves. Após várias condenações criminais do irmão, dentre as quais a imposição de pena privativa de liberdade de dois anos e seis meses, em momento posterior à sua esterilização voluntária, a discussão sobre a constitucionalidade da proibição legal do incesto foi levada ao Tribunal Constitucional Federal alemão. Os juízes, em sua maioria, baseados numa longa tradição de proibição legal e costumeira do incesto, decidiram que o legislador pode exercer de forma essencialmente livre sua competência para decidir o que deve ser um comportamento criminalmente punido, pois cabe-lhe avaliar se um particular interesse legal, cuja proteção é considerada relevante, deve ser defendida mediante o emprego do Direito Penal, e como essa intervenção deve ocorrer. Segundo esse posicionamento, o bem a ser protegido é a prevenção de danos à unidade familiar, à sociedade e de riscos de má-formação genética da prole.[504] A posição minoritária foi formada pelo voto dissidente do juiz Winfried Hassemer, para quem a regra penal não protege qualquer interesse legal relevante, mas apenas uma "convicção social, baseada numa história cultural nebulosa". As preocupações relacionadas à má-formação genética dos filhos de uma prática incestuosa foram afastadas pela divergência, que assinalou:

> A ideia de proteção de uma prole potencial de desordens genéticas requer a absurda ponderação entre os interesses presumidos de uma prole potencialmente concebida à vida com desordens genéticas, de um lado, contra o interesse presumido à sua não existência, de outro lado.

A par da difícil defesa do interesse da coletividade em evitar a geração de crianças com má-formação genética, o qual não parece ter sido o fundamento decisivo do acórdão analisado, tendo-se em vista que as condenações do acusado foram mantidas, mesmo depois de ele ter se submetido voluntariamente à esterilização, a proteção de um padrão ideal de vida, em que seja vedado criminalmente o relacionamento sexual entre irmãos, pode ser identificado como argumento importante para a declaração da competência constitucional de legislador para tipificar o incesto. De fato, os membros de uma família podem ocupar posições de maior autoridade que, ao longo do processo de criação,

---

[504] 2 BvR 392/07 – Rn. (1-128). Disponível em: https://www.mpicc.de/en/forschung/forschungsarbeit/gemeinsame_projekte/inzest/inzest_entscheidung.html. Acesso em: 01 dez. 2015.

traduzam-se na subordinação, física e psicológica, de seus integrantes mais frágeis. A incapacidade de resistência a essas pressões é presumida quanto aos menores, o que faz com que, em países como o Brasil, o relacionamento sexual de parentes com crianças e adolescentes seja considerado estupro de vulnerável (art. 217-A, do Código Penal). Contudo, a tipificação do incesto, ainda que seja entre irmãos adultos, e o pronunciamento favorável do Tribunal Constitucional Federal alemão à constitucionalidade dessa previsão indicam que a Corte considerou que a autonomia das partes envolvidas pode ser restringida em prol da proteção de um modelo de família cujo afeto entre os filhos de um mesmo casal não deva se manifestar em relações sexuais, o que pode encontrar embasamento na previsão constitucional expressa de que o livre desenvolvimento da personalidade pode ser delimitado se violar a ordem constitucional e a moral.[505]

O segundo caso selecionado também contém importante fundamentação sobre a extensão do poder do legislador ao erigir restrições ao direito à autonomia para melhor proteção dos interesses do indivíduo e do seu bem-estar. No caso *"Cannabis"*,[506] o Tribunal Constitucional Federal julgou se a aquisição e o porte para consumo próprio de produtos derivados da planta *canabis sativa L*, tipificados na Lei de Entorpecentes alemã, constituíam infrações ao livre desenvolvimento da personalidade, à liberdade pessoal (art. 2, I e II, da Lei Fundamental), à igualdade (art. 3º, da Lei Fundamental), ao argumento de que outras substâncias tão ou mais nocivas – como o álcool e a nicotina – não têm seu consumo vedado, e à incolumidade física (art.2º, I, da Lei Fundamental), ante a desproporcionalidade das sanções impostas. A Corte rejeitou as alegações declinadas e afirmou a constitucionalidade dos crimes, tendo considerado que a autonomia da pessoa, compreendida no livre desenvolvimento de sua personalidade, não abrangia um direito de "ficar em êxtase *(Recht zum Rausch)"*,[507]

---

[505] Art. 2º, da Lei Fundamental Alemã de 1949: "(1) Todos têm o direito ao livre desenvolvimento da sua personalidade, desde que não violem os direitos de outros e não atentem contra a ordem constitucional ou a lei moral. (2) Todos têm o direito à vida e à integridade física. A liberdade da pessoa é inviolável. Estes direitos só podem ser restringidos em virtude de lei". Disponível em: https://www.btg-bestellservice.de/pdf/80208000.pdf. Acesso em: 01 dez. 2015.

[506] BverfGe 90,145.

[507] SCHWABE, Jürgen. (org. coletânea original) Leonardo Martins (org.) *Cinquenta anos de jurisprudência do Tribunal Constitucional Federal alemão*. Trad. Beatriz Hennig, Leonardo Martins, Mariana Bigeli de Carvalho, Tereza Maria de Castro e Vivianne Geraldes Ferreira). Montevideo: Fundación Konrad Adenauer, 2005, p. 248

não sendo lícito extrair-se, do consumo permitido da nicotina e do álcool, a inconstitucionalidade do consumo próprio da maconha e outros derivados da planta *canabis sativa L*, uma vez que o legislador pode exercer sua competência de forma discricionária, sendo somente vedada a existência de uma diferenciação totalmente irracional, o que não ocorreria nas situações comparadas, pois a nicotina não leva ao entorpecimento, e o álcool já é uma substância de uso culturalmente arraigado na sociedade, sendo mais improvável que o seu consumo gere o entorpecimento frequente associado aos produtos produzidos a partir da *canabis sativa L*.[508] Dada a importância da fundamentação do acórdão, transcrevo os seguintes trechos:

> O Art. 2 I GG (*Lei Fundamental*) protege qualquer forma de ação humana, sem considerar a importância da atividade para o desenvolvimento da personalidade (...). Absolutamente protegido e, com isso, retirado da ingerência do poder público, entretanto, existe apenas um âmbito nuclear da conformação da vida privada (...). A relação com drogas, especialmente a ação de se entorpecer, não pode ser aqui incluída, devido aos seus diversos efeitos, às diversas interações sociais que ela implica. No mais, a liberdade geral de ação só é garantida nos limites do segundo semi-período do Art. 2 I GG (*Lei Fundamental*), estando, assim, especialmente sob a reserva da ordem constitucional (...).
>
> Com a atual Lei de Entorpecentes vigente, bem como o fez com suas precursoras, o legislador persegue a finalidade de proteger a saúde

---

[508] "No que tange à comparação entre os produtos de *canabis* e nicotina, existe um motivo suficiente para o tratamento diferenciado, já pelo fato de que a nicotina não é entorpecente. Para o tratamento diferenciado entre os produtos de *canabis* e o álcool, existem igualmente motivos de peso. Com efeito, é reconhecido que o abuso de álcool traz consigo perigos tanto para o indivíduo como também para a sociedade, perigos estes que se equiparam ou até mesmo superam os provenientes do consumo dos produtos de *canabis*. Por outro lado, deve-se considerar que o álcool possui inúmeras possibilidades de utilização, diante das quais não existe nada comparável nos elementos existentes e produtos da planta *canabis*. Substâncias com teor alcóolico servem como alimento e estimulante (fonte de prazer): na forma de vinho, elas também são empregadas em rituais religiosos. Em todos os casos, domina um emprego do álcool que não leva aos estados de êxtase: seu efeito de embriaguez é, em geral, conhecido e evitado, na sua maioria, por um controle social. Ao contrário, no consumo de produtos de *canabis*, o alcance de um efeito de êxtase encontra-se, tipicamente, em primeiro plano.
Mais ainda: o legislador se vê diante de uma situação de que ele não pode impedir a apreciação do álcool devido aos costumes de consumo tradicionais da Alemanha e do círculo cultural europeu. Por causa disso, o Art. 3 I GG não ordena que se abdique da proibição da droga *canabis*." (SCHWABE, Jürgen [org. coletânea original]. Leonardo Martins [org.]. *Cinquenta anos de jurisprudência do Tribunal Constitucional Federal alemão*. Trad. Beatriz Hennig, Leonardo Martins, Mariana Bigeli de Carvalho, Tereza Maria de Castro e Vivianne Geraldes Ferreira). Montevideo: Fundación Konrad Adenauer, 2005, p. 261-262.)

humana, tanto a do indivíduo como a da população em sua totalidade, dos perigos oriundos dos entorpecentes e defender a população, sobretudo a juvenil, da dependência dos entorpecentes. (...)

(...) O plano geral do legislador, de proibir de forma abrangente a relação com produtos de *canabis* – salvo exceções muito restritas –, não infringe, por si, a proibição de excesso. Ele é justificado pelos fins almejados de proteção da população – sobretudo a juventude – dos perigos à saúde oriundos da droga, bem como do risco de dependência psíquica e, por isso, pelo propósito de enfrentar sobretudo as organizações criminosas que dominam o mercado da droga e suas influências maléficas em geral. A esses importantes interesses da sociedade não se contrapõem interesses de igual importância na liberação da relação com a droga. (...)[509]

O debate sobre a proibição, por meio da legislação penal, do uso e porte de substâncias derivadas da *canabis sativa L* para consumo próprio tem diferentes nuances. Estudos científicos apresentam respostas imprecisas sobre os efeitos nocivos à saúde dos usuários, bem como a dificuldade de permitir o consumo – sem uma alternativa adequada para fornecimento de tais substâncias – desperta dúvidas sobre o incentivo que a autorização representaria para o tráfico e a comercialização ilícita dessas drogas, especialmente se considerado que a venda da maconha é uma das diversas ações usualmente praticadas por organizações criminosas com escopo amplo, voltadas ao tráfico internacional de armas, roubos, evasão de divisas etc. Entretanto, da fundamentação expendida pelo Tribunal Constitucional Federal alemão, vale sublinhar três importantes conclusões: i) a liberdade de ação do sujeito pode ser restringida para evitar a prática de "um dano pessoal maior", a terceiros e à comunidade onde vive, observando-se o princípio da proporcionalidade; ii) o Estado não tem o poder de interferir em escolhas do indivíduo que o prejudiquem, mas tem o dever de proteção da pessoa e da sociedade consubstanciado na restrição do consumo de substâncias que venham prejudicar a saúde, individual ou pública, de acordo com a avaliação a ser feita pela autoridade competente; e iii) o exame da restrição ao exercício da autonomia não está adstrito aos riscos relacionados à conduta proibida, sendo

---

[509] SCHWABE, Jürgen. (org. coletânea original) Leonardo Martins (org.) *Cinquenta anos de jurisprudência do Tribunal Constitucional Federal alemão*. Trad. Beatriz Hennig, Leonardo Martins, Mariana Bigeli de Carvalho, Tereza Maria de Castro e Vivianne Geraldes Ferreira). Montevideo: Fundación Konrad Adenauer, 2005, p. 252-262.

importante avaliar elementos históricos, sociais e culturais que podem influenciar a imposição, ou não, de uma limitação.

O posicionamento da Corte alemã confirma, também, uma escolha favorável a restrições ao exercício da autonomia que privilegiem o melhor desenvolvimento das potencialidades dos seres humanos, ao enfatizar os perigos associados ao consumo de drogas na juventude e à possibilidade da admissão do uso pessoal de substâncias derivadas da *canabis sativa L* ser uma oportunidade para a busca de drogas com efeitos mais prejudiciais à saúde. De igual modo, o reconhecimento de que o uso permitido do álcool não autoriza um exame de racionalidade da opção feita pelo legislador, aferida apenas a partir dos aspectos nocivos associados às diferentes substâncias estupefacientes, indica que uma escala, demarcada pelo risco à saúde do usuário, não é um critério absoluto para análise da constitucionalidade da tipificação na legislação penal. A despeito de críticas à consistência do raciocínio desenvolvido, o Tribunal Constitucional Federal alemão expressamente afirmou que hábitos culturais, refletidos nos usos sociais e religiosos de certas bebidas alcóolicas como o vinho, eram fatores importantes para a redução do seu uso em excesso e inibição de comportamentos voltados exclusivamente ao atingimento de um estado inebriante, o que resultava em uma menor reprovação. Embora os extremos da repercussão nociva de certas substâncias estupefacientes possam ser mais facilmente conhecidos, variando-se das consequências mínimas incapazes de provocar a intervenção sancionatória até as manifestamente nefastas, verificadas em drogas que podem induzir rapidamente ao vício e gerar efeitos devastadores irreversíveis na saúde do indivíduo, há um amplo espaço de incerteza, no qual caberá o legislador – embasado em critérios técnico-científicos, sociológicos, culturais e nas alternativas de política criminal disponíveis – definir qual solução possa, de modo proporcional, proteger a autonomia do indivíduo, a saúde individual e coletiva, bem como promover o interesse da coletividade à segurança, cabendo ao Judiciário uma maior deferência a essa avaliação, quanto mais imprecisa for a base empírica para identificar se a substância proibida gera consequências negativas ao indivíduo.

6.2 Estados Unidos

As decisões da Suprema Corte norte-americana serão analisadas com o propósito de confrontar argumentos contrários à intervenção estatal para assegurar o exercício da autonomia individual nas hipóteses em que a restrição discutida, ainda que embasada na melhor proteção dos interesses do sujeito, esteja relacionada a uma concepção de vida moralmente aprovada. O texto sucinto da Constituição norte-americana e as emendas que o aditaram não enunciam um amplo catálogo de direitos fundamentais, sendo comum que a doutrina e a jurisprudência tenham se valido de construções interpretativas para ampliar a extensão dos direitos e liberdades individuais. Enquanto a proteção à autonomia na Lei Fundamental alemã é uma consequência da previsão do direito ao livre desenvolvimento da personalidade (art. 2º, 1) como expressão da liberdade individual, a referência à autonomia na dogmática norte-americana é frequentemente associada ao direito à privacidade,[510] ou como elemento essencial à dignidade, como resultado de uma projeção substantiva do devido processo legal, em julgados mais recentes.[511]

---

[510] O direito à privacidade foi elaborado a partir de uma interpretação conjunta de várias disposições da Constituição norte-americana, valendo notar que a sua ligação mais explícita ao cerne da autonomia foi inicialmente feita no voto dissidente do Juiz Brandeis em *Olmstead v. United States*, 277 U.S. 438 (1928) ("The protection guaranteed by the [Fourth and Fifth] Amendments is much broader in scope. The makers of our Constitution undertook to secure conditions favorable to the pursuit of happiness. They recognized the significance of man's spiritual nature of his feelings and of his intellect. They knew that only a part of the pain, pleasure and satisfactions of life are to be found in material things. They sought to protect Americans in their beliefs, their thoughts, their emotions and their sensations. They conferred, as against the Government, the right to be let alone – the most comprehensive of rights and the right most valued by civilized men"), voltando a ter destaque em *Griswold v. Connecticut* (381 U.S. 479 (1965), em que se declarou a inconstitucionalidade, por infração à privacidade, de lei que tipificava criminalmente o uso de contraceptivo, e, principalmente, em *Roe V. Wade*, 410 U.S. 113 (1973) no qual foi empregado, pelo Juiz Blackmun, como um dos principais fundamentos para afirmar o direito da mulher à interrupção da gravidez ("This right of privacy, whether it be founded in the Fourteenth Amendment's concept of personal liberty and restrictions upon state action, as we feel it is, or, as the District Court determined, in the Ninth Amendment's reservation of rights to the people, is broad enough to encompass a woman's decision whether or not to terminate her pregnancy.").

[511] A proteção à autonomia, como desdobramento da dignidade humana, foi destacada pelo Juiz Anthony Kennedy, da Suprema Corte norte-americana, em casos envolvendo a constitucionalidade de proibições ao casamento entre pessoas do mesmo sexo, como nos votos proferidos em *United States v. Windsor*, 570 U.S. (2013) ("The federal statute is invalid, for no legislature purpose overcomes the purpose and effect to disparage and to injure those whom the State, by its marriage laws, sought to protect in personhood and dignity. By seeking to displace this protection and treating those persons as living in marriage less respected than others, the federal statute is in violation of the Fifth Amendment"), e em *Obergefell v. Hodges*, 576 U.S. _ (2015) ("Under the Due Process Clause of the Fourteenth Amendment, no State shall 'deprive any person of life, liberty or property, without due process of law'. The fundamental liberties protected by this Clause include most of the rights enumerated in the Bill of Rights (...). In addition these liberties extend to certain personal choices central to individual dignity and autonomy, including intimate choices that define personal identity and beliefs."). A propósito, cf. YOSHINO, Kenji. The new equal protection. *Harvard Law Review*, 124, 2011, p. 747-803.

Um dos aspectos mais controversos relacionados a esse tema envolveu a intervenção estatal em expressões da sexualidade humana, principalmente, por meio de leis promulgadas para proibir e sancionar penalmente a prática de relações sexuais entre pessoas do mesmo sexo. A Suprema Corte norte-americana, em *Bowers v. Hardwick*,[512] declarou a constitucionalidade de medidas proibitivas desse teor embasada no histórico da reprovação moral dessas condutas, porém, em *Romer v. Evans*[513] sinalizou uma mudança de orientação – ao afirmar a inconstitucionalidade de emenda à Constituição do Estado do Colorado, que negava *status* jurídico de minoria a pessoas homossexuais e bissexuais – o que culminou na decisão firmada em *Lawrence v. Texas*,[514] na qual foi superado o precedente firmado em *Bowers*.

Em *Lawrence v. Texas*, por seis votos contra três, declarou-se a inconstitucionalidade, por violação à cláusula do devido processo legal, de lei do Estado do Texas que tipificava criminalmente a relação sexual mantida por duas pessoas adultas do mesmo sexo em âmbito privado. Em seu voto condutor, o Juiz Kennedy ressaltou:

> A liberdade protege a pessoa contra intrusões governamentais, sem a devida autorização, em moradias e em outros lugares privados. Na nossa tradição, o Estado não é onipresente em nossos lares. E existem outras esferas de nossas vidas e existência, fora do lar, onde o Estado não deveria ser uma presença dominante. A liberdade se estende além dos limites espaciais. A liberdade presume uma autonomia das pessoas que inclui a liberdade de pensamento, crença, expressão e certas condutas íntimas. O presente caso envolve a liberdade da pessoa em ambas as suas dimensões espacial e mais transcendente. (...)
>
> Deve ser reconhecido, obviamente, que a Corte em *Bowers* ampliou a condenação à conduta homossexual como imoral conforme poderosas vozes fizeram por séculos. A condenação foi demarcada por crenças religiosas, concepções de comportamento correto e aceitável, e pelo respeito à família tradicional. Para muitas pessoas, essas não são preocupações triviais, mas convicções profundas aceitas como princípios morais e éticos os quais elas aspiram e que, portanto, determinam o curso de suas vidas. Entretanto, essas considerações não resolvem a questão posta perante nós. A questão é se a maioria pode usar o poder do Estado para impor essas visões sobre toda a sociedade por meio da

---

[512] 478 U.S 186 (1986).
[513] 517 U.S. 620 (1996).
[514] 539 U.S. 558 (2003).

lei penal. 'Nossa obrigação é definir a liberdade de todos, não aplicar nosso próprio código moral' *Planned Parenthood of Southeastern Pa. V. Casey, 505 U.S 833, 850* (1992)[515]

O posicionamento majoritário obtido neste precedente é importante por declarar que a autonomia pressupõe um conjunto de decisões da pessoa, relacionadas às escolhas fundamentais para sua identidade e sua vida, que não devem ser proibidas por se contraporem a um padrão ético majoritariamente aprovado. A distinção feita entre moral e ética por Ronald Dworkin, como expressões correlatas a uma moral intersubjetiva e a uma moral autorreferenciada, pode ser um instrumento útil para descrever a preocupação da Suprema Corte na identificação de um grupo de decisões centrais ao ser humano, que não poderiam ser delimitadas se não evidenciado um dano direto a terceiro, o que não ocorre na hipótese de insatisfação de eventual maioria ao não

---

[515] 539 U.S. 558 (2003) (Tradução livre). Em orientação divergente, o Juiz Scalia aduziu que: "Countless judicial decisions and legislative enactments have relied in the ancient proposition that a governing majority's belief that certain sexual behavior is 'immoral and unacceptable' constitutes a rational basis for regulation. (...) We ourselves relied extensively on Bowers when we concluded, in Barnes v. Glen Theatre, (...) that Indiana's public indecency statute furthered 'a substantial government interest in protecting order and morality'. (...) 'The law', it said, 'is constantly based on notions of morality, and if all laws representing essentially moral choices are to be invalidated under the Due Process Clause, the courts will be very busy indeed'".
No Brasil, o Sr. Ministro Cezar Peluso, em voto proferido no julgamento do *Habeas Corpus* 82.959-SP, analisou a constitucionalidade da causa de aumento dos crimes contra a liberdade sexual prevista no art. 226, III, do Código Penal, que prevê o aumento da quarta parte da sanção se o agente é casado, ocasião na qual salientou que: "Constituindo-se a República Federativa do Brasil em Estado Democrático de Direito, laico, fundado na dignidade da pessoa humana (art. 1º, *caput* e inc. III) e na tolerância para com cultos, crenças, consciência e opinião (art. 5º, IV e VI), à medida que não prejudiquem direitos alheios, não pode o direito positivo assumir, ou seja, impor coativamente aos cidadãos, determinada concepção moral ou 'de bons costumes', nem muito menos fazê-lo sob a ameaça de restrição a direito fundamental, como a liberdade física (art. 5º, *caput*)/ (*Omissis*) Em tal perspectiva, não só não pode o Direito predefinir quais sejam os 'bons costumes', como, se pudera, não lhe seria dado eleger a pessoa casada, exclusivamente, como guardião de tais valores morais, impondo-lhe maior restrição à liberdade, quando praticasse crimes, suposto aqueles que visam a proteger a liberdade sexual. Ou seja, maior reprovabilidade fundada apenas no grau teórico de imoralidade do ato praticado pelo agente casado não encontraria apoio em nosso ordenamento jurídico./ Por outro lado, se é verdade que – e é – o ordenamento jurídico num Estado Democrático de Direito laico e que tem por vocação a indulgência para com as diferenças – o que é, aliás, uma das festejadas qualidades da cultura e da alma brasileiras – somente pode imiscuir-se na vida privada para 'proibir comportamentos que prejudiquem terceiros', nisto residindo sua laicidade, é força concluir pela incompatibilidade da causa de aumento em exame como tais postulados, porque o fato de o agente ser casado não redunda em maior prejuízo à vítima dos crimes contra a liberdade sexual". (Supremo Tribunal Federal. *Habeas Corpus* 82.959-SP, Pleno, Rel. Min. Marco Aurélio, DJU 01.09.2006, p. 18.)

ver contemplada sua concepção moral na legislação vigente. Embora se extraia do voto condutor que a mudança de posicionamento apenas ocorreu quando poucos estados norte-americanos ainda mantinham leis penais que vedavam a prática de relações sexuais entre pessoas de mesmo sexo, a Suprema Corte, em sua maioria, não acatou o argumento de que a inconstitucionalidade de leis, quando a proibição da conduta justifica-se apenas por argumentos moralistas, ampliaria excessivamente o âmbito do exercício do controle de constitucionalidade, uma vez que a invalidade de tais regras deveria ser analisada a partir da restrição à autonomia que seria gerada por elas.

Os limites do exercício da autonomia também foram objeto de elevada controvérsia na Suprema Corte, quando discutida a possibilidade de o indivíduo, em estado clínico irreversível, solicitar ajuda médica para cometer suicídio. Em *Washington v. Glucksberg*[516] discutiu-se a constitucionalidade da aplicação da lei do estado de Washington, que punia criminalmente a assistência ao suicídio, quando paciente em estado terminal solicitava a ajuda médica para terminar sua vida. Os autores pretendiam aplicar a conclusão do caso *Cruzan*, no qual foi afirmado o direito de o paciente em estado terminal recusar tratamento médico, a esta hipótese, mediante a alegação de que o direito de o sujeito decidir sobre o fim de sua vida é uma consequência do direito de autodeterminação sobre aspectos e escolhas fundamentais.

Contudo, a Suprema Corte confirmou a constitucionalidade da proibição penal à assistência ao suicídio em tais situações, na qual o término da vida seria consequência da colaboração ativa de um terceiro, e não uma mera interrupção de assistência médica para prolongamento da vida em situação insuscetível de recuperação. Além de ressaltar os elementos próprios a cada uma das situações, que fundamentariam o tratamento distinto observado na tradição legal norte-americana, o colegiado, no voto condutor do Juiz Rehnquist, apontou que: i) a proibição legal do suicídio assistido é uma expressão do compromisso do Estado com a proteção e preservação de toda vida humana, o qual independe da qualidade da vida que o indivíduo possa desfrutar; ii) o Estado tem um interesse na prevenção, no estudo e no tratamento das causas do suicídio, principalmente se considerado que ele está relacionado a quadros de angústia psicológica e depressão que, se corretamente tratados, podem demover o sujeito da intenção de cometê-

---

[516] 521 U.S 702, (1997)

lo; iii) a permissão do suicídio assistido aumentaria os riscos corridos por pessoas vulneráveis, deficientes e doentes terminais, que poderiam ser vítimas de um maior preconceito, estereótipos negativos e uma crescente "indiferença social" contrária à igual importância que todas as vidas humanas devem ter;[517] e iv) a extensão da proteção constitucional a um interesse à liberdade em larga medida deve ser analisado com cautela, uma vez que a amplitude dessa proteção pode refletir as preferências dos juízes da Suprema Corte e evitar que a discussão sobre tal interesse ocorra fora do debate público e da atuação legislativa. Sobre este último fundamento, o Juiz Rehnquist sublinhou que: "O fato de que muitos direitos e liberdades protegidos pela cláusula do Devido Processo Legal conformem-se à autonomia pessoal não embasa a conclusão geral de qualquer e todas as decisões importantes, íntimas e pessoais são assim protegidas (...)".[518]

As conclusões do voto condutor, principalmente a referência à possibilidade de que a evolução dos debates em sociedade e no legislativo fosse capaz de promover uma alteração da legislação proibitiva vigente, foram seguidas por todos os integrantes da Suprema Corte, embora alguns dos seus membros tenham acatado fundamentos diferentes em seus votos. Ao abordar as razões por que a pretensão a ter assegurado o suicídio assistido não era um desdobramento do direito à autonomia, o juiz Stevens destacou:

> A história e a tradição dão suporte à recusa ao reconhecimento de um direito constitucional amplo a cometer suicídio. Muito mais do que o interesse paternalista do Estado na proteção do indivíduo contra as consequências irrevogáveis de uma decisão mal aconselhada motivada por preocupações temporárias está em jogo. (...) O Estado tem um interesse em preservar e promover os benefícios que todos os seres humanos possam oferecer à comunidade – uma comunidade que prospera com a troca de ideias, expressões de afeição, memórias compartilhadas e episódios de humor, assim como, com as contribuições materiais que cada um de seus membros pode criar e apoiar. O valor da vida de uma pessoa para os outros é muito precioso para que um

---

[517] "The State's assisted suicide ban reflects and reinforces its policy that the lives of terminally ill, disabled, and elderly people must be no less valued than the lives of the young and the healthy, and that a seriously disabled person's suicidal impulses should be interpreted and treated the same way as anyone else's." 521 U.S 702 (1997)

[518] "That many of the rights and liberties protected by the Due Process Clause sound in personal autonomy does not warrant the sweeping conclusion that any and all important, intimate, and personal decisions are so protected (...)" 521 U.S. 702 (1997).

indivíduo alegue ser titular de um direito à completa autonomia em tomar uma decisão para pôr fim à sua vida. Portanto, concordo integralmente com a decisão da Corte de que a liberdade protegida pela cláusula do devido processo não inclui um categórico direito a "cometer suicídio que, em si, inclui o direito a assistência a praticá-lo".

Muitos doentes terminais acreditam que suas vidas têm sentido, mesmo se eles sofrem dor ou dependem de outros. (...) Embora, de modo geral, o interesse do Estado na contribuição que cada pessoa possa fazer à sociedade supere o interesse da pessoa em terminar sua vida, este interesse não tem a mesma força para um paciente terminal, que não se depara com a escolha de viver ou não, mas apenas com a decisão de como morrer. Permitir que o indivíduo, e não o Estado, faça julgamentos "sobre a 'qualidade' de vida que uma pessoa particular possa desfrutar" (...) não significa que as vidas dos doentes terminais, das pessoas deficientes tenham menos valor do que as vidas daqueles que são saudáveis. Pelo contrário, isso dá um reconhecimento apropriado do interesse do indivíduo em escolher o capítulo final adequado à sua história de vida, que não seja aquele que menospreze seus valores e destrua sua memória.[519]

A decisão em *Washington v. Glucksberg* testou o limite máximo do exercício da autonomia até então admitido pela Suprema Corte norte-americana. A gravidade e a natureza irreversível da decisão de pôr fim à vida, ainda que o seu titular seja portador de doença incurável em estágio terminal, mediante assistência médica, foram importantes fatores para que esta posição individual não fosse considerada um desdobramento necessário das conclusões firmadas em precedentes anteriores, favoráveis à autodeterminação do sujeito sobre escolhas fundamentais e importantes para si. Ronald Dworkin, Thomas Nagel, Robert Nozick, John Rawls e Judith Jarvin Thomson subscreveram parecer conjunto em apoio ao direito dos pacientes de buscar auxílio médico para o suicídio em especiais condições. Nessa manifestação, eles destacaram que (i) há um princípio constitucional e moral que protege o direito de toda pessoa capaz de tomar importantes decisões pessoais, que se relacionam a convicções religiosas ou filosóficas fundamentais sobre o valor da sua vida; e (ii) o Estado tem o poder de superar as decisões tomadas, no exercício desse direito, se elas, obtidas de forma impulsiva ou em momentos de angústia emocional, não refletirem as convicções individuais mais estáveis, e envolverem a prática de

---

[519] 521 U.S. 702 (1997) (Tradução livre).

atos irrevogáveis e de efeitos autodestrutivos.[520] Embora os autores afirmem que o Estado tem um interesse legítimo em adotar medidas que afiram a efetiva capacidade mental dos pacientes, a gravidade e a impossibilidade de cura de sua doença, bem como a existência de coerções externas para que sejam administradas drogas que provoquem a morte de doente em estágio terminal, o parecer conjunto alinha-se ao posicionamento contrário à constitucionalidade de uma regra proibitiva, geral e ampla, da assistência ao suicídio para pacientes em condições críticas e em elevado sofrimento, a qual poderia ser unicamente justificada mediante recurso a concepções éticas e religiosas sobre o valor e o significado da vida. De igual modo, destacaram que o direito alegado pelos pacientes em *Washington v. Glucksberg* não diferia, em essência, daquele afirmado em *Cruzan v. Director, Missouri Department of Health*,[521] pois o uso de drogas para acelerar a morte de um paciente e a interrupção de um tratamento não se distinguiriam moralmente, pois o doente deseja morrer em ambos os casos.[522]

O esforço da Suprema Corte ao indicar os riscos que a admissão de um direito ao suicídio assistido implicaria; a ausência de conclusões científicas sedimentadas sobre parâmetros seguros para avaliar as condições em que tal decisão individual deva ser tomada; e a imprecisão dos critérios técnicos a serem observados neste processo, no controle da atuação de médicos e hospitais, e na pressão de familiares ou responsáveis pelo doente para que haja uma conclusão mais rápida de seu tratamento demonstram a necessidade de cautela na afirmação dos possíveis desdobramentos do direito à autonomia. O reconhecimento de que o seu núcleo essencial assegura um âmbito insuscetível de controle estatal sobre as decisões mais importantes e fundamentais da vida de um indivíduo deve ser cotejado com as condições fáticas e jurídicas presentes em cada caso, a fim de que a decisão do sujeito,

---

[520] DWORKIN, Ronald. NAGEL, Thomas; NOZICK, Robert; RAWLS, John; THOMSON, Judith Jarvin. Assisted suicide: the philosopher's brief. The New York Review of Books (March 27, 1997). Disponível em: http://www.nybooks.com/articles/1997/03/27/assisted-suicide-the-philosophers-brief/. Acesso em: 05 dez. 2015.

[521] 497 U.S 261 (1990)

[522] De acordo com os pareceristas, a diferença mais importante seria que o paciente tem um direito a ter interrompido o tratamento médico que lhe é ministrado, porém ele não tem um direito a exigir que todos os médicos o assistam em sua morte, isto é, ele teria apenas o direito de procurar um médico que aceite assisti-lo em sua morte. (DWORKIN, Ronald. NAGEL, Thomas; NOZICK, Robert; RAWLS, John; THOMSON, Judith Jarvin. Assisted suicide: the philosopher's brief.)

principalmente em escolhas com consequências irreversíveis e negativas, seja antecedida por uma reflexão ponderada e racional, livre de coerção e pressões externas irresistíveis.

6.3 Brasil

A Constituição da República de 1988 não contém uma referência expressa ao direito à autonomia, o que não impede que ele possa ser derivado de uma interpretação conjunta da proteção à liberdade individual (art. 5º, *caput*) e, no seu núcleo essencial, esteja relacionado à dignidade da pessoa humana (art. 1º, III) e à inviolabilidade da intimidade e da vida privada (art. 5º, X). A jurisprudência do Supremo Tribunal Federal não oferece muitos precedentes sobre a existência do direito à autonomia antes da promulgação da Constituição da República de 1988. As rupturas do exercício da democracia desde a proclamação da República brasileira geraram uma frágil propensão à resistência a intervenções estatais a partir da linguagem de direitos, articulada em torno de um conjunto de decisões individuais que deveriam estar, a princípio, imunes do controle do poder público.

A despeito disso, é válido mencionar os debates provocados pelo episódio ocorrido no início do século XX, conhecido como a "Revolta da Vacina". O governo do presidente Rodrigues Alves foi marcado por uma forte iniciativa de obras públicas as quais, no Rio de Janeiro, pretendiam promover a urbanização da cidade, capital da República, dando-lhe feição mais próxima à das modernas capitais europeias. Os projetos elaborados envolviam a demolição de cortiços, a derrubada de morros e a erradicação das causas das epidemias de febre amarela, peste bubônica e varíola, que já haviam acometido a cidade no século XIX. Não obstante a vacinação contra a varíola fosse obrigatória desde 1884, "o que era novo era a intervenção agressiva do Estado na vida dos cidadãos",[523] tal como observa a historiadora Emília Viotti da Costa, que lista diversas ações nesse sentido, como visita a casas, interdição de prédios, proibição de cães vadios e vacas nas ruas, recolhimento de mendigos a asilos, proibição do cultivo de hortaliças e criação de porcos na zona urbana. O caráter incisivo das políticas sanitárias impostas acirrou-se, e a fiscalização do dever de vacinação passou a ser feita

---

[523] COSTA, Emília Viotti da. *O Supremo Tribunal Federal e a construção da cidadania*. 2. ed. São Paulo: Editora UNESP, 2006, p. 43.

mediante a exibição de seu atestado para "matrícula na escola, emprego, viagem, casamento e voto, com multa para os recalcitrantes".[524]

Além de proteger a pessoa, a vacinação compulsória visa à erradicação de doenças e à preservação da saúde pública, o que impede a sua estrita vinculação a uma medida de cunho paternalista. Nesse sentido, para estudar hipóteses em que o Supremo Tribunal Federal analisou normas que restringiam o exercício da autonomia para defesa de um modelo ideal de vida ou para proteger o sujeito contra uma decisão que lhe prejudicaria, destaco o acórdão proferido quando questionada a possibilidade de interpretação, conforme à Constituição, do art. 1723 do Código Civil, que dispunha que a união estável, com o propósito de constituição de família, seria constituída por um homem e uma mulher, excluindo as uniões homoafetivas dessa proteção, e os votos até então proferidos sobre a tipificação do porte e uso de entorpecente para consumo próprio.

Na ADI 4.277/DF,[525] ajuizada para que o Supremo Tribunal Federal declarasse que a disciplina jurídica da união estável entre pessoas do mesmo sexo também era compreendida pelas disposições do Código Civil, a Corte, por unanimidade, julgou procedente o pedido, tendo registrado que concepções morais e religiosas não deveriam embasar preconceitos que impedissem a proteção das uniões homoafetivas, formadas com o propósito de constituição de uma família. O Ministro Carlos Ayres Britto, relator da Ação Direta, destacou em seu voto:

> (...) Pelo que proibir a discriminação em razão do sexo (como faz o inciso III do art. 1º da nossa Constituição Republicana) é proteger o homem e a mulher como um todo psicossomático e espiritual que abarca a dimensão sexual de cada qual deles. Por conseguinte, cuida-se de proteção constitucional que faz da livre disposição da sexualidade do indivíduo um autonomizado instituto jurídico. Um tipo de liberdade que é, em si e por si, um autêntico bem de personalidade. Um dado elementar da criatura humana em sua intrínseca dignidade de universo à parte. Algo já transposto ou catapultado para a inviolável esfera da autonomia de vontade do indivíduo, na medida em que sentido e praticado como elemento da compostura anímica e psicofísica (volta-se a dizer) do ser humano em busca de sua plenitude existencial. (...)

---

[524] COSTA, Emília Viotti da. *O Supremo Tribunal Federal e a construção da cidadania*, p. 43.
[525] STF, ADI 4.277/DF (Pleno, Rel. Min. Ayres Britto, j. 05/05/2011, DJE 13/10/2011).

(...) Consignado que a nossa Constituição vedou às expressas o preconceito em razão do sexo e intencionalmente nem obrigou nem proibiu o concreto uso da sexualidade humana, o que se tem como resultado dessa conjugada técnica de normação é o reconhecimento de que tal uso faz parte da autonomia de vontade das pessoas naturais, constituindo-se em direito subjetivo ou situação jurídica ativa. (...)

Os argumentos centrais do acórdão estiveram embasados na proibição constitucional à discriminação, que envolveria também aquela motivada pela orientação sexual, a exigir que a referência ao art. 226, §3º, da Constituição da República de 1988 ("Para efeito de proteção do Estado, é reconhecida a união estável entre o homem e a mulher como entidade familiar, devendo a lei facultar sua conversão em casamento") fosse interpretada como norma que não proibia a união estável entre pessoas do mesmo sexo, a qual deveria ser assegurada como consequência necessária da proteção da igualdade, da intimidade, da privacidade e da dignidade da pessoa humana, uma vez que a especial proteção da família não deve ser limitada pela orientação sexual de seus membros. Embora a proteção do direito à autonomia não tenha sido identificada como fundamento central do julgado, o Ministro relator deixou assente que a sexualidade do indivíduo é uma expressão de sua autonomia, que não deve sofrer intervenção do Estado se a sua fruição não implica uma coerção sobre a sexualidade de outra pessoa, afastando-se fundamentos de caráter religioso ou ético sobre o padrão ideal de família formada em torno de relacionamentos heterossexuais.

O Supremo Tribunal Federal voltou a travar importante debate sobre a proteção jurídica à autonomia individual no julgamento do RE 635.659/SP, ainda não concluído, no qual se questiona a constitucionalidade do art. 28, *caput*, da Lei nº 11.343/2006, que define como crime adquirir, guardar, ter em depósito, transportar ou trazer consigo, para consumo pessoal, "drogas sem autorização ou em desacordo com determinação legal ou regulamentar", e em seu §1º dispõe que incorre nas mesmas penas "quem, para seu consumo pessoal, semeia, cultiva ou colhe plantas destinadas à preparação de pequena quantidade de substância ou produto capaz de causar dependência física ou psíquica". A previsão legal, que já havia sido objeto de discussão na Questão de Ordem suscitada no RE 430.105/RJ,[526] em que se rejeitou a alegação de

---

[526] STF, RE 430.105 QO/RJ (Primeira Turma, Rel. Min. Sepúlveda Pertence, j. 13/02/2007, DJE 26/04/2007).

que a ausência de cominação de pena privativa de liberdade implicaria a descriminalização da conduta tipificada, teve sua compatibilidade com a Constituição discutida, pois a criminalização do porte de drogas para uso pessoal consubstanciaria uma violação ao art. 5º, X, da Constituição da República de 1988, por impor uma sanção a uma conduta que não causaria danos a terceiros, uma vez que sua repercussão negativa estaria circunscrita à esfera privada da pessoa.

O Relator do RE 635.659/SP, Ministro Gilmar Mendes, destacou que o porte de drogas para consumo pessoal é um crime de perigo abstrato, espécie na qual se presume uma periculosidade absoluta da conduta em relação ao bem jurídico protegido, que, na hipótese discutida, seria a saúde pública. Porém, ao se proceder ao controle de constitucionalidade da criminalização, seria importante observar que os seus efeitos negativos acarretam a "estigmatização" do usuário, em contrariedade aos princípios atualmente adotados por organismos e políticas internacionais de combate ao tráfico de drogas e tratamento de dependentes químicos.[527] Após a descrição dos níveis de escrutínio judicial admissíveis nos controles de "evidência", de "justificabilidade" e "material de intensidade", o Ministro Gilmar Mendes concluiu que a repercussão negativa da criminalização e o insucesso das ações de combate ao consumo de drogas por meio do emprego da repressão penal ao usuário somam-se à ausência de um critério objetivo para distinção entre o traficante e o usuário no juízo contrário à proporcionalidade da regra veiculada pelo art. 28, *caput*, e §1º, da Lei nº 11.343/2006. Ao enfatizar a restrição excessiva imposta ao direito à autonomia, foi sublinhado que:

> A criminalização da posse de drogas *'para consumo pessoal'* afeta o direito ao livre desenvolvimento da personalidade, em suas diversas manifestações. (...)
> Nossa Constituição consagra a dignidade da pessoa humana e o direito à privacidade, à intimidade, à honra e à imagem. Deles pode-se extrair o direito ao livre desenvolvimento da personalidade e à autodeterminação.
> A proteção do indivíduo contra interferências que se estimem indevidas por parte do Estado pode ser atalhada, dessa forma, com a invocação

---

[527] A propósito, vale destacar que o art. 19, III, da Lei nº 11.383/2006, faz referência expressa à autonomia como instrumento de prevenção ao uso de drogas: "Art. 19 – As atividades de prevenção do uso indevido de drogas devem observar os seguintes princípios e diretrizes: (...) III – o fortalecimento da autonomia e da responsabilidade individual em relação ao uso indevido de drogas".

do princípio da liberdade geral, que não tolera restrições à autonomia da vontade que não sejam necessárias para alguma finalidade de raiz constitucional, e mesmo pelo apelo ao princípio da proteção da dignidade da pessoa humana, que pressupõe o reconhecimento de uma margem de autonomia do indivíduo, tão larga quanto possível, no quadro dos diversos valores constitucionais.

É sabido que as drogas causam prejuízos físicos e sociais ao seu consumidor. Ainda assim, dar tratamento criminal ao uso de drogas é medida que ofende, de forma desproporcional, o direito à vida privada e à autodeterminação.

O uso privado de drogas é conduta que coloca em risco a pessoa do usuário. Ainda que o usuário adquira as drogas mediante contato com o traficante, não se pode imputar a ele os malefícios coletivos decorrentes da atividade ilícita.

Esses efeitos estão muito afastados da conduta em si do usuário. A ligação é excessivamente remota para atribuir a ela efeitos criminais. Logo, esse resultado está fora do âmbito de imputação penal. A relevância criminal da posse para consumo pessoal dependeria, assim, da validade da incriminação da autolesão. E a autolesão é criminalmente irrelevante.

(...)

A criminalização da posse de drogas para uso pessoal conduz à ofensa à privacidade e à intimidade do usuário. Está-se a desrespeitar a decisão da pessoa de colocar em risco a própria saúde.

Não chego ao ponto de afirmar que exista um direito a se entorpecer irrestritamente. É perfeitamente válida a imposição de condições e restrições ao uso de determinadas substâncias, não havendo que se falar, portanto, nesse caso, em direito subjetivo irrestrito.[528]

Contudo, a fundamentação e as conclusões do voto do Ministro Relator no sentido de afastar as sanções de natureza penal prevista no art. 28, da Lei nº 11.343/2006, conservando-se somente as de natureza administrativa, não foram integralmente seguidas nos votos subsequentes proferidos até o presente momento. O Ministro Luís Edson Fachin afirmou que, em julgamento de recurso extraordinário, o colegiado deveria pronunciar-se dentro dos limites da controvérsia efetivamente levada ao seu conhecimento, isto é, a constitucionalidade da criminalização do porte de maconha para uso próprio, sendo recomendável a autocontenção ao Tribunal, diante da complexidade fática relacionada ao consumo de outras drogas. Em divergência ao

---

[528] Voto do Ministro Gilmar Mendes no RE 635.659/SP. Disponível em: http://www.stf.jus.br/arquivo/cms/noticiaNoticiaStf/anexo/RE635659.pdf. Acesso em: 06 dez. 2015.

voto do Relator, afirmou-se que a aferição da constitucionalidade de crimes de perigo abstrato deve pautar-se pela eventual ofensividade do bem jurídico protegido, em detrimento a um maior peso emprestado a eventual juízo de proporcionalidade; bem como que essa espécie de crime não pressupõe uma presunção de perigo, mas uma "imputação hipotética" cogitada pelo legislador a partir da potencial ofensa ao bem jurídico protegido. As consequências concretas da criminalização e os dados empíricos relacionados ao sistema prisional brasileiro foram considerados para corroborar a alegação de que o dependente de drogas é uma vítima, e que a decisão de política criminal sobre o tema envolvia uma "escolha trágica".[529] A inconstitucionalidade do art. 28, da Lei nº 11.343/2006, sem redução de texto, teria por fundamento a contrariedade da regra à proteção da "liberdade, autonomia e privacidade", tendo sido destacado que:

> (...) a autodeterminação individual corresponde a uma esfera de privacidade, intimidade e liberdade imune à interferência do Estado, ressalvada a ocorrência de lesão a bem jurídico transindividual ou alheio, situação essa permissiva da ação repressiva estatal.[530]

O Ministro Luís Edson Fachin examinou a possibilidade de a repressão ao uso de substâncias entorpecentes ser justificada por argumentos perfeccionistas e paternalistas, tendo registrado não ser possível "afastar *a priori* qualquer pretensão de permitir ao Estado perseguir fins morais", porém aduziu que "somente havendo dano efetivo, porquanto haveria, por conseguinte uma interferência na autonomia das outras pessoas, é que se pode legitimar a coerção".

O Ministro Luís Roberto Barroso alinhou-se à conclusão de que a aplicação do art. 28, *caput*, e §1º, da Lei nº 11.343/2006, ao porte de maconha para consumo pessoal seria inconstitucional, por ser uma infração ao direito à privacidade (art. 5º, X, da Constituição da República de 1988), uma violação à autonomia e por não ser uma medida proporcional para a proteção da saúde pública e do usuário. Em seu voto, foi sublinhado que a discussão sobre a criminalização do porte de drogas para consumo pessoal envolvia uma "escolha trágica", e as

---

[529] No texto disponível do voto, não é identificado se o conceito de "escolha trágica" adotado é aquele no qual, na hipótese de colisão de dois direitos ou bens jurídicos relevantes, somente um deles pode ser satisfeito.
[530] Voto do Ministro Luís Edson Fachin no RE 635.659/SP. Disponível em: http://www.stf.jus.br/arquivo/cms/noticiaNoticiaStf/anexo/RE635659EF.pdf. Acesso em: 06 dez. 2015.

políticas repressivas ao seu combate haviam fracassado, principalmente no tratamento terapêutico a ser dado aos dependentes de substâncias entorpecentes. Os contornos pragmáticos do debate foram analisados à luz das peculiaridades da situação brasileira, na qual as organizações voltadas ao tráfico de drogas fazem uma pressão extremamente nociva sobre a população pobre e pessoas presas que, não obstante sejam réus primários e condenados por crimes de menor repercussão negativa, têm sua reinserção social dificultada pela repercussão negativa do encarceramento. Ao examinar as razões por que a criminalização do porte de maconha para uso pessoal seria uma infração à proteção dada à autonomia individual, o Ministro Luís Roberto Barroso destacou que:

> A liberdade é um valor essencial nas sociedades democráticas. Não sendo, todavia, absoluta, ela pode ser restringida pela lei. Porém, a liberdade possui um núcleo essencial e intangível, que é a *autonomia individual*. Emanação da dignidade humana, a autonomia assegura ao indivíduo a sua autodeterminação, o direito de fazer as suas escolhas existenciais de acordo com as suas próprias concepções do bem e do bom. Cada um é feliz à sua maneira. A autonomia é a parte da liberdade que não pode ser suprimida pelo Estado ou pela sociedade.
>
> Exs mais óbvios: o Estado e a sociedade não podem decidir com quem você vai se casar, qual deve ser a sua religião ou que profissão você vai seguir.
>
> As pessoas têm, igualmente, o direito de escolher os seus prazeres legítimos. Há quem faça alpinismo, voe de ultraleve, participe de corridas de automóvel, ande de motocicleta ou faça mergulho submarino. Todas essas são atividades que envolvem riscos. Nem por isso são proibidas. O Estado pode, porém, limitar a liberdade individual para proteger direitos de terceiros ou determinados valores sociais. Pois bem: o indivíduo que fuma um cigarro de maconha na sua casa ou em outro ambiente privado não viola direitos de terceiros. Tampouco fere qualquer valor social. Nem mesmo a saúde pública, salvo em um sentido muito vago e remoto. Se este fosse um fundamento para proibição, o consumo de álcool deveria ser banido. E, por boas razões, não se cogita disso.
>
> Note-se bem: o Estado tem todo o direito de combater o uso, fazer campanhas contra, educar e advertir a população. Mas punir com o direito penal é uma forma de autoritarismo e paternalismo que impede o indivíduo de fazer suas escolhas existenciais. Para poupar a pessoa do risco, o Estado vive a vida dela. Não parece uma boa ideia.[531]

---

[531] "Anotações para o voto oral do Ministro Luís Roberto Barroso no RE 635.659". Disponível em: http://s.conjur.com.br/dl/leia-anotacoes-ministro-barroso-voto.pdf. Acesso em: 08 dez 2015.

Além de propor que o Supremo Tribunal Federal fixasse um critério objetivo para diferenciação entre consumo e tráfico de entorpecentes – caracterizando o primeiro como aquele em que o usuário porta até 25 gramas de maconha –, o voto proferido desperta especial atenção pela afirmação de que o consumo pessoal de maconha representa uma lesão "vaga" à saúde pública, "provavelmente em menor escala do que, por exemplo, o álcool ou o tabaco", e por reconhecer que há uma inconsistência em permitir-se a descriminalização do consumo e manter a criminalização da produção e da distribuição da maconha, cabendo ao Congresso manifestar-se sobre eventual legalização desse comércio. Após o voto do Ministro Luís Roberto Barroso na sessão realizada em 10 de setembro de 2015, o julgamento foi suspenso devido ao pedido de vista feito pelo Ministro Teori Zavascki, sucedido pelo Ministro Alexandre de Moraes.

Embora a interrupção do julgamento impeça a formulação de conclusões mais definitivas sobre o posicionamento final do Supremo Tribunal Federal ou mesmo sobre a persistência da convicção externada nos votos já proferidos após as manifestações dos demais ministros, a importância da discussão travada para a tese autoriza o estudo das fundamentações declinadas pelos Ministros Gilmar Mendes, Luís Edson Fachin e Luís Roberto Barroso para afirmar a inconstitucionalidade da criminalização do porte de maconha para uso pessoal, por infringir o direito à autonomia. Como elemento comum, observo que o embasamento constitucional à autonomia é relacionado à liberdade, à dignidade da pessoa humana, à privacidade e à intimidade, cabendo observar que o Ministro Luís Roberto Barroso destaca os argumentos associados à infração à autonomia daqueles referentes ao direito à privacidade. De igual modo, a autonomia é identificada com um conjunto de decisões fundamentais e importantes ao indivíduo.

Entretanto, os fundamentos admitidos para uma restrição constitucional à autonomia são distintos nos três votos. O Ministro Gilmar Mendes afirmou que a autonomia pode ser restringida para promoção de alguma finalidade de "raiz constitucional", o que se ajusta à conclusão de que ela não asseguraria um direito subjetivo irrestrito. A relação entre a autonomia individual e a dignidade da pessoa humana tornaria amplo o espaço de exercício da autonomia, a exigir que sua restrição fosse proporcional e buscasse a consecução de um valor constitucional.

Porém, o Ministro Luís Edson Fachin ressaltou que a autonomia corresponde a uma esfera "imune à interferência do Estado", suscetível à restrição somente se há uma lesão a um bem alheio ou transindividual. Embora o princípio do dano, a partir da formulação de Johnn Stuart Mill, já sustentasse a impossibilidade do exercício permitido da liberdade se houvesse a configuração de dano a terceiro, é pouco claro saber qual é o âmbito de proteção da autonomia se ela for suscetível a uma restrição embasada num bem "transindividual", principalmente se for admitido que a moralidade e os valores socialmente compartilhados podem ser considerados bens "transindividuais". Tal conclusão, autorizada caso se adote a teoria formulada por Joseph Raz – que foi expressamente mencionada no voto do Ministro Luís Edson Fachin –, abre espaços para divergentes interpretações, eventualmente contraditórias se analisadas todas as premissas acolhidas na fundamentação.

O Ministro Luís Roberto Barroso, em seu voto, afirma que a autonomia é o "núcleo essencial e intangível à liberdade", bem como que ela é a "ponte da liberdade que não pode ser suprimida pelo Estado ou sociedade". Nessas duas passagens, pode-se inferir que a autonomia conforma o núcleo essencial da liberdade, insuscetível a restrições impostas pelo Estado. Contudo, se aceito, como feito em seu voto, que a autonomia envolve o conjunto de "escolhas existenciais" da pessoa, há uma dificuldade em se acolher uma definição de autonomia, sem condicionais, que possa resistir a um exame de consistência entre as premissas acatadas na sua definição, principalmente porque, no trecho antes transcrito do voto, somente consta a possibilidade de admissão de restrições à liberdade individual se erigidas para proteger direitos de terceiros ou "determinados valores sociais". Com efeito, há "escolhas existenciais" que podem implicar violação de direitos de terceiros, tal como ocorre se o indivíduo entende que sua sexualidade somente pode se manifestar tendo relações sexuais com crianças, ou se a escolha de uma religião implicar a assunção do compromisso de eliminar todas as outras religiões. O reconhecimento de que "escolhas existenciais" nem sempre podem coexistir em um regime democrático e igualitário impede que se possa afirmar que a autonomia seja, por si, a expressão de um direito imune à intervenção estatal.

6.4 Conclusões

A análise dos casos selecionados do Tribunal Constitucional Federal Alemão, da Suprema Corte norte-americana e do Supremo Tribunal Federal traz, como primeira conclusão, que as três cortes reconhecem a existência de um direito à autonomia, como desdobramento da liberdade, que está correlacionado, em diferentes nuances, à proteção da privacidade, da intimidade e da dignidade da pessoa humana, principalmente quando é possível identificá-la com o direito ao livre desenvolvimento da personalidade humana. Nos julgados examinados, é possível observar a referência à autonomia individual como direito à autodeterminação, relacionado às escolhas mais fundamentais da vida humana. A importância do conjunto de tais escolhas não torna esse direito insuscetível a restrições, as quais deverão considerar aspectos pertinentes ao objeto sobre o qual recai a decisão, tendo-se em vista a sua repercussão negativa sobre o indivíduo e a irreversibilidade da escolha feita, e as condições pessoais do sujeito, a fim de que a expressão de sua vontade seja potencialmente o resultado de uma deliberação racional, independente de coerção e pressões externas irresistíveis.

A admissibilidade de restrições à autonomia, em distintos graus, nos julgados analisados apresentou também, como ponto comum, a relevância dada a aspectos político-institucionais e ao contexto social em que a limitação à autonomia ocorria. Nesse sentido, é importante observar as referências feitas pelo Tribunal Constitucional Federal alemão à importância de concepções de vida socialmente aceitas para reprimir-se o incesto e admitir-se o uso lícito do álcool; e pela Suprema Corte norte-americana à deficiência dos mecanismos de controle procedimental para aferir se a vontade do paciente, que solicitava a assistência médica para interrupção de sua vida, estaria imune de pressões externas de familiares, médicos ou clínicas, e se a aceitação do suicídio assistido acarretaria um reforço do estereótipo negativo associado a pacientes vulneráveis e a doentes terminais. No Brasil, o Supremo Tribunal Federal considerou as dificuldades enfrentadas pelos homossexuais em ver examinadas, no Congresso Nacional, propostas para aprovação de projetos legislativos que dispusessem sobre o casamento entre pessoas do mesmo sexo, bem como conferiu elevada importância às deficiências do sistema prisional brasileiro, à repercussão negativa da criminalização para tratamento de dependentes químicos e ao alegado fracasso das políticas de combate ao tráfico de entorpecentes para, nos votos até então proferidos, declarar a inconstitucionalidade do crime de porte de maconha para uso pessoal.

Entretanto, o peso dado à importância das concepções de vida majoritariamente aceitas e aos valores morais compartilhados em sociedade foi distinto nos países analisados. A hipótese de que o Tribunal Constitucional Federal da Alemanha – cuja Lei Fundamental enuncia a proteção da moral como fundamento para restrição da liberdade – adotaria posicionamento que prestigiasse uma orientação comunitarista foi confirmada nos julgados estudados, nos quais se sustentou que o exercício da autonomia não poderia estar dissociado dos demais valores constitucionais e da sociedade, o que afastaria a possibilidade de uma elaboração abstrata do seu conceito ser suficiente para inibir tais restrições, as quais devem ter sua constitucionalidade aferida a partir de um juízo relacionado à sua proporcionalidade. O alinhamento da Suprema Corte norte-americana à preponderância das liberdades individuais sobre valores comunitários não foi integralmente verificado, valendo destacar o limite à expressão mais drástica da autonomia, encontrado pelo Tribunal, ao não reconhecer respaldo constitucional a um suposto direito de pacientes terminais buscarem auxílio médico para pôr fim em suas vidas. De igual modo, em *Planned Parenthood of Southeastern Pennsylvania v. Casey*, precedente frequentemente aludido em apoio às reivindicações individuais de autodeterminação, a Suprema Corte explicitou que a neutralidade estatal não implicava uma omissão valorativa na definição do conteúdo de políticas públicas, tendo sido observado pela maioria que o legítimo interesse na proteção da vida potencial do feto pode ser manifestado em medidas que visem à persuasão da mulher a continuar a gestação, e não à defesa do aborto.

Em uma análise estritamente comparativa, o Supremo Tribunal Federal, nos julgados e votos analisados, foi a Corte que mais contundentemente se posicionou favoravelmente a um amplo exercício do direto à autonomia, sendo notáveis as referências – ausentes nos acórdãos do Tribunal Constitucional Federal alemão e na Suprema Corte norte-americana – à sua fruição imune a qualquer possibilidade de restrição estatal. Embora a consistência teórico-formal desse argumento seja precária, a intenção de alguns Ministros na proclamação de votos com intensa defesa de um âmbito extenso para o exercício da autonomia deixa entrever uma inclinação bastante contrária à possibilidade de limitações de decisões que o indivíduo faça sem que haja um dano imediato a direito de terceiro. As características de tais pronunciamentos são especialmente acentuadas nos julgados examinados, num dos quais se superou a redação expressa do art. 226, §3º, da Constituição da República de 1988,[532] para admitir-se a união estável entre pessoas

---

[532] Constituição da República de 1988, art. 226, §3º: "Para efeito da proteção do Estado, é reconhecida a união estável entre o homem e a mulher como entidade familiar, devendo a lei facilitar sua conversão em casamento".

do mesmo sexo, mediante interpretação, conforme a Constituição, do art. 1.723, do Código Civil, bem como em outro se declarou a inconstitucionalidade do crime de porte de maconha para uso pessoal, sem que fosse definida forma lícita para aquisição da droga.

O escopo da pesquisa impede a investigação das razões por que o Supremo Tribunal Federal adotou uma inclinação mais liberal em discussões relacionadas à autonomia individual, sendo, por ora, somente possível cogitar hipóteses associadas a uma maior tendência dos membros das composições mais recentes da Corte – especialmente aquelas que passaram a atuar na primeira década do século XXI – de aceitar reivindicações de liberdade e a ter uma menor deferência ao legislador, ou à maior resistência apresentada por outras instituições políticas a tomar decisões que não encontrem aceitação popular majoritária e possam envolver debates sobre padrões éticos ou morais.

CONCLUSÕES FINAIS

É de Ronald Dworkin a constatação de que "a confiança ou a clareza absoluta é privilégio de bobos ou fanáticos. O resto de nós deve fazer o melhor que pode: nós temos que escolher entre todas as visões substantivas possíveis, perguntando qual delas mais nos impressiona, depois de reflexão e um pensamento apropriado, como mais plausível do que outras".[533] A interseção de conceitos e ideias da Filosofia Política e do Direito Constitucional balizou os fundamentos adotados na tese, sem que fosse abandonada a necessidade de as conclusões obtidas serem consistentes com a experiência prática inerente ao Direito. Contudo, as concepções sobre os elementos constitutivos da autonomia individual, do bem-estar, da moralidade e dos valores socialmente compartilhados são mutáveis de acordo com as condições temporais, culturais e históricas experimentadas em cada comunidade. As peculiaridades circunstanciais de cada uma dessas concepções impedem que as conclusões finais desta pesquisa sejam uma articulação de axiomas sobre os limites enfrentados pelo Estado para que imponha restrições ao exercício da autonomia. O reconhecimento da incapacidade de enunciação de respostas peremptórias a todas as indagações surgidas não pretende diminuir a importância da pesquisa feita, mas reiterar, seguindo o ensinamento de Dworkin, a opção contrária ao privilégio dos bobos ou dos fanáticos.

---

[533] "Absolute confidence or clarity is the privilege of fools and fanatics. The rest of us must do the best we can: we must choose among all the substantive views on offer by asking which strikes us, after reflection and due thought, as more plausible than the others." (DWORKIN, Ronald. *Justice for hedgehogs*, p. 95.)

A pesquisa foi impulsionada pela busca da resposta à indagação sobre quais são os limites para que o Estado imponha restrições ao exercício da autonomia para a proteção do próprio indivíduo titular de direitos fundamentais. Para tanto, parti de dois pressupostos: i) na tradição liberal, demandas por liberdade e restrição estatal frequentemente colidem, sendo a resolução desse conflito uma das preocupações centrais do Direito Constitucional; e ii) o Estado de Direito, em regimes democráticos, deve respeitar diferentes concepções morais, religiosas, políticas, afetivas e sexuais que não comprometam a manutenção da democracia e o conjunto de liberdades e direitos básicos previstos na Constituição e em tratados internacionais. Adicionalmente, tomei como objetivos analisar se o paternalismo ou a definição de padrões objetivos de excelência são propostas adequadas à proteção de direitos fundamentais; identificar se os valores morais aceitos pela maioria dos componentes da sociedade política podem ser justificativas constitucionalmente compatíveis para a imposição de restrições à autonomia dos sujeitos de direitos fundamentais; bem como definir parâmetros para a resolução de conflitos entre a autonomia do sujeito e a proteção de seus direitos e bem-estar. Ante a pergunta central da pesquisa e os propósitos perseguidos, foram definidas as seguintes teses: i) O exercício da autonomia não pode ser restringido unicamente para a preservação de padrões de moralidade da maioria, se não houver a identificação da produção voluntária de dano à integridade física e moral de outrem; ii) O exercício da autonomia pode ser restringido em diferentes graus, de acordo com o nível de proteção do bem jurídico envolvido e da capacidade institucional de avaliação do agente estatal, se elementos objetivos indicarem a incapacidade cognitiva de o sujeito fazer uma avaliação dos riscos envolvidos em sua decisão; iii) O exercício da autonomia pode ser restringido, ainda que não haja vício na declaração de vontade do sujeito, e ele tenha consciência dos riscos que corre, se o resultado da conduta causar dano irreversível ao seu bem-estar, ressalvadas as situações em que a intervenção viola o núcleo essencial do direito à autonomia, que compreende o poder de a pessoa definir suas convicções religiosas, políticas, sua sexualidade, seus relacionamentos íntimos, sua participação em associações, seu trabalho e sua profissão.

Nos capítulos anteriores, busquei analisar os principais argumentos enunciados a favor e contra a imposição de restrições ao exercício da autonomia e, ao final de cada um deles, obtive as seguintes conclusões:

1 – A liberdade, considerada em sua feição negativa, assegura um espaço reservado ao sujeito de direitos insuscetível a uma restrição estatal injustificada, que não encontre suporte constitucional. Os elementos essenciais desse conceito pressupõem que as pessoas se vejam como fontes originárias de reivindicações válidas, independentes e responsáveis pelos fins por elas eleitos. A exposição dos elementos do conceito de liberdade tem como premissa a condição de a pessoa idealmente ser capaz de definir as suas concepções de vida, escolher os fins que pretenda perseguir e os meios para a consecução deles, ajustando-os em conformidade com os limites constitucionais que sejam necessários para a coexistência coletiva e a preservação da comunidade política.

2 – O conceito de autonomia não é estritamente descritivo, uma vez que o seu uso implica também a definição de um limite de intervenção estatal e de uma concepção de pessoa, cujas características distintivas marcam a extensão em que desejos e vontades são valorizados. A necessária conjugação dos aspectos descritivos e normativos do conceito revela, portanto, que a autonomia é simultaneamente um ideal político, moral e social. Na sua feição política, ela é definida como espaço de resistência a iniciativas de instituições políticas que pretendam impor um conjunto de valores e fins às pessoas sem que o processo de justificação para essas ações pareça ser aceitável para cada cidadão. Na sua vertente moral, a autonomia é o elemento que confirma uma condição ideal que alia as pessoas a um conjunto de valores aos quais elas passam a estar vinculadas, o que pode se dar por diferentes formas, especialmente por escolha, adesão ou avaliação racional. Por fim, como ideal social a autonomia marca o espaço de interação entre indivíduo e sociedade, ao ser um indicativo de como a pessoa é vista como parte de uma comunidade cujos desejos e vontades podem resultar em um somatório congruente com as suas expectativas individuais.

3 – A apresentação abstrata dos elementos essenciais do conceito da autonomia é insuficiente para descrição do processo de tomada de decisões individuais. A concepção de "autonomia relacional" considera que o sujeito deve ser visto em meio às suas relações – íntimas, culturais, institucionais, sociais e nacionais – que constroem e definem a sua identidade. A análise dessas condições fáticas é importante, pois as relações intersubjetivas e as construções sociais conformam parcela dos desejos e intenções individuais, bem como o modo como o sujeito se vê como titular de direitos e capaz de perseguir seus projetos de

vida, podendo inclusive rever os padrões morais existentes em sua comunidade.

4 – As dificuldades na apuração das razões, que impulsionam o ser humano na tomada de decisões pessoais, não eliminam a importância da potencial avaliação de racionalidade pressuposta nas suas escolhas. O conceito jurídico de autonomia é construído a partir da premissa de um sujeito racional, com potencial aptidão reflexiva de crítica, cuja capacidade de exercer direitos e contrair deveres é balizada por um conjunto de presunções legais, relacionadas à higidez de sua capacidade biológica de autodeterminação e consentimento, caracterizada pelo amadurecimento da personalidade, pelo domínio de suas faculdades psíquicas e da aptidão de avaliar criticamente o contexto em que está inserido.

5 – A capacidade para o exercício da autonomia não deve estar adstrita a parâmetros rígidos, uma vez que a capacidade de avaliação racional crítica da pessoa depende de dados fáticos e do objeto da escolha a ser realizada. Nas hipóteses em que a segurança jurídica não tenha provocado a criação de regras com critérios estritos para aferição da capacidade, existe um espaço para a aferição pontual e casuística da autonomia do sujeito que, a princípio, seja considerado incapaz ou relativamente capaz. Nessas situações, deve ser avaliado se a pessoa tem uma capacidade cognitiva suficiente e um juízo crítico racional relativamente estável para entender sua situação fática, as alternativas que lhe sejam propostas e, ao final, ter o poder de determinar-se de acordo com o resultado que melhor se conforme ao seu bem-estar e seus valores, ainda que o indivíduo seja portador de deficiência mental que comprometa parcialmente a sua atividade intelectual, ou cuja idade seja inferior ao limite da capacidade civil plena.

6 – O conceito de paternalismo abrange o conjunto de ações praticadas para promover uma intervenção para dificultar, não permitir, substituir ou proibir a decisão tomada pelo indivíduo ou nos meios escolhidos para a perseguição de determinada finalidade, por considerar que a escolha efetuada por ele não é aquela que melhor promove o seu bem-estar.

7 – A restrição à liberdade não é justificada apenas como instrumento para proibição de danos a terceiros. A escolha das condutas que deverão ser juridicamente disciplinadas como permitidas, proibidas ou obrigatórias observa também as exigências que são próprias às situações e demandas peculiares a cada sociedade política. As concepções de "dano" têm sua abrangência demarcada por diferentes contextos

sociais, o que reitera que o seu conceito contém um aspecto normativo que excede à mera descrição fática do que pode ser considerado uma lesão física ou um desrespeito a um direito da personalidade.

8 – A ausência de uma distinção precisa entre as fronteiras da moralidade positiva e do Direito não infirma a neutralidade como princípio a ser seguido no Estado de Direito. A incorporação de argumentos morais e perfeccionistas no direito positivo pode ocorrer se ela não comprometer as condições para fruição da liberdade e da igualdade, em meio a uma sociedade onde haja um pluralismo de valores. Porém, a neutralidade continua a ser um ponto de resistência para interferências na esfera ética do sujeito, que abarca o conjunto de decisões mais importantes na conformação de sua identidade e na concepção de vida que pretende seguir.

9 – A constatação científica de que os seres humanos frequentemente decidem de forma contrária àquela esperada numa avaliação racional e objetiva das opções disponíveis autoriza a admissão de práticas paternalistas, que devem: i) estar limitadas a situações em que há provas suficientes de que a confiança no processo de escolha racional, como capaz de levar as pessoas à tomada de melhores decisões, mostre-se prejudicial a elas; ii) o erro nessas escolhas cause danos significativos ou seja irreversível, o que tende a ser mais frequente em decisões incomuns e de elevada complexidade; iii) estar suscetíveis a mecanismos de controle, inspirados pelo dever de transparência e publicidade; e iv) ser proporcionais ao risco que se pretende evitar, o que exige que se analise a existência de um fim legítimo a ser perseguido, a necessidade, a adequação e a proporcionalidade em sentido estrito da restrição imposta.

A constitucionalidade de tais medidas exige que se examine a efetiva capacidade de a Administração Pública valer-se de conhecimento técnico especializado para a identificação das situações em que a presunção de racionalidade dos indivíduos se mostre falha e prejudicial ao seu bem-estar. A capacidade técnico-científica deverá também embasar a definição das políticas que pretendam ser implantadas, com a abertura da possibilidade de revisão por meio da superação dos padrões que subsidiariam a sua elaboração, ou pela manifestação contrária à sua continuidade decorrente da expressão direta do eleitor ou dos mecanismos institucionais de representação política.

10 – A admissão do perfeccionismo, como fundamento para que o Estado incentive o indivíduo a adotar escolhas moralmente relevantes, que possam desenvolver os melhores aspectos relacionados ao seu

bem-estar, não impede que elementos fáticos infirmem tal intervenção, principalmente se demonstrado que ela não acarretaria a conformidade do agente ao comportamento esperado, os seus efeitos negativos forem desproporcionais aos benefícios almejados com a proibição, o Estado não tiver a aptidão administrativa e institucional para melhor decidir em substituição ao indivíduo, e o conteúdo da decisão estiver associado a aspectos essenciais à identidade do sujeito, sem que fosse verificada a existência de dano direto a terceiro em razão da opção adotada.

11 – A existência de um direito à autonomia visa à garantia do poder de autodeterminação do indivíduo quando inexistente uma restrição constitucional ao seu exercício. A proteção à autonomia é uma previsão qualificada da competência reconhecida à pessoa na fruição da sua liberdade, porque pressupõe a necessária manifestação de uma vontade, expressa por um comportamento ativo ou uma omissão, que reflita a forma como o sujeito constrói sua concepção de vida. A definição dos ideais e das decisões fundamentais que a pessoa pretende seguir sofre a influência da comunidade e das experiências coletivas que ela tem, o que não impede que exista um âmbito crescente de proteção à autonomia, conforme o conteúdo das escolhas a serem feitas esteja relacionado com os elementos centrais da sua identidade e da forma como o indivíduo compreende a si mesmo.

12 – O núcleo essencial do direito à autonomia deve compreender o poder de a pessoa definir suas convicções religiosas, políticas, sua sexualidade, seus relacionamentos íntimos, sua participação em associações, seu trabalho e sua profissão. Em tais decisões, o sujeito faz julgamentos éticos que amoldam sua integridade e a responsabilidade que deve ter na condução de sua vida, os quais podem ser dificilmente transferidos a terceiros sem que se comprometam os princípios defendidos pelo liberalismo.

13 – A proteção do direito fundamental à autonomia exige que as restrições, que lhe sejam impostas, sejam justificadas como medidas necessárias para a preservação de outro direito fundamental ou de um interesse coletivo relevante. Esse posicionamento intuitivamente concilia-se com a percepção de que graus crescentes da participação do indivíduo na sociedade podem implicar uma proteção decrescente da sua privacidade, de sorte que menor seria a possibilidade de o Estado impor uma restrição constitucional ao exercício da autonomia conforme menor seja a repercussão da decisão individual tomada na vida em sociedade, a ponto de tornar quase inviável a limitação das decisões que digam respeito às convicções íntimas da pessoa.

14 – O controle de constitucionalidade das restrições à autonomia pode ser efetuado mediante a aplicação da regra da proporcionalidade, uma vez que as sub-regras da adequação, da necessidade e da proporcionalidade em sentido estrito definem um procedimento apropriado para a verificação das condições fáticas e jurídicas relacionadas à extensão da restrição, sua intensidade e à importância da realização do direito fundamental e do interesse coletivo contraposto.

15 – A admissão de que interesses coletivos relevantes confiram um embasamento legítimo para restrições ao exercício do direito à autonomia dá a oportunidade de os valores adotados em uma sociedade, veiculados por meio da reprovação de certas concepções de vida, constituírem base para que determinados padrões de vida sejam excluídos. A opção expressa, na maioria dos regimes democráticos liberais, a favor do respeito ao pluralismo, à igualdade e à dignidade humana, exige que os motivos dados para a preservação de um interesse coletivo relevante, em detrimento do exercício da autonomia, sejam sempre testados à luz da regra da proporcionalidade.

16 – O Tribunal Constitucional Federal Alemão, a Suprema Corte norte-americana e o Supremo Tribunal Federal reconhecem a existência de um direito à autonomia, como desdobramento da liberdade, que está correlacionado, em diferentes nuances, à proteção da privacidade, da intimidade e da dignidade da pessoa humana, principalmente quando é possível identificá-la com o direito ao livre desenvolvimento da personalidade humana. Nos julgados examinados das três Cortes, é possível observar a referência à autonomia individual como direito à autodeterminação, relacionado às escolhas mais fundamentais da vida humana. A importância do conjunto de tais escolhas não torna este direito insuscetível a restrições, as quais deverão considerar aspectos relacionados ao objeto sobre o qual recai a decisão, tendo-se em vista a sua repercussão negativa sobre o indivíduo e a irreversibilidade da escolha feita, e as condições pessoais do sujeito, a fim de que a expressão de sua vontade seja potencialmente o resultado de uma deliberação racional, independente de coerção e pressões externas irresistíveis. A admissibilidade de restrições à autonomia, em distintos graus, nos julgados analisados apresentou também, como ponto comum, a relevância dada a aspectos político-institucionais e ao contexto social em que a limitação à autonomia ocorria.

17 – Os julgados do Supremo Tribunal Federal referem-se ao direito à autonomia como necessário à preservação do conjunto de

decisões fundamentais e mais importantes para o indivíduo, sendo ele extraído da interpretação conjunta da proteção conferida ao direito à liberdade, à dignidade da pessoa humana, à privacidade e à intimidade.

EPÍLOGO

A edição deste livro coincidiu com o progresso do ritmo de vacinação contra a COVID-19 no Brasil. A chegada a esse momento foi antecedida por profunda dor gerada pelas perdas causadas por uma pandemia mundial, que pôs em xeque a presunção, por muitos compartilhada, de que o avanço científico das últimas décadas tornou remoto o advento de doenças que pudessem lembrar a necessidade de medidas restritivas parecidas com as já impostas em ações sanitárias antes da segunda metade do século XX. A Organização Mundial de Saúde, em 16 de novembro de 2021, contabilizou o total de 253.640.693 casos confirmados e 5.104.899 pessoas mortas pela COVID-19,[534] sem que se saiba se as políticas empregadas até o presente momento serão adequadas para colocar fim à eventual escalada de casos, de acordo com o conhecimento científico disponível.

A ignorância inicial sobre as principais formas de contágio, somada à inexistência de vacina ou medicação capaz de tratar a doença de forma eficaz, impulsionou a adoção de restrições sanitárias, com diferentes graus de severidade, que limitavam a locomoção, o contato físico e o funcionamento de atividades em ambientes internos e externos. Essas restrições configuraram um "trilema" em que os interesses na redução do contágio e na preservação da saúde pública frequentemente concorriam com as manifestações contrárias ao cerceamento de liberdades individuais e a favor da continuidade de funcionamento das atividades econômicas.[535] A par disso, as alternativas

---

[534] Disponível em: https://covid19.who.int/. Acesso em: 17 nov. 2021.
[535] MÜNCHOW, Sebastian von. The legal and legitimate combat against COVID-19. *Connections*, 19, 2020, p. 50.

concebidas pelos Estados para lidar com a situação pandêmica revelavam percepções variadas sobre o âmbito legítimo de sua esfera constitucional de intervenção, o nível de confiança do povo em relação às suas instituições e mesmo se a via autocrática poderia ser mais bem sucedida no controle da pandemia, ante a suposição de maior facilidade na implantação de medidas proibitivas em um contexto de menor probabilidade de contestações e protestos.

A complexa situação teve inevitáveis desdobramentos sobre a extensão do poder de autodeterminação individual. Um comportamento mais propenso ao contágio pelo vírus não apenas aumentava o risco à preservação da vida do indivíduo, mas também elevava a possibilidade de sua disseminação e o nível de saturação dos serviços de saúde, assoberbados pelo recebimento de novos casos em cenário de escassez de materiais e exaustão dos profissionais dedicados a esses atendimentos. A repercussão do comportamento imprudente foi especialmente danosa aos mais vulneráveis, que contavam com menos recursos para busca de tratamento médico e capacidade de subsistência durante período de aumento de desemprego; menor capacidade de compreensão das medidas profiláticas em meio a divulgação de informações falsas; ou menor capacidade de resistência física ao vírus devido a comorbidades. Além disso, grupos historicamente sujeitos a tratamentos discriminatórios foram muitas vezes preteridos como foco de atenção de políticas públicas de saúde voltadas ao cuidado e assistência durante a pandemia.[536]

A implantação de medidas proibitivas, como a imposição de limites de horário para locomoção, teoricamente associadas à decretação de estado de emergência,[537] assentou-se em tênue equilíbrio, que foi frequentemente avaliado por Cortes Constitucionais em regimes democráticos. A preservação da saúde pública foi usualmente apresentada como contraponto à liberdade de associação, de realização de protestos públicos, de cultos religiosos e ao exercício de atividades econômicas. A distribuição de competências entre o ente central e as unidades subnacionais também teve sua harmonia testada na compreensão do federalismo, principalmente quando havia acentuada divergência na

---

[536] Sobre a situação brasileira, confira-se: BIEHL, João; PRATES, Lucas E. A.; AMON, Joseph J. Supreme Court v. Necropolitics: the chaotic jurisprudence of COVID-19 in Brazil. *Health and Human Rights*, 23, 2021, p. 151-162.

[537] GOLIA, Angelo Jr.; HERING, Laura; MOSER, Carolyn; SPARKS, Tom. Constitutions and contagion: European Constitutional systems and the Covid-19 Pandemic. *MPIL Research Papers Series*, 42, 2020, p. 3.

elaboração e execução de medidas de combate à disseminação do vírus causador da COVID-19. A análise cuidadosa dessas controvérsias ainda será objeto de muitos estudos e pesquisas, o que torna açodado um exame mais minucioso dessas questões no presente trabalho.

Para além de ressaltar os cuidados recíprocos que o direito e os deveres correlacionados à proteção da saúde impõem,[538] este epílogo é escrito para corroborar as principais conclusões já apresentadas nos capítulos anteriores. Com efeito, as restrições à autonomia, mesmo em contexto de crise sanitária, foram julgadas de acordo com a capacidade institucional dos agentes estatais envolvidos e afinal foram admitidas na medida em que eram adotadas para a proteção de um interesse coletivo relevante, sem que houvesse a supressão do núcleo essencial do direito à autodeterminação. A vacinação é um exemplo dessa controvérsia sobre o escopo da autonomia individual, tal como decidiu o Supremo Tribunal Federal ao afirmar que a sua obrigatoriedade não implicava o uso de atos físicos coercitivos para a sua administração, a qual deveria ser antecedida pela divulgação de dados que pudessem embasar o consentimento informado das pessoas, cuja recusa poderia ser sancionada por medidas restritivas proporcionais à proteção da saúde pública e à integridade do corpo humano.[539] As políticas profiláticas para diminuir a probabilidade de novos contágios, como a apresentação de documentos públicos que comprovem a vacinação

---

[538] O tema foi por mim abordado em *O direito-dever de se vacinar contra a Covid-19*. Disponível em: https://www.jota.info/opiniao-e-analise/artigos/vacinacao-direito-dever-contra-o-covid-19-04112020. Acesso em: 17 nov. 2021.

[539] No julgamento da ADI 6.586 (Pleno, rel. Min. Ricardo Lewandowski, j. 17/12/2020, DJE 07/04/2021), o Supremo Tribunal Federal decidiu que a regra veiculada no art. 3º, III, alínea 'd', combinado com o seu §1º, da Lei nº 13.979/2020, que prevê a realização compulsória de vacinação, com eficácia científica comprovada, limitada "no tempo e no espaço ao mínimo indispensável à promoção e à preservação da saúde pública", como medida para contenção de novos casos de COVID-19, deveria ser interpretada conforme o art. 3º, III, alínea 'd', da Constituição da República de 1988, para que, nos termos da tese aprovada, ficasse assente que: "I – A *vacinação* compulsória não significa *vacinação* forçada, porquanto facultada sempre a recusa do usuário, podendo, contudo, ser implementada por meio de medidas indiretas, as quais compreendem, dentre outras, a restrição ao exercício de certas atividades ou à frequência de determinados lugares, desde que previstas em lei, ou dela decorrentes, e (i) tenham como base evidências científicas e análises estratégicas pertinentes, (ii) venham acompanhadas de ampla informação sobre a eficácia, segurança e contraindicações dos imunizantes, (iii) respeitem a dignidade humana e os direitos fundamentais das pessoas, (iv) atendam aos critérios de razoabilidade e proporcionalidade e (v) sejam as vacinas distribuídas universal e gratuitamente; II – Tais medidas, com as limitações acima expostas, podem ser implementadas tanto pela União como pelos Estados, Distrito Federal e Municípios, respeitadas as respectivas esferas de competência".

para ingresso e frequência em determinados ambientes, apontam novas repercussões jurídicas das questões suscitadas pela pandemia da COVID-19, especialmente se consideradas as possibilidades de controle que o desenvolvimento tecnológico propicia mediante o armazenamento de dados pessoais em ambiente digital.[540]

Este epílogo não pretende – tampouco é capaz de – abordar todos os desdobramentos que o combate a uma pandemia teve na compreensão do direito à autonomia. A gravidade da experiência exige um amadurecimento de reflexões que é tributária de um tempo ainda não transcorrido. Contudo, a passagem por um período de tanta angústia e dor não deve ser indiferente ao conhecimento jurídico que, ao cabo de mais um desafio, deve renovar sua crença no melhor potencial do ser humano, início e fim último de um esforço contínuo na busca de seu aprimoramento.

---

[540] A título ilustrativo, assinalo que o Conselho Constitucional francês decidiu que a lei relativa à gestão da crise sanitária, ao exigir um "passe sanitário" – mediante prova do *status* vacinal, de resultado de exame de despistagem virológica negativo ou de certificado de recuperação seguinte à contaminação – promoveu uma "conciliação equilibrada" entre, de um lado, o direito ao respeito à vida privada, as liberdades de ir e vir, de se reunir e de expressar coletivamente ideias e opiniões e, de outro, a proteção do valor constitucional de proteção à saúde, tendo-se em vista os conhecimentos científicos disponíveis, segundo os quais a circulação do vírus causador da COVID-19 é reduzida se adotada essa medida restritiva (Decisão nº 2021-824, DC de 05 de agosto de 2021. Disponível em: https://www.conseil-constitutionnel.fr/decision/2021/2021824DC.htm. Acesso em: 16 nov. 2021). Entretanto, em pronunciamento posterior, o Conselho considerou inconstitucional a possibilidade de dados pessoais sobre a saúde dos estudantes serem acessados por diretores de estabelecimentos educacionais, pois estariam disponíveis informações além daquelas pertinentes à situação vacinal e virológica relacionada a COVID-19, as quais poderiam ser acessadas por um número vasto de pessoas sem que houvesse controle adequado ou definição precisa dos fins constitucionais a serem perseguidos (Decisão nº 2021-828, DC de 09 de novembro de 2021. Disponível em: https://www.conseil-constitutionnel.fr/decision/2021/2021828DC.htm. Acesso em: 16 nov. 2021).

REFERÊNCIAS

ACKERMAN, Bruce A. *Social justice in the liberal state*. New Haven: Yale University Press, 1980.

ADAMS, Kathryn. From autonomy to agency: feminist perspectives on self-direction. *William and Mary Law Review*, 40, 1999, p. 805-846.

ALEXY, Robert. Colisão de direitos fundamentais e realização de diretos fundamentais no Estado de Direito Democrático. Trad. Luís Afonso Heck. *Revista de Direito Administrativo* 217, 1999, 67-80.

ALEXY, Robert. *Teoría de los derechos fundamentales*. 2. ed. Trad. Carlos Bernal Pulido. Madrid: Centro de Estudios Políticos y Constitucionales, 2007.

ARCHARD, David. Children in Hugh La Follette (ed.) *The Oxford handbook of practical ethics*. Oxford: Oxford University Press, 2003, p. 93-111.

ARCHARD, David. Againt autonomy: justifying coercive paternalim by Sarah Conly. *Journal of Applied Philosophy* 30, 2013, 397-400.

ARENDT, Hannah. *On revolution*. New York: Penguin, 1981.

ARNESON, Richard. Mill versus Paternalism. *Ethics*, 90, 1980, 470-489.

ÁVILA, Humberto. *Teoria dos princípios*. Da definição à aplicação dos princípios jurídicos. 5. ed. São Paulo: Malheiros, 2006.

BALDWIN, Margaret A. Split at the root: prostitution and feminist discourses of law reform. *Yale Journal of Law and Feminism*, 5 (1992-1993), 47-120.

BARCELLOS, Ana Paula. *A eficácia jurídica dos princípios constitucionais:* o princípio da dignidade da pessoa humana. 2. ed. Rio de Janeiro: Renovar, 2008.

BARROSO, Luís Roberto. *A dignidade da pessoa humana no direito constitucional contemporâneo:* a construção de um conceito à luz da jurisprudência mundial. Belo Horizonte: Fórum, 2012.

BEAUCHAMP, Tom; FADEN, Ruth. *A history of informed consent.* Oxford: Oxford University Press, 1986.

BENDA, Ernst. El Estado social de derecho. In: BENDA, Ernst; MAIHOFER, Werner; VOGEL, Hans-Jochen; HESSE, Konrad; HEYDE, Wolfgang. *Manual de derecho constitucional.* Trad. Antonio López Pina. Madrid: Marcial Pons, 1996, p. 487-559.

BENHABIB, Seyla. The legitimacy of human rights. *Dedalus,* 137, 2008, 94-104.

BERG, Nathan; GIGERENZER, Gerd. Psychology implies paternalism? Bounded rationality may reduce the rationale risk-taking. *Social Choice and Welfare,* 28, 2007, 337-359.

BERLIN, Isaiah. Two concepts of Liberty. In: HARDY, Henry. (ed.) *Liberty.* Oxford: Oxford University Press, 2013.

BIEHL, João; PRATES, Lucas E. A.; AMON, Joseph J. Supreme Court v. Necropolitics: the chaotic jurisprudence of COVID-19 in Brazil. *Health and Human Rights,* 23, 2021, 151-162.

BIONDO, Francesco. Two types of liberal perfeccionism. *Ratio Juris,* 18, 2005, 519-535.

BOBBIO, Norberto. *A era dos direitos.* Nova edição. Trad. Carlos Nelson Coutinho. Rio de Janeiro: Elsevier, 2004.

BRAZIER, Margaret. Competence, consent and proxy consents. In: BRAZIER, Margaret; LOBJOIT, Mary. *Protecting the vulnerable*: autonomy and consent in healthcare. London: Routledge, 1991, p. 35-52.

BRUGGER, Winfried. Communitarism as The Social and Legal Theory Behind The German Constitution. *International Journal of Constitutional Law* 2, (2004), 431-460.

BUBB, Ryan; PILDES, Richard H. How Behavioral Economics Trims Its Sails and Why. *Harvard Law Review,* 127, 2014, 1593-1678.

BUCHANAN, James M.; TULLOCK, Gordon. *The calculus of consent:* logical foundations of constitutional democracy. Indianapolis: Liberty Fund, 1999.

BUCHANAN, Allen. Medical paternalism. *Philosophy & Public Affairs,* 7, 1978, 370-390.

BUSS, Sarah. Personal autonomy. *The Stanford Encyclopedia of Philosophy* (Spring 2014 Edition), Edward N. Zalta (ed.). Disponível em: http://plato.stanford.edu/archives/spr2014/entries/personal-autonomy/. Acesso em: 08 jun. 2014.

CAMERER, Colin; ISSACHAROFF, Samuel; LOEWENSTEIN, George; O'DONOGHUE, Ted; RABIN, Matthew. Regulation for conservatives: behavioral economics and the case for 'assymetric paternalism'. *University of Pennsylvania Law Review,* 151, 2003, 1211-1254.

CAMERER, Colin; LOEWENSTEIN, George. Behavioral Economics: Past, Present, Future. In: CAMERER, Colin F.; LOEWENSTEIN, George. RABIN, Matthew (eds.). *Advances in behavioral economics*. Princeton: Princeton University Press, 2004, p. 3-51.

CAMERER, Colin. Wanting, liking and learning: neuroscience and paternalism. *The University of Chicago Law Review*, 73, 2006, 87-110.

CARON, Yves. The Legal Enforcement of Morals and The So-Called Hart-Devlin Controversy. *McGill Law Journal*, 15, 1969, 9-47.

CHAMOUX, François. *A civilização grega na época arcaica e clássica*. Trad. Pedro Elói Duarte. Lisboa: Edições 70, 2003.

CHEMERENSKY, Erwin. *The case against Supreme Court*. New York: Penguin, 2014.

CHRISTMAN, John. Constructing the inner citadel: recent work on the concept of autonomy. *Ethics*, 99, 1988, 109-124.

CHRISTMAN, John. Normative Self-Constitution and Individual Autonomy. In: KÜHLER, Michael; JELINEK, Nadja (eds). Dordrecht: Springer, 2013, p. 127-146.

CLARKE, John R.; SORENSON, John T.; HARE, John E. Ethical Problems in Clinical Practice: The Limits of Paternalism in Emergency Care. *The Hasting Center Report*, 10, 1980, 20-22.

COHEN, Jean L. Rethinking Human Rights, Democracy, and Sovereignty in The Age of Globalization. *Political Theory*, 36, 2008, 578-606.

COHEN, Joshua. Democracy and Liberty. In: Jon Elster (ed.). *Deliberative democracy*. Cambridge: Cambridge University Press, 1998, p. 185-231.

COHEN-ALMAGOR, Richard. Between neutrality and perfectionism. *Canadian Journal of Law and Jurisprudence*, 7, 1994, 217-236.

CONLY, Sarah. *Against autonomy*: justifying coercive paternalism. Cambridge: Cambridge University Press, 2014.

CONSTANT, Benjamin. *Cours de politique constitutionelle*. Tomo II. Paris: Librairie de Guillaumin et Cie, 1872.

COSTA, Emília Viotti da. *O Supremo Tribunal Federal e a construção da cidadania*. 2. ed. São Paulo: Editora UNESP, 2006.

DAHL, Robert A. *Pluralist democracy in the United States:* conflict and consent. Chicago: Rand McNally & Company, 1968.

DAN-COHEN, Meir. Conceptions of choice and conceptions of autonomy. *Ethics*, 102, 1992, p. 221-243.

DANIELS, Anthony. Do We Own Our Lives? *The New Criterion*. February, 2009, 21-25.

DARWALL, Stpehen. The value of autonomy and autonomy of the will. *Ethics*, 116, 2006, 263-284.

DEVLIN, Patrick. *The enforcement of morals*. London: Oxford University Press, 1965.

DOUGLAS, William O. *The anatomony of liberty:* the rights of man without force. New York: Trident Press Book, 1963.

DWORKIN, Gerald. Book review: The morality of freedom. *Ethics*, 98, 1988, 850-852.

DWORKIN, Gerald. *The theory and practice of autonomy*. Cambridge: Cambridge University Press, 1997.

DWORKIN, Gerald. Devlin was right: law and enforcement of morality. *William & Mary Law Review*, 40, 1999, 927-946.

DWORKIN, Ronald. *Life's dominion:* an argument about abortion, euthanasia, and individual freedom. New York: Random House, 1993.

DWORKIN, Ronald. *Freedom's law:* the moral reading of the American Constitution. Cambridge: Harvard University Press, 1996.

DWORKIN, Ronald. NAGEL, Thomas; NOZICK, Robert; RAWLS, John; THOMSON, Judith Jarvin. Assisted suicide: the philosopher's brief. The New York Review of Books (March 27, 1997). Disponível em: http://www.nybooks.com/articles/1997/03/27/assisted-suicide-the-philosophers-brief/ Acesso em: 05 dez. 2015.

DWORKIN, Ronald. *A matter of principle*. Cambridge: Harvard University Press, 2000.

DWORKIN, Ronald. *Taking rights seriously*. Cambridge: Harvard University Press, 2002.

DWORKIN, Ronald. *Sovereign virtue:* the theory and practice of equality. Cambridge: Harvard University Press, 2002.

DWORKIN, Ronald. *Is democracy possible here?* Principles for a new political debate. Princeton: Princeton University Press, 2006.

DWORKIN, Ronald. Keynote Address: Justice for hedgehogs. *Boston University Law Review*, 90, 2010, 469-477.

DWORKIN, Ronald. Response. *Boston University Law Review*, 90, 2010, 1059-1087.

DWORKIN, Ronald. *Justice for hedgehogs*. Cambridge: The Belknap Press of Harvard University Press, 2011.

EDWARDS, Matthew A. The FTC and the new paternalism. *Administrative Law Review*, 60, 2008, 323-370.

ELSTER, Jon. *Solomonic judgments:* studies in the limitation of rationality. Cambridge: Cambridge University Press, Editions de la Maison des Sciences de l'Homme, 1992.

ELSTER, Jon. *Ulysses unbound*: studies in rationality, precommitment and constraints. Cambridge: Cambridge University Press, 2000.

ELY, John Hart. *Democracy and distrust:* a theory of judicial review. Cambridge: Harvard University Press, 2002.

EPSTEIN, Lee; KNIGHT, JACK; MARTIN, Andrew D. The Supreme Court as a strategic national policymaker. *Emory Law Journal*, 50, 2001, 583-611.

EPSTEIN, Richard A. The perilous position of the rule of law and the administrative state. *Harvard Journal of Law and Public Policy*, 36, 2013, 5-19.

ERICSSON, Lars O. Charges Against Prostitution: an Attempt At a Philosophical Assessment. In: BOONIN, David; ODDIE, Graham. (eds.). *What's wrong?* Applied ethicists and their critics. 2. ed. New York: Oxford University Press, 2010, p. 235-246.

FEINBERG, Joel. *Harm to self:* the moral limits of criminal law. New York: Oxford University Press, 1986.

FERRAZ JÚNIOR, Tércio Sampaio. *Estudos de filosofia do direito:* reflexões sobre o poder, a liberdade, a justiça e o direito. 2. ed. São Paulo: Atlas, 2003.

FERRAZ JÚNIOR, Tércio Sampaio. *Direito constitucional:* liberdade de fumar, privacidade, Estado, direitos humanos e outros temas. Barueri: Manole, 2007.

FERRY, Luc. *Famílias, amo vocês:* política e vida privada na época da globalização. Trad. Jorge Bastos. Rio de Janeiro: Objetiva, 2008.

FESTINGER, Leon. *A theory of cognitive dissonance*. Stanford: Stanford University Press, 1962.

FINNIS, John M. Legal Enforcement of 'Duties to Oneself': Kant v. Neo-Kantians. *Columbia Law Review*, 87, 1987, 433-456.

FISCHER, John Martin. Book review: The morality of freedom. *The Philosophical Review*, 89, 1989, 254-257.

FLEMING, James E. Taking responsibilities as well as rights seriously. *Boston University Law Review*, 90, 2010, 839-855.

FRANKENBERG, Günther. Critical comparisons: re-thinking comparative law. *Harvard International Law Journal*, 26, 1985, 411-455.

FRANKFURT, Harry. Freedom of the will and the concept of a person. *The Journal of Philosophy*, 68, 1971, 5-20.

FRIED, Charles. *Modern liberty:* and the limits of government. New York: W.W. Norton & Company, 2007

FUCHS, Alan E. Autonomy, slavery, and mill's critique of paternalism. *Ethical Theory and Moral Practice*, 4, 2001, 231-251.

GARDBAUM, Stephen A. Why the liberal state can promote moral ideas after all. *Harvard Law Review*, 1991, 104, p. 1350-1371.

GOLIA, Angelo Jr.; HERING, Laura; MOSER, Carolyn; SPARKS, Tom. Constitutions and contagion: European Constitutional systems and the Covid-19 Pandemic. *MPIL Research Papers Series* 42, 2020, 1-72.

GEORGE, Robert. *Making men moral:* civil liberties and public morality. Oxford: Clarendon Press, 1993.

GINSBURG, Tom; MASUR, Jonathan S.; MCADAMS, Richard H. Libertarian paternalism, path dependence, and temporary law. *The University of Chicago Law Review*, 81, 2014, 291-359.

GLAESER, Edward L. Paternalism and psychology. *The University of Chicago Law Review*, 73, 2006, 133-156.

GLENDON, Mary Ann. *Rights talk:* The impoverishment of political discourse. New York: The Free Press, 1991.

GRAHAM, Gordon. Book review: the morality of freedom. *The Philosophical Quarterly*, 37, 1987, 481-482.

GREEN, Karen. Prostitution, exploitation, and taboo. In: BOONIN, David; ODDIE, Graham (eds.). *What's Wrong?* Applied ethicists and their critics. 2. ed. New York: Oxford University Press, 2010, p. 252-255.

GREENAWALT, Kent. Legal enforcement of morality. *Journal of Criminal Law and Criminology*, 85, 1995, 710-725.

GRÜNE-YANOFF, Till. Old wine in new casks: libertarian paternalism still violates liberal principles. *Social Choice and Welfare*, 38, 2012, 635-645.

GUTTMAN, Amy; THOMPSON, Dennis. *Democracy and disagreement*. Cambridge: The Belknap Press of Harvard University Press, 1996.

HAFEN, Bruce C.; HAFEN, Jonathan O. Abandoning children to their autonomy: The United Nations Convention on the rights of the child. *Harvard International Law Journal*, 37, 1996, 449-491.

HAKSAR, Vinit. *Equality, liberty and perfectionism*. Oxford: Oxford University Press, 1979.

HARLOW, Carol. Global Administrative Law: The Quest for Principle and Values. *The European Journal of International Law*, 17, 2006, 187-214.

HART, H.L.A. *Law, liberty, morality*. Stanford: Stanford University Press, 1963.

HART, H.L.A. *The concept of Law*. 3.ed. Oxford: Oxford University Press, 2012.

HASDAY, Jill Elaine. Protecting them from themselves: the persistence of mutual benefits arguments for sex and race inequality. *New York University Law Review*, 84, 2009, 1464-1539.

HASSOUN, Nicole. Raz on right to autonomy. *European Journal of Philosophy*, 22, 2011, 96-109.

HIRSCHMAN, Nancy J. *The subject of liberty:* toward a feminist theory of freedom. Princeton: Princeton University Press, 2003.

HIRSHL, Ran. On the blurred methodological matrix of comparative constitutional law. In: Sujit Choudry (ed.) *The migration of constitutional ideas*. Cambridge: Cambridge University Press, 2006, p. 39-66.

HOLMES, Stephen. *Passions and constraint*: on the theory of liberal democracy. Chicago: The University of Chicago Press, 1995.

HONNETH. Axel. *O direito da liberdade*. Trad. Saulo Krieger. São Paulo: Martins Fontes, 2015.

HOROWITZ, Morton J. The historical foundations of modern freedom of contract law. *Harvard Law Review*, 87, 1974, 917-956.

HURKA, Thomas. *Perfectionism*. Oxford: Oxford University Press, 1993.

JACKSON, Vicki C. The Supreme Court. 2004 Term – Comment: Constitutional comparisons: convergence, resistance, engagement. *Harvard Law Review*, 119, 2005, 109-128.

JAEGER, Werner. *Paidéia:* a formação do homem grego. Trad. Artur M. Parreira. São Paulo: Martins Fontes, 2003.

JOLLS, Christine; SUNSTEIN, Cass R.; THALER, Richard H. A behavioral approach to law and economics. *Stanford Law Review*, 50, 1998, 1471-1550.

KAHNEMAN, Daniel. New challenges to the rationality assumption. *Legal Theory*, 3, 1997, 105-124.

KAHNEMAN, Daniel; WAKKER, Peter P.; SARIN, Rakesh. Back to Bentham? Explorations of experienced utility. *The Quarterly Journal of Economics*, 112, 1997, 112, 375-406.

KAHNEMAN, Daniel. *Thinking, fast and slow*. New York: Farrar, Straus and Giroux, 2011.

KANT, Immanuel. *Fundamental principles of the metaphysics of morals*. Trad. Thomas Kingsmill Abbott. Mineola: Dover Publications, 2005.

KEARNS, Cristin E.; SCHMIDT, Laura A.; GLATZ, Stanton A. Sugar industry and coronary heart disease research: a historical analysis of internal industry documents. *JAMA Internal Medicine*, 176 (2016), p. 1680-1685.

KENNEDY, Duncan. From the will theory to the principle of private autonomy: Lon Fuller's 'consideration and form'. *Columbia Law Review*, 100, 2000, 94-175.

KLATT, Matthias; MEISTER, Moritz. *The constitutional structure of proportionality*. Oxford: Oxford University Press, 2012.

KOLM, Serge-Christophe. *Teorias modernas da justiça*. Trad. Jefferson Luiz Camargo e Luís Carlos Borges. São Paulo: Martins Fontes, 2000.

KOMRAD, Mark S. A defence of medical paternalism: maximising patient's autonomy. *Journal of Medical Ethics*, 9, 1993, 38-44.

KOPPELMAN, Andrew. The Fluidity of Neutrality. *The Review of Politics* 66 (2004), 633-648.

KOROBKIN, Russel B.; ULLEN, Thomas S. Law and behavioral science: removing the rationality assumption from law and economics. *California Law Review*, 88, 2000, 1051-1144.

KRIELE, Martin. *Introducción a la teoria del Estado:* fundamentos históricos de la legitimidad del Estado constitucional democrático. Trad. Eugenio Bulygin. Buenos Aires: Ediciones Depalma, 1980.

KRONMAN, Anthony T. Paternalism and the law of contracts. *The Yale Law Journal,* 92, 1993, 763-798.

KYMLICKA, Will. Liberal Individualism and Liberal Neutrality. *Ethics,* 9, 1989, 883-905.

KYMLICKA, Will. *Filosofia política contemporânea.* Trad. Luís Carlos Borges. São Paulo: Martins Fontes, 2002.

LABORDE, Cécile. State paternalism and religious dress code. *International Journal of Constitutional Law,* 10, 2012, 398-410.

LAFER, Celso. *Ensaios sobre a liberdade.* São Paulo: Editora Perspectiva, 1980.

LARMORE, Charles. *Patterns of moral complexity.* Cambridge: Cambridge University Press,1987.

LE GRAND, Julian. The giants of excess: a challenge to the nation's health. *Journal of the Royal Statistical Society,* 171, 2008, 843-856.

LOMBARDO, Paul A. Three generations, no imbeciles: new light on *Buck v. Bell. New York University Law Review,* 60, 1985, 30-62.

MACEDO, Stephen. *Liberal virtues:* citizenship, virtue and community in liberal constitutionalism. Oxford: Clarendon Press, 1990.

MACINTYRE, Alasdair. *Depois da virtude.* Trad. Jussara Simões. Bauru: EDUSC, 2001.

MACKENZIE, Catriona; STOLJAR, Natalie. Autonomy refigured. In: MACKENZIE, Catriona; STOLJAR, Natalie (eds). *Relational autonomy:* feminist perspectives on autonomy, agency and the social self. Oxford: Oxford University Press, 2000: 3-31.

MACKINNON, Catharine A. Prostitution and civil rights. *Michigan Journal of Gender & Law,* 1, 1993, 13-31.

MANCINI, Susanna. Patriarchy as the exclusive domain of the other: the veil controversy, false projection and cultural racism. *International Journal of Constitutional Law,* 10, 2012, 411-428.

MARSHALL, Ernest. Reviews. Joseph Raz, the morality of freedom. *Noûs* 28 (1994), 96-98.

MCCLOSKEY, H.J. Mill's liberalism. *The Philosophical Quarterly*, 13, 1963, 143-156.

MELE, Alfred R. *Autonomous agents*: from self-control to autonomy. Oxford: Oxford University Press, 2001.

MEYERS, Diana Tietjens. Feminism and woman's autonomy: the challenge of female genital cutting. *Metaphilosophy*, 31, 2000, 469-491.

MICHELMAN, Frank I. Foxy freedom? *Boston University Law Review*, 90, 2010, 949-974.

MILL, John Stuart. *On liberty with the subjection of women and chapters on socialism*. Stefan Collini (ed). Cambridge: Cambridge University Press, 1989.

MILL, John Stuart. *Utilitarianism*. Kitchener: Batoche Books, 2001.

MILLER, Peter. Competence and Consent in people with mental handicap. In: BRAZIER; Margaret; LOBJOIT, Mary. *Protecting the vulnerable:* autonomy and consent in healthcare. London: Routledge, 1991, p. 23-34.

MITCHELL, Gregory. Libertarian paternalism is an oxymoron. *Northwestern University Law Review*, 99, 2005, 1245-1277.

MÖLLER, Kai. Two conceptions of positive liberty: towards an autonomy-based theory of constitutional rights. *Oxford Journal of Legal Studies*, 29, 2009, 757-786.

MÖLLER, Kai. *The global model of constitutional rights*. Oxford: Oxford University Press, 2012.

MORAES, Maria Celina Bodin de. O conceito da dignidade humana: substrato axiológico e conteúdo normativo. In: SARLET, Ingo Wolfgang (org). *Constituição, direitos fundamentais e direito privado*. 3. ed. Porto Alegre: Livraria do Advogado, 2010, p. 111-144.

MULHALL, Stephen; SWIFT, Adam. *Liberals and communitarians*. 2. ed. Oxford: Blackwell Publishing, 1996.

MULLIN, Amy. Children, autonomy and care. *Journal of Social Philosophy* 38, 2007, 536-553.

MÜNCHOW, Sebastian von. The legal and legitimate combat against COVID-19. *Connections*, 19, 2020, 49-60.

MURAMOTO, Osamu. BioEthics, of the refused of blood by Jeovah's Witnesses: Part 2. a novel approach based on rational non-interventional paternalism. *Journal of Medical Ethics*, 24, 1998, 295-301.

NEDELSKY, Jennifer. *Law's relations*: a relational theory of self, autonomy, and law. Oxford: Oxford University Press, 2012.

NIEUWENHUIS, Aernout. The concept of pluralism in the case-law of the european court of human rights. *European Constitutional Law Review*, 3, 2007, 367-384.

NINO, Carlos Santiago. *La constitución de la democracia deliberativa*. Buenos Aires: Gedisa Editorial, 1997.

NINO, Carlos Santiago. *Ética y derechos humanos:* un ensayo de fundamentación. 2. ed. Barcelona: Editorial Astrea, 2007.

NOZICK, Robert. *Anarchy, state, and utopia*. New York: Basic Books, 2013.

NUSSBAUM, Martha C. Objectification. *Philosophy & Public Affairs,* 24, 1995, 249-291.

NUSSBAUM, Martha C. Perfectionist liberalism and political liberalism. *Philosophy & Public Affairs,* 39, 2011, 3-45.

O'NEILL, Onora. Kantian Ethics. In: Peter Singer (org.). *A companion to ethics*. Malden: Blackwell Publishing, 2008, p. 175-185.

OLIVEIRA, Fábio Cesar dos Santos. O direito-dever de se vacinar contra a Covid-19. Disponível em: https://www.jota.info/opiniao-e-analise/artigos/vacinacao-direito-dever-contra-o-covid-19-04112020. Acesso em: 17 nov. 2021.

OSHANA, Marina. How much should we value autonomy? *Social Philosophy and Policy,* 20, 2003, 99-126.

PATEMAN, Carole. Defending prostitution: charges against Ericsson. In: BOONIN, Daniel; ODDIE, Graham (eds.) *What's wrong?* Applied ethicists and their critics. 2. ed. New York: Oxford University Press, 2010, 247-249.

PATTERSON, Oscar. *Freedom*. Volume I: Freedom in the making of western culture. New York: Basic Books, 1991

PETTIT, Philip. *Teoria da liberdade*. Trad. Renato Sérgio Pubo Maciel. Belo Horizonte: Del Rey, 2007.

PETTIT, Philip. *Just Freedom:* A moral compass for a complex world. New York: W.W. Norton & Company, 2014.

POPE, Thaddeus Mason. Balancing public health against individual liberty: the Ethics, of smoking regulations. *University of Pittsburgh Law Review*, 61, 2000, 419-498.

POSNER, Richard A. Are we one or multiple selves? Implications for law and public policy. *Legal Theory*, 3, 1997, 23-35.

POSNER, Richard A. The romance of force: James Fitzjames Stephen on criminal law. *Ohio State Journal of Criminal Law*, 10, 2012, 263-275.

POST, Robert. Managing deliberation: the quandray of democratic dialogue. *Ethics*, 103, 1993, 654-678.

RACHLINSKI, Jeffrey. The uncertain psychological case for paternalism. *Northwestern University Law Review*, 97, 2003, 1165-1225.

RAWLS, John. Kantian constructivism in moral theory. *The Journal of Philosophy*, 7, 1980, 515-572.

RAWLS, John. *A theory of justice*. Cambridge: The Belknap Press of Harvard University Press, 2001.

RAWLS, John. *Uma teoria da justiça*. Trad. Almiro Pisetta e Linita Maria Rimoli Esteves. São Paulo: Martins Fontes, 2002.

RAWLS, John. *Political liberalism*. Expanded edition. New York: Columbia University Press, 2005

RAZ, Joseph. Facing up: a reply. *Southern California Law Review*, 62, 1989, 1153-1235.

RAZ, Joseph. *Ethics, in public domain*: essays in the morality of law and politics. Oxford: Clarendon Press, 2001.

RAZ, Joseph. *The practice of value*. New York: Oxford University Press, 2004.

RAZ, Joseph. *The morality of freedom*. Oxford: Oxford University Press, 2009.

RAZ, Joseph. *The authority of law:* essays on law and morality. 2. ed. Oxford: Oxford University Press, 2011.

REGAN, Donald H. Authority and value: reflections on Raz's morality of freedom. *Southern California Law Review*, 62, 1989, 995-1095.

RICHARDS, David A. J. *A theory of reasons for action*. Oxford: Oxford University Press, 1971.

RIDLEY, Donald T. Jehovah's Witnesses' refusal of blood: obedience to scripture and religious conscience. *Journal of Medical Ethics*, 25, 1999, 469-472.

RILEY, Jonathan. *Mill on liberty*. London: Routledge, 1998.

RODOTÀ, Stefano. *A vida na sociedade da vigilância:* a privacidade hoje. Trad. Danilo Doneda e Luciana Cabral Doneda. Rio de Janeiro: Renovar, 2008.

SADURSKI, Wojciech. *Moral pluralism and legal neutrality*. Dordrecht: Kluwer Academic Publishers, 1990.

SARLET, Ingo Wolfgang. As dimensões da dignidade da pessoa humana: construindo uma compreensão jurídico-constitucional necessária e possível. In: SARLET, Ingo Wolfgang (org). *Dimensões da dignidade:* ensaios de filosofia do direito e direito constitucional. Porto Alegre: Livraria do Advogado, 2005, p. 13-43.

SARMENTO, Daniel. *Dignidade da pessoa humana:* conteúdo, trajetórias e metodologia. 2. ed. Belo Horizonte: Fórum, 2016.

SARTORIUS, Rolf (ed.). *Paternalism*. Minneapolis: University of Minessota Press, 1983.

SATZ, Debra. *Why some things should not be for sale*: the moral limits of markets. New York: Oxford University Press, 2010

SAVULESCU, Julian. Rational non-interventional paternalism: why doctors ought to make judgements of what is best for their patients. *Journal of Medical Ethics*, 21, 1995, 327-331.

SEGAL, Jeffrey A.; COVER, Albert D. Ideological values and the votes of the U.S. Supreme Court Justices. *The American Political Science Review*, 83, 1989, 557-565.

SCANLON, T.M. Varieties of responsibility. *Boston University Law Review*, 90, 2010, 603-610.

SCOCCIA, Danny. Paternalism and respect for autonomy. *Ethics*, 100, 1990, 318-334.

SCHAUER, Frederick. Response: pornography and the first amendment. *University of Pittsburgh Law Review*, 40, 1978-1979, 605-617.

SCHAUER, Frederick. Free speech and the argument from democracy. In: PENNOCK, J. Rolland; CHAPMAN, John W. (ed). *Liberal democracy*: New York. New York University Press, 1983, 241-256.

SCHAUER, Frederick. *Playing by the rules*. A philosophical examination of rule-based decision-making in law and in life. Oxford: Clarendon Press, 1993.

SCHAUER, Frederick. Neutrality and judicial review. *Law and Philosophy*, 22, 2003, 217-240.

SCHWABE, Jürgen. Der Schutz des Menschen vor sich Selbst. *JuristenZeitung*, 53, 1998, p. 66-75.

SCHWABE, Jürgen. (org. coletânea original) Leonardo Martins (org.) *Cinquenta anos de jurisprudência do Tribunal Constitucional Federal alemão.* Trad. Beatriz Hennig, Leonardo Martins, Mariana Bigeli de Carvalho, Tereza Maria de Castro e Vivianne Geraldes Ferreira). Montevideo: Fundación Konrad Adenauer, 2005.

SEN, Amartya. Rational fools: a critique of behavioral foundations of economic theory. *Philosophy & Public Affairs*, 6, 1977, 317-344.

SEN, Amartya. Behaviour and the concept of preference. *Economica*, 40, 1973, 241-259.

SHADE, Stanley G.; MUSLIN, Hyman. Do not resuscitate decisions: discussions with patients. *Journal of Medical Ethics*, 15, 1989, 186-190.

SHINER, Roger A. New books: the morality of freedom. *Philosophy*, 63, 1988, 119-122.

SHEENAN, Reginald S.; MISHLER, William; SONGER, Donald R. Ideology, status, and the differential success of direct parties before the Supreme Court. *The American Political Science Review*, 86, 1992, 464-471.

SHRAGE, Laurie. Should feminist oppose prostitution? In: BOONIN, David; ODDIE, Graham (eds.). *What's wrong?* Applied ethicists and their critics. 2. ed. New York: Oxford University Press, 2010, p. 250-252

SHAPIRO, Martin; TRESOLINI, Rocco J. *American Constitutional Law.* 6. ed. New York: Macmillan Publishing, 1983.

SHUE, Henry. *Basic rights*: Subsistence, affluence, and U.S foreign policy. 2. ed. Princeton: Princeton University Press, 1996.

SILVA, Virgílio Afonso da. O proporcional e o razoável. *Revista dos Tribunais*, 798, 2002, 23-50.

SILVA, Virgílio Afonso da. (org.). *Interpretação constitucional.* São Paulo: Malheiros, 2005.

SILVA, Virgílio Afonso da. *Direitos fundamentais:* conteúdo essencial, restrições e eficácia. 2. ed. São Paulo: Malheiros, 2010.

SILVA, Virgílio Afonso da. Comparing the incommensurable: constitutional principles, balancing and rational decision. *Oxford Journal of Legal Studies*, 31, 2011, 273-301.

SILVA, Virgílio Afonso da. *A constitucionalização do direito:* os direitos fundamentais nas relações entre particulares. São Paulo: Malheiros, 2011.

SILVA, Virgílio Afonso da. Anvisa e o controle do tabagismo. *Revista de Direito Administrativo*, 268, 2015, 295-332.

SKINNER, Quentin. *Liberty before liberalism*. Cambridge: Cambridge University Press, 2008.

STAPLETON, Julia. James Fitzgerald Stephen: liberalism, patriotism and english liberty. *Victorian Studies*, 41, 1998, 242-263.

STEPHEN, James Fitzjames. *Liberty, equality, fraternity*. Stuart D. Warner (ed.). Indianapolis: Liberty Fund, 1993.

STEWART, Richard B. Administrative law in the twenty-first century. *New York University Law Review*, 17, 2003, 437-460.

SUNSTEIN, Cass R. Neutrality in constitutional law (with special reference to pornography, abortion, and surrogacy). *Columbia Law Review*, 92, 1992, 1-52.

SUNSTEIN, Cass R.; THALER, Richard H. Libertarian paternalism is not an oxymoron. *The University of Chicago Law Review*, 70, 2003, 1159-1202.

SUNSTEIN, Cass R. Second-order perfectionism. *Fordham Law Review*, 75, 2007, 2867-2883.

SUNSTEIN, Cass R. *Why nudge?* The politics of libertarian paternalism. New Haven: Yale University Press, 2014.

SUNSTEIN, Cass R. *The Ethics, of influence:* government in the age of behavioral science. New York: Cambridge University Press, 2016.

THALER, Richard H.; SUNSTEIN, Cass R. *Nudge:* improving decisions about health, wealth and happiness. London: Penguin Books, 2008.

TROUT, J.D. Paternalism and cognitive bias. *Law and philosophy*, 24, 2005, 393-434.

TUSHNET, Mark. The possibilities of comparative constitutional law. *The Yale Law Journal*, 108, 1999, 1225-1309.

TVERSKY, Amos. Contrasting rational and psychological principles of choice. In: ZECKHAUSER, Richard J.; KEENEY, Ralph L.; SEBENIUS, James K. (eds.) *Wise choices:* decisions, games and negotiations. Boston: Harvard Business School Press, 1996, p. 5-21.

VAÏSSE, Justin. Veiled Meaning: The french-law banning religious symbols in public schools. In: *U.S – FRANCE Analyses Series*. The Brookings Institution. (2004). Disponível em: http://www.brookings.edu/fp/cusf/analysis/vaisse20040229.pdf. Acesso em: 05 jul. 2010.

VAUGHT, Wayne. Autonomy and the rights of minors. In: WEISSTUB, David N.; PINTOS, Guillermo Díaz. (eds.) *Autonomy and human rights in health care:* an international perspective. Dordrecht: Springer, 2008: 11-122.

VEJA, edição 2253, ano 45, nº 4, 25 de janeiro de 2012, p. 69.

WALDRON, Jeremy. Autonomy and perfectionism in Raz's morality of freedom. *Southern California Law Review*, 62, 1989, 1097-1152.

WALDRON, Jeremy. *Liberal rights:* collected papers, 1981-1991. Cambridge: Cambridge University Press, 1993.

WALDRON, Jeremy. A right-based critique of constitutional rights. *Oxford Journal of Legal Studies*, 13, 1993, 18-51.

WALDRON, Jeremy. *Dignity, ranks, and rights.* Oxford: Oxford University Press, 2012.

WEST, Robin. Reconstructing liberty. *Tennesse Law Review*, 59, 1992, 441-468.

WHELLER, John Archibald. *Albert Einstein, 1879-1955.* Washington D.C.: National Academy of Sciences, 1980.

WOLFE, Cristopher. Liberalism and paternalism: a critique of Ronald Dworkin. *The Review of Politics*, 56, 1994, 615-639.

YOSHINO, Kenji. The new equal protection. *Harvard Law Review*, 124, 2011, 747-803.

ZIPPELIUS, Reinhold. *Teoria geral do estado.* Trad. Karin Praefke-Aires Coutinho. 3. ed. Lisboa: Fundação Calouste Gulbenkian, 1997.

Esta obra foi composta em fonte Palatino Linotype, corpo 10
e impressa em papel Pólen Bold 70g (miolo) e Supremo 250g (capa)
pela Artes Gráficas Formato, em Belo Horizonte/MG.